◇现代经济与管理类规划教材

◇根据“营改增”等最新税收政策编写

税务筹划

（第2版）

梁文涛 著

清华大学出版社
北京交通大学出版社
·北京·

内容简介

本书分别从增值税、消费税、营业税、企业所得税、个人所得税等15个税种的角度，以及从企业签订合同、创建设立、投资融资、生产经营、合并分立等不同环节角度分别探讨了企业的税务筹划问题。为培养应用型、技能型税务筹划人才，本书从“任务案例”、“任务准备”、“任务执行”、“任务结论”、“任务点评”5个方面对案例进行分析点评，突出了税务筹划的实用性和应用性，让读者在学习税务筹划理论知识的同时，提升税务筹划的实践能力。

本书不仅可以作为高等院校的教材，也可作为各种财税培训机构的培训教材，还适合企业董事长、经理、财务主管、会计人员、税务人员、税务律师、注册会计师、注册税务师、会计师、税务筹划师等各类关心财税的人士阅读。

图书在版编目（CIP）数据

税务筹划／梁文涛著. —2版. —北京：北京交通大学出版社：清华大学出版社，2014.9

现代经济与管理类规划教材

ISBN 978-7-5121-2102-7

Ⅰ. ①税…　Ⅱ. ①梁…　Ⅲ. ①税务筹划-高等学校-教材　Ⅳ. ①F810.42

中国版本图书馆CIP数据核字（2014）第215315号

责任编辑：吴嫦娥　　特邀编辑：林夕莲
出版发行：清华大学出版社　邮编：100084　电话：010-62776969　http://www.tup.com.cn
　　　　　北京交通大学出版社　邮编：100044　电话：010-51686414　http://www.bjtup.com.cn
印刷者：北京时代华都印刷有限公司
经　　销：全国新华书店
开　　本：185×260　　印张：17.25　　字数：442千字
版　　次：2014年10月第2版　　2014年10月第1次印刷
书　　号：ISBN 978-7-5121-2102-7/F・1426
印　　数：1～3 000册　　定价：36.00元

本书如有质量问题，请向北京交通大学出版社质监组反映。对您的意见和批评，我们表示欢迎和感谢。
投诉电话：010-51686043，51686008；传真：010-62225406；E-mail：press@bjtu.edu.cn。

序

读过梁文涛老师的大作《税务筹划》，感到作者有比较扎实的专业基础和丰富的实战经验；而且写作态度认真，对读者负责，为读者着想。初步阅读后，认为本书有以下主要特点。

一、结构合理，内容完整

全书分三篇，共 13 个项目，三篇的内容是“税务筹划认知”、“纳税人不同税种下的税务筹划”和“纳税人不同环节下的税务筹划”。既有税务筹划理论的支撑，更突出税务筹划实务的全面阐述；全书对 120 余个税务筹划案例进行完整、系统的分析，强化税务筹划的“实操性”。全书形成统一协调的知识体系，有利于读者全面、系统地掌握税务筹划知识和技能。

二、内容新颖，注重创新

本书是以截稿日止的我国税收法规规定为法规依据阐述税务筹划，体现最新的税法精神和相应的筹划空间。同时，作者从“任务案例”、“任务准备”、“任务执行”、“任务结论”、“任务点评”这五个方面对税务筹划进行探讨，具有一定的创新性。

三、栏目齐全，配套性强

本书每个项目都有项目技能训练，项目技能训练包括职业能力选择、职业能力判断及项目实训等多种训练形式，让读者通过技能训练，加深理解并掌握书中内容；同时，附有参考答案，便于巩固和提高认知水平。每项目后面还附有推荐网站、拓展阅读等资料，让读者在学习本书的基础上有更广阔的深入学习空间。教材的多栏目设置和多种配套措施，既便于教学，又便于自学，符合现代专业教材规范标准，更符合高职高专教材要求。

透过本书，可以看出作者诚恳的求学精神和不懈的职业追求，我为青年教师的进步感到由衷的欣慰，乐为之序。

盖地

2014 年 5 月 18 日

于天津财经大学会计与财务研究中心

第 2 版前言

依法纳税是纳税人应尽的义务，但是很多企业由于内部缺乏税务筹划人才，或是没有聘请外部财税专家进行税务筹划，导致企业不堪税负，甚至严重影响企业的持续经营。而另外还有一些企业采用不合法的手段，偷（逃）税、骗税、抗税，最终一败涂地。现实中很多企业该缴的税未缴，不该缴的税却缴了，可缴可不缴的税也缴了，不仅企业总体税负很重，而且还存在着严重的纳税风险。税务筹划解决的正是这些问题，它是用来帮助企业在合法合理的前提下，使得企业该缴的税一定要缴，不该缴的税一定不缴，可缴可不缴的税尽量创造条件不缴，从而不仅降低了企业的税负，而且降低了纳税风险，甚至实现了涉税零风险，让企业老板心里踏实，财务及相关人员工作安心高效，企业各个部门和谐运转，最终使得企业发展稳步向前。

本书是以最新税法和会计准则为依据，根据税务筹划实际工作过程设计项目和学习任务，按以培养学生职业能力为主线、理实一体的高职教育要求而撰写。同时本书是在借鉴大量优秀税务筹划成果的基础上，充分利用作者近年来在相关杂志发表的 100 余篇财税专业论文成果，同时结合作者对税务筹划的理论与实践上的认识撰写而成。本书具有以下特色。

一、用心撰写，对读者负责。目前市场上很多税务筹划书籍质量一般，有的书籍东拼西凑，缺乏专业水准，很多案例过时且不系统。本书撰写的目标是打造税务筹划类精品教材，因此在撰写过程中，结合作者多年税务筹划专业经验，本着对读者负责的态度，基于让读者满意的目的，用心撰写。

二、内容新颖。本书正是在交通运输业和部分现代服务业营业税改征增值税（简称“营改增”）2012 年 1 月 1 日起上海开始试点，自 2012 年 8 月 1 日起至年底，将“营改增”试点范围，由上海市分批扩大至北京、天津、江苏、浙江、安徽、福建、湖北、广东和厦门、深圳 10 个省（直辖市、计划单列市），以及从 2013 年 8 月 1 日起，“营改增”在全国推开，从 2014 年 1 月 1 日起将铁路运输和邮政业纳入“营改增”试点，从 2014 年 6 月 1 日起将电信业纳入“营改增”试点的背景下，根据 2011 年 9 月 1 日开始实施的修订后的个人所得税法，2011 年 11 月 1 日开始实施的修订后的资源税暂行条例及其实施细则，2012 年 1 月 1 日开始实施的车船税法实施条例，2009 年 1 月 1 日开始实施的修订后的增值税、消费税、营业税暂行条例，以及 2008 年 1 月 1 日开始实施的企业所得税法及其他国家最新税收法律、法规、政策来编写的，力求案例的时效性和新颖性，尽量避免过时的案例出现。同时，在本书以后重印、修订或再版时，将根据最新的税收政策不断修正和完善，读者可通过专用 qq 群或专用邮箱向作者索取本书修改或更新内容的电子版。

三、理论与实践相结合。本书在介绍税务筹划理论的基础上，更加注重税务筹划的实践性，着重培养学生的应用能力。全书共有 120 个左右的税务筹划案例（包含拓展阅读中的 10 余个案例），通过对这 120 个左右的税务筹划案例的精讲，让读者较快地把握税务筹划的精髓和思想。

四、具有一定的系统性。全书分 3 篇：第 1 篇，对税务筹划进行认知；第 2 篇，按照不同的税种对税务筹划进行探讨；第3篇，按照企业不同的环节对税务筹划进行探讨。上述这3篇形成统一协调的知识体系，有利于读者全面、系统地掌握税务筹划知识和技能。同时每项目都有技能训练，并附有参考答案。

五、具有一定的创新性。全书案例经作者认真总结与提炼，框架一目了然，文字通俗易懂。主要表现在：创新性地采用“任务案例”“任务准备”“任务执行”“任务点评”“任务结论”的形式对税务筹划案例进行一一探讨。

六、配有大量的项目技能训练，并给出参考答案。项目技能训练包括职业能力选择、职业能力判断及项目实训，让读者通过技能训练来更好地理解、掌握所学知识。

七、每项目后面附有推荐网站、拓展阅读资料，让读者在学习本书的基础上有更广阔的深入学习空间。

在本书出版过程中，得到了北京交通大学出版社吴嫦娥编辑及相关工作人员的大力支持与帮助，在此表示特别的感谢。本书在撰写过程中，参考、借鉴了大量本学科相关著作、教材与论文，在此向其作者表示由衷的感谢；同时，本书在撰写过程中，得到了我的学生袁伟婷、任娟娟、刘卓玉、孙丕顺、徐子莲、于兰的大力协助，在此表示衷心的感谢。最后，特别需要指出的是，盖地教授统览了全稿，并提出宝贵的意见，且为本书写了序言，在此向盖老表示深深的感谢。由于本人水平所限，本书定会存在不当之处，竭诚欢迎广大读者批评指正。若有意见、建议或指正，请发送至我的邮箱，我的邮箱是：nashuichouhua@126.com。也可关注我的博客，并留言或交流，我的博客地址是：http：//blog.sina.com.cn/u/2570203027。本书qq群号是：103294023。

同时作者发现本人前期成果有的已被个别作者抄袭、剽窃。在此特别郑重声明，本书内容及本人前期其他相关成果是经作者用心撰写而成，严禁任何人对其进行抄袭、剽窃，否则作者本人将联同北京交通大学出版社对其追究法律责任。

最后需要注意的是，税务筹划存在风险，需要在合法合理的前提下，在税务机关许可的范围内进行操作，以规避税务筹划风险，获取稳妥的节税效益。

为方便教学，本书配有教学课件，可从北京交通大学出版社网站（http：//www.bjtup.com.cn）下载，也可发邮件至nashuichouhua@126.com或cbswce@jg.bjtu.edu.cn索取。

梁文涛
2014年7月

作者简介

梁文涛，著名财税专家，注册税务师、注册纳税筹划师。潍坊市社会科学研究十佳拔尖人才、潍坊市中青年社会科学研究十佳拔尖人才、“潍坊市社会科学专家基层行”首批专家、潍坊市社会科学研究优秀人才、河北省注册纳税筹划师协会副会长、中国注册会计师（CPA）税法课程考前培训主讲教师、中国注册纳税筹划师考试（CTP）认证培训主讲教师、会计职称考试考前主讲教师。现就职于山东经贸职业学院、中企天华（北京）管理咨询有限责任公司等多家企事业单位。擅长税务会计与纳税筹划理论与实践，长期从事税务会计与纳税筹划的教学、培训、科研、咨询与实战工作。主要研究方向：纳税筹划、税务会计等。主要培训课程：纳税筹划、税法、税务会计等。

截至2014年9月，出版专著《企业纳税方案优化设计120例》、《纳税筹划》、《税务会计》等10余部，主编教育部“十二五”职业教育国家规划教材《企业纳税实务》等3部，主持“山东省软科学研究计划资助项目”《营业税改征增值税后的相关企业税收政策应用研究》（项目编号：2013RKA07010）等省部级、市厅级课题3项，在《财会月刊》、《企业管理》、《会计之友》、《财会通讯》、《注册税务师》等各类报刊杂志发表论文120余篇。其中，在全国中文核心期刊发表论文80余篇；《中小企业税收优惠政策应用研究》等8项课题、论文或著作成果分获山东软件学优秀成果二等奖1项，山东高等学校优秀科研成果奖二等奖、三等奖各1项，潍坊市社会科学优秀成果二等奖3项、三等奖2项；《现金净流量法在混合销售纳税筹划中的运用》等8篇论文分别被人大报刊复印资料《财务与会计导刊》、《财政与税务》全文转载。

主要创新观点有：提出纳税筹划决策的短期目标重点在于实现现金净流量的最大化（并以此率先提出“现金净流量法在纳税筹划中的应用”理论）；纳税筹划决策的长期目标重点在于通过降低企业的纳税负担和纳税风险，来保证企业的持续安全地盈利，最终实现企业价值最大化。并系统地总结出“纳税筹划决策中的公式模型”、“纳税筹划的三大层次”和“纳税筹划的八种境界”等。

目　　录

第1篇　税务筹划认识

第2篇　纳税人不同税种下的税务筹划

第 3 篇　纳税人不同环节下的税务筹划

第 1 篇

税务筹划认识

1

- 项目 1　税务筹划概述
- 项目 2　税务筹划的风险与防范

项目 1

税务筹划概述

知识目标：

(1) 了解税务筹划的产生与发展；
(2) 了解税务筹划的含义与特征；
(3) 熟悉税务筹划的主要形式及相关概念辨析；
(4) 熟悉税务筹划的成本与收益；
(5) 掌握税务筹划的目标与方法；
(6) 熟悉税务筹划的作用与意义；
(7) 掌握税务筹划的步骤。

能力目标：

(1) 能够对税务筹划与偷税、漏税、抗税、骗税行为进行区分；
(2) 能够对节税与避税进行区分。

任务 1.1　税务筹划的产生与发展

1.1.1　国外税务筹划的产生和发展

纳税人对税收的筹划不是起源于纳税人本身，而是起源于中介服务机构，即税务咨询事业，税务筹划是税务咨询业务的一项重要内容。提供税务咨询的服务活动，最早产生于意大利。在十二三世纪意大利威尼斯就产生了会计、金融业的复式记账法。银行的前身是货币经营业，英文中银行的单词 bank，起源于意大利语 bench 这个词，意思是“凳子”。世界上最早的商业银行，1580 年成立于意大利的威尼斯。因为商业繁荣，法制健全，19 世纪中叶意大利税务专家的地位已不断提高。在当时的意大利，任何人不用经过任何注册都可以从事包括税务咨询在内的税务业务，也包括税务筹划。①

1959 年欧洲成立由从事税务咨询的专业人士和团体组成的税务联合会，其成员遍及英国、德国、法国、丹麦、荷兰等 22 个欧洲国家。它明确提出税务专家以税务咨询为中心开展税务服务，这种服务的一个主要内容就是税务筹划。这便极大地促进了税务筹划业的

① 苏春林．税务筹划［M］．北京：北京大学，2002：53.

发展。

目前，在欧美等发达国家，对税务筹划的开展已经进入到一个比较成熟的阶段，税务筹划的专业化趋势越来越明显，不仅有专门的税务代理事务所、中介咨询机构和专家为企业提供税务筹划服务，许多企业往往还拥有自己的税务会计。

1.1.2 国内税务筹划的产生和发展①

从税务筹划的理论研究和实践工作来看，税务筹划在我国的发展大概可分为四个阶段：

第一个阶段（1978—1994 年）：1978 年中国确定了改革开放的政策，使中国的国门逐步打开，在中国开始出现了“三资”企业，它们在实际经营过程中普遍地实施税务筹划，充分地利用中国政府给予的税收优惠政策，有的企业甚至走“假合资”之道来骗取税收优惠政策，有的企业只是将其注册地放在经济特区，实际经营则另设其地，大行税务筹划之法。由于我国当时的税收法律法规还不健全，各类企业并立，税收征管的法律依据也不是很强，税务机关弹性征管的空间也很大，“三资”企业在这一时期在中国取得了很大的财税收益。与此同时，正由于“三资”企业对税务筹划的运用，我国税收征收机关对避税也逐渐有了初步的认识，税收理论界也开始关注这个经济现象，但没有从根本上接受它和研究它，只是简单地将其归并到税收欺诈之列，税收理论界和税收实践界对其“避之而唯恐不及”。这一阶段人们对税务筹划持比较敏感和忌讳的态度。

第二个阶段（1994—1999 年）：1992 年中共十四大确定中国经济体制改革方向是建立社会主义市场经济体制，国有企业的改革不断向纵深发展，使国有企业逐步成为“自主经营，自负盈亏”的法人主体，国有企业在独立的经济利益驱使下逐渐也重视其税收成本。税务代理制度也于 1994 年在我国建立并在全国进行试点工作，1999 年 11 月，人事部考试中心和国家税务总局职业资格管理中心下发了《关于做好 2000 年度全国注册税务师执业资格考务工作的通知》，决定于 2000 年 6 月举行第二次全国注册税务师执业资格考试，这些举措为我国的税务代理和税务筹划工作开展打下了制度上和人才上的基础。与此同时，税收理论界的一些学者也开始将其研究方向转向税务筹划，特别是 1994 年唐腾翔教授出版了第一本关于税务筹划方面的专著，该书对税务筹划进行了深入的研究，同时，以中国人民大学的张中秀为代表的青年学者也陆续出版了大量的税务筹划方面的专著，另外，中国人民大学为本科生也开设了这方面的课程，而且为硕士研究生专门设置了税务筹划的研究方向。与此同时，国家征税机关也非常关注税务筹划，以《中国税务报》为主的税务宣传刊物专门设立了税务筹划专栏，为纳税人提供筹划平台和案例。在这一阶段可谓是税务筹划的大发展阶段，但是在这一阶段即使是税务师事务所也缺乏直接地为纳税人进行税务筹划服务的理念和具体做法。

第三个阶段（1999—2001 年）：在这一阶段，人们普遍接受税务筹划理念，并在实践自觉或不自觉地习以利用，特别是以会计师事务所、税务师事务所为代表的税务中介机构都陆续地进入这个新服务领域，都纷纷地举办各种税务筹划的短期培训和直接为纳税人提供税务筹划服务，税务筹划已悄悄地伴随着市场经济体制的不断完善形成了一个行业，但处于无序竞争状态。分析其原因：一是纳税人对税务筹划存在大量的现实的市场需求；二是政府已默

---

① 国家高级税务筹划师培训资料．中国企业联合会企业管理岗位鉴定中心高级税务筹划师培训基地。

许税务筹划的合法性，但没有具体的针对税务筹划的、规范性的法规来加以约束。因而，各方人士都想在这个新的服务领域取得一席之地。在这一阶段税务筹划实现了需求市场和市场供给的逐步对接，但无序的竞争急需有关法律法规来加以引导和规范。

2000 年 12 月 16 日在北京召开的《中国税务报》税收筹划研讨会上，国家税务总局反避税处处长苏晓鲁说："税收筹划是一个综合性的问题，目前对税收筹划的概念没有明确的法律界定，现在的概念都是学者们约定俗成的……目前，我们在进行税收筹划时，要特别注意两个问题：一是我国税制建设还很不完善，税收政策变化较快，纳税人必须通晓税法，在利用某项政策规定筹划时，应对政策变化可能产生的影响进行预测和防范筹划的风险，因为政策发生变化后往往有溯及力，原来是税收筹划，政策变化后可能被认定是偷税。因此，税收筹划不是一件容易和简单的事情，它往往意味着风险。"这表明了我国税务当局对纳税人采取税收筹划行为的认可。

此外，由全国各地近百家税务师事务所联办的全国首家税务筹划方面的专业网站——"中国税务筹划网"也已面世多时，以及注册税务师考试的举行等等都为税务筹划工作提供了相应的操作平台。

第四个阶段（2001 年至今）：随着新世纪到来，社会经济的不断发展和我国顺利地加入 WTO，我国的税收制度进一步得到规范，进一步地与世界各国税收制度接轨，税收法制化进程进一步地加快，税收征管力度也进一步地得到加强，相信人们肯定会对税务筹划有一个更加全面而理性的认识。特别是国家税收征管当局不会仅停留在默许税务筹划这个层次上，而是会采取相应的措施来运用法律的手段规范和引导这个行业走上合理竞争、有序发展的正轨。所有，完全有理由相信，合理、合法地帮助纳税人节约税收成本的税务筹划作为中国税收法律法规完善的助进器，会迎来一个新的发展高潮。

任务 1.2　税务筹划的含义与特征

1.2.1　税务筹划的含义

税务筹划、纳税筹划、税收筹划都是根据英文"Tax Planning"翻译出来的，在本书中不作具体的区分。为统一起见，本书采用"税务筹划"一词。

荷兰国际财政文献局（IBFD）编著的《国际税收词汇》对税务筹划是这样定义的：税务筹划是指纳税人通过经营活动或个人事务活动的安排，实现缴纳最低的税收。

印度税务专家 N·J·雅萨斯威在《个人投资和税收筹划》一书中指出：税收筹划是纳税人通过税务活动的安排，以充分利用税收法规所提供的包括减免税在内的一切优惠，从而获得最大的税收收益。

美国南加州大学 W·B·梅格斯博士在与别人合著、已再版多次的《会计学》中指出：人们合理而又合法地安排自己的经营活动，使之缴纳可能最低的税收，他们使用的方法可称之为税收筹划。

我国税务专家唐腾翔在《税收筹划》中指出：税收筹划是指在法律规定许可的范围内，通过经营、投资、理财活动的事先筹划和安排，尽可能取得节税的税收利益。

张中秀在《公司避税节税转嫁筹划》中指出：税务筹划是指纳税人通过非违法的避税方法和合法的节税方法以及税负转嫁方法来达到尽可能减少税负的行为。后来在《纳税筹划宝典》中又提到了第4种形式，即“实现涉税零风险”。

盖地在《税务筹划（修订3版）》中说道：税务筹划是纳税人依据所涉及的税境，在遵守税法、尊重税法的前提下，以规避涉税风险，控制或减轻税负，有利于实现企业财务目标的谋划、对策与安排。

综上所述，税务筹划有广义和狭义之分。广义的税务筹划既包括节税筹划，又包括避税筹划、税负转嫁筹划和实现涉税零风险（又称涉税零风险筹划），持这种观点的有张中秀等人；狭义的税务筹划只包括节税筹划，持这种观点的有唐腾翔等人。本书从研究的目的出发，采用广义税务筹划的观点，认为税务筹划不仅包括节税筹划，还包括避税筹划、税负转嫁筹划和涉税零风险筹划。

事实上，税务筹划是企业财务管理的一部分，研究税务筹划不能脱离财务管理。财务管理的目标是企业价值最大化，因此，税务筹划的最终目标不仅仅是为了减轻企业的税负，而是要实现企业价值最大化。因此，本书认为：税务筹划是指企业在不违反法律的前提下，自行或委托代理人，通过对企业设立、筹资、投资、经营、股利分配、产权重组等活动中涉税事项事先进行策划和安排，来实现企业价值最大化。

1.2.2 税务筹划的特征

1. 不违法性

不违法性主要是针对广义的税务筹划来说的，是指税务筹划不能违反法律规定。不违反法律规定是税务筹划的前提条件，是税务筹划最基本的要求，也是税务筹划与偷税、逃税、抗税、骗税的根本区别。

2. 事先性

事先性是指企业在从事经营活动或投资活动之前，就把税收作为影响最终成果的一个重要因素来设计和安排。一方面，纳税义务通常具有滞后性，企业在交易行为发生之后才有纳税义务，决定了企业可以对自身应税经营行为进行事前的安排；另一方面，税务筹划要在应税行为发生之前进行，一旦业务已经发生，事实已经存在，纳税义务已经形成，此时便无法筹划了。

3. 目的性

目的性是指税务筹划有明确的目的即追求企业价值最大化。也就是说，税务筹划以减轻税负为初级目的，而以实现企业价值最大化为终极目的。当两者矛盾时，一般情况下，应当选择能实现企业价值最大化的税务筹划方案。

4. 协作性

协作性是指由于复杂的税务筹划涉及的经营活动关系到企业的生产、经营、投资、理财、营销等所有活动，因此它不是由某个部门或某个人单独进行操作就能够完成的工作，它需要有规范的经营管理，并且在企业领导重视的前提下，财务部门和其他部门的密切配合、充分协作才能顺利进行。

5. 全面性

全面性是指税务筹划应该从战略的角度去考虑和把握。也就是说，企业进行税务筹划时应当用全面、发展的眼光看问题。企业不能只盯着个别税种的筹划，而应着眼于各种税种的筹划。同时，企业不能仅仅局限于短期目标的实现，而应考虑企业的长远发展目标，最终能够增加企业长期整体的收益。

6. 专业性

一方面，税务筹划是一门涉及税收学、管理学、财务学、会计学、法学等的综合性学问，这需要跨学科的专门人才来从事这项工作；另一方面，随着经济的飞速发展，世界市场的逐渐扩大，以及各国税制的日益复杂化和税收法律法规的不断更新和变化，单凭某一个人自己的努力就可以短时间设计一项相对复杂的税务筹划方案，已经越来越不可能。这不仅促使企业开始建立从事税务筹划的部门，而且也促进了作为第三产业的税务代理行业的发展。

7. 时效性

世界各国的税收法律、法规都不是固定不变的，而总是随着国际、国内的经济环境的变化而不断修订、变革和完善。这就要求企业一方面要抓住时机，及时充分地利用好法律法规的优惠政策；另一方面，必须密切关注税收法律、法规的发展变化，对原先已经制定或实行的税务筹划的方案进行及时的修订、调整或更正。

8. 风险性

由于税收法律、法规的不断调整和变化，企业外界环境因素、企业内部成员因素及其他因素的影响，使得税务筹划结果存在着不确定性，不可能有百分之百的成功率。而有的税务筹划是立足于长期规划，长期性则蕴涵着更大的风险性。此外，税务筹划的预期收益往往是一个估算值。因此，税务筹划具有显著的风险性。

任务 1.3　税务筹划的主要形式及相关概念辨析

1.3.1　税务筹划的主要形式

广义的税务筹划分为 4 种主要形式：节税筹划、避税筹划、税负转嫁筹划和涉税零风险筹划。

1. 节税筹划

节税筹划是指企业在不违背法律本身且不违背法律立法精神的前提下，在国家法律及税收法规许可并鼓励的范围内，采用税法所赋予的税收优惠或选择机会，来对各种涉税事项进行策划和安排，通过减轻税负来实现企业价值最大化，根据前文所述，税务筹划的目的不仅仅是为了减轻企业的税负，而是要追求企业价值最大化，因此最优的节税筹划也应以此为目标。

节税筹划是在企业不违背法律本身且不违背法律立法精神的前提下进行的，筹划活动本身及其后果与税法的本意相一致，这有利于加强税法的地位，从而使政府更加有效地利用税法来进行宏观调控，是政府提倡的行为。

2. 避税筹划

避税筹划强调的是不违背法律本身但违背了法律立法精神，是指企业利用法律的空白、漏洞或缺陷，来对各种涉税事项进行策划和安排，通过规避税收来实现企业价值最大化。然而由于避税筹划违背了法律立法精神，所以风险性较大，是一种短期行为，最终难以实现企业价值最大化的目标。

避税筹划不违背法律本身，但违背了法律立法精神，遵循“法无明文不为罪”的原则，当然不符合政府的政策导向和意图，是政府所不提倡的。其成功意味着行为主体对法律漏洞与缺陷找得准确，促使政府弥补漏洞与缺陷，客观上促使税法逐步得到完善。从这方面来说，避税筹划又有助于社会经济的进步与发展。

3. 税负转嫁筹划

税负转嫁筹划是指纳税人为了达到减轻税负的目的，通过价格的调整和变动，将税负转嫁给他人承担的经济行为。

典型的税负转嫁是在商品流通过程中，纳税人通过提高销售价格或压低购进价格，将税负转嫁给购买者或供应者。这便导致纳税人和负税人分离，纳税人是法律意义上的纳税主体，负税人（购买者或供应者）是经济上的承担主体，而国家的税收收入并不受到影响，因此政府对此一般持中立态度。

4. 涉税零风险筹划

涉税零风险筹划是指企业通过努力来做到会计账目清楚，会计核算健全，纳税申报正确，业务流程规范合理，缴纳税款及时、足额，使其一般不会出现任何关于税收方面的处罚，即在税收方面是处在几乎零风险的状态中，或者是处在风险极小可以忽略不计的一种状态中。

涉税零风险筹划虽然不能为企业带来直接经济利益的增加额，但却能够为企业创造出一定的间接经济利益。这主要表现在：一是涉税零风险筹划可以避免涉税风险和损失的出现，从而避免了税务机关的经济处罚；二是企业实现涉税零风险还可以避免发生信誉损失，而好的纳税信誉有利于企业的经营；三是通过实现企业会计账目清楚，纳税申报正确，缴纳税款及时、足额等，会使税务机关对企业留下很好的印象，以致能够获取税务检查以及税收优惠政策运用上的宽松待遇等。这些都会有利于企业价值最大化目标的实现和企业的长远发展。

涉税零风险筹划有利于形成良好的税收征纳环境，促进经济和社会的和谐发展，因此政府对此非常提倡。

1.3.2 税务筹划相关概念辨析

1. 偷（逃）税、漏税、抗税、骗税的含义

偷（逃）税①是指纳税人采取伪造、变造、隐藏、擅自销毁账簿、记账凭证，在账簿上多列支出，不列、少列收入，或者进行虚假纳税申报的手段，不缴或者少缴应纳税款的行为。

漏税是指纳税人欠缴应纳税款，采取转移或者隐匿财产的手段，致使税务机关无法追缴欠缴税款的行为。

抗税是指纳税人以暴力、威胁方法拒不缴纳税款的行为。

---

① 从2009年2月28日起，《刑法》用“逃避缴纳税款”的表述取代了原法律条文中“偷税”的表述。

骗税是指纳税人以假报出口，骗取国家出口退税款的行为。

2. 偷（逃）税、漏税、抗税、骗税与税务筹划的区别

1）性质不同

税务筹划是在正确履行纳税义务的前提下进行的，它的特点是合法或不违法，而偷（逃）、漏、抗、骗税通过非法手段将应税行为变为非应税行为，从而直接逃避纳税人自身的应税责任，是一种违法甚至犯罪行为，应该受到法律的制裁。

2）使用的手段不同

税务筹划采取公开或相对公开的手段，不需要进行修饰和掩盖，以理财为手段来实现企业的财务目标。偷（逃）、漏、骗税采用隐蔽的手段达到少缴税款的目的，具有欺诈性；抗税采用暴力、威胁的手段，恶意触犯法律，必将受到法律的严惩。

3）承担责任不同

税务筹划既然是一种合法或不违法行为，原则上不会承担法律责任，并理应受到国家法律的保护和认可。偷（逃）、漏、骗、抗税是一种违法行为，一经查实，除要给予一定比例的经济处罚外，还要视情节轻重，决定是否追究刑事责任。

4）政府的态度不同

偷（逃）、漏、抗、骗税行为具有故意性、欺诈性、违法性等特征，使国家税收遭受严重损失。政府对其持坚决地反对和抵制的态度，并对此类行为有专门的处罚规定。而对税务筹划，政府一般持鼓励和支持态度。虽然对于避税筹划，政府持不提倡态度，但是相对于偷（逃）、漏、抗、骗税行为来说，政府对其态度要宽松很多。

3. 相关概念之间的比较

节税筹划、避税筹划、税负转嫁筹划、涉税零风险筹划与偷（逃）税、漏税、抗税、骗税的比较如表 1-1 所示。

表 1-1　节税筹划、避税筹划、税负转嫁筹划、涉税零风险筹划与偷漏抗骗税的比较一览表

类别 比较点	节税筹划	避税筹划	税负转嫁筹划	涉税零风险筹划	偷（逃）税、漏税、抗税、骗税
法律性质	合法	非违法	纯经济活动	合法	违法
政府态度	倡导	反对	不加干预	鼓励	制裁处罚
风险性	低风险	风险较高	多因素风险性	几乎零风险	高风险
实施手段	主要利用税收优惠政策或选择机会	主要利用税法漏洞	调整产品价格	正确进行纳税申报，及时、足额纳税	利用非法手段
立法意图	体现	违背	不相关	顺应	违反
经济影响	促进经济良性发展	影响以至破坏市场规则	有利于企业间的竞争	有利于形成良好的税收征纳环境	违背公平竞争原则，破坏经济秩序

任务 1.4 税务筹划的成本与收益

1.4.1 税务筹划的成本

税务筹划成本是指因企业进行税务筹划而失去或放弃的资源。税务筹划成本包括以下几个方面内容。

1. 制订和执行税务筹划方案而新增的成本

税务筹划方案的制订和执行成本是指税务筹划方案在制订和执行过程中所产生的支出。

税务筹划方案的制订和执行成本具体包括：收集和保存与税务筹划相关的信息的耗费，税务筹划人员因从事与税务筹划方案制订和执行工作相应的工资、薪金，对税务筹划人员进行税务筹划培训的费用，委托税务代理机构进行税务筹划的全部费用，因按照税务筹划方案来安排生产、经营等活动而产生的诸如筹建或改建成本、沟通及协作成本、制订计划成本、谈判成本、监督成本和管理成本等。需要注意的是，制订和执行税务筹划方案而新增的成本指的是税务筹划方案与原纳税方案相比，其制订和执行成本的增加值。

2. 因进行税务筹划而新增的纳税成本

纳税成本是指纳税人在纳税过程中所发生的直接或间接费用，包括经济、时间等方面的损失。

因进行税务筹划而新增的纳税成本也是一个增加值，它是与原纳税方案相比纳税成本的增加值，具体包括以下 5 个方面。一是新增正常税负，指按照税法规定计算得出的税务筹划方案缴纳各项税款总额比原纳税方案税款总额的增加额，它是税务筹划方案的正常税负，是必须支付的，是一项法定义务。此项成本是考虑到税务筹划并非总是以减少税负为目的，有时税负增加同样会带来经济利益。二是新增办税费用，指与原纳税方案相比增加的办税费用。办税费用包括办税人员费用、资料费用、差旅费用、邮寄费用、利息等。三是新增税收滞纳金和罚款，指的是税务筹划方案被认定为偷税等违法行为而导致的罚款及缴纳的滞纳金。四是为取得税务机关对税务筹划方案的认可而发生的加强沟通、游说等支出。五是因不服税务机关对自己税务筹划方案的违法行为认定而产生的行政复议、行政诉讼费用支出等。

3. 税务筹划的心理成本

心理成本是指纳税人因担心税务筹划失败而产生的与焦虑相关的损失。

心理成本很难测量，对此也很少有人进行深入研究，但这并不意味着心理成本不重要。许多人在处理税务筹划事项时都要经历相当大的焦虑和挫折。这种状况将影响他们的工作效率，对于心理承受能力差的人而言，这种心理甚至会影响他们的身体健康，使他们付出更大的心理成本作为进行税务筹划的代价。心理成本的高低取决于税务筹划的复杂程度、纳税人的心理承受力、当地税务机关对税务筹划的态度、政府对税收违法行为处罚的严厉程度等。

4. 税务筹划的机会成本

税务筹划的机会成本，也就是税务筹划的隐性成本，是指纳税人由于采用拟订的税务筹划方案而放弃的潜在利益。

税务筹划过程本身是一个决策过程，即在众多方案中选择一个最佳方案，但选定一个方案必然要舍弃其他方案。税务筹划的机会成本在税务筹划实务中往往被忽视，可能导致结果得不偿失。

5. 税务筹划的风险成本

税务筹划的风险成本是指由于税务筹划风险的存在而发生的成本。

税务筹划的风险成本主要包括：企业因税务筹划方案设计失误或实施不当而造成筹划目标落空的经济损失，因税收政策的变化导致税务筹划方案失败产生的损失，因企业经营活动的变化导致原税务筹划方案无法实现既定目标而产生的损失，因税务机关对税务筹划方案的错误认定而产生的损失等。

6. 税务筹划的非税成本

税务筹划的非税成本是指企业因实施税务筹划所产生的连带经济行为的经济后果，它是一个内涵丰富的概念，有可量化的内容，也有不能量化的内容。

由于信息的不对称，隐藏行为和隐藏信息的存在，使得非税成本有时很大，甚至大大超过节省的税收利益。例如，如果一个企业多年亏损，积累有大量的税收损失，这时，另一盈利企业若兼并这家企业会产生很大的节税收益，但是不能忽视的是，兼并后管理费用、协调费用都会大大增加，而且由于信息不对称，盈利企业对被兼并企业其他方面（如资产状况、员工素质）的情况可能不是很了解，种种非税成本加起来可能会抵免了所享受的节税收益。

上述税务筹划成本的分类并不是非常严格，有些税务筹划成本可能同时属于其中的两类或多类。例如，税务筹划被认定为偷税等违法行为而导致的罚款及缴纳的滞纳金，既属于因进行税务筹划而新增的纳税成本，又属于税务筹划的风险成本。

1.4.2 税务筹划的收益

税务筹划收益是指因企业进行税务筹划而获得的各种利益。其包括以下几个方面内容。

1. 因进行税务筹划而新增的收入

在数量上，新增收入等于税务筹划后企业各项收入大于税务筹划前各项收入的部分。值得注意的是，这里所说的新增收入均是由税务筹划活动直接或间接引起的，企业发生的与税务筹划活动无关的新增收入不包括在其中。

2. 因进行税务筹划而减少的纳税成本

与税务筹划成本中的新增纳税成本相对应，纳税成本的减少额主要包括与原纳税方案相比，税务筹划方案引起的税负的减少额、办税费用的节约额及行政处罚的减少额等。其中，税负的减少额是主要部分，是指实施税务筹划方案的全部税负低于原纳税方案全部税负的差额。

3. 因进行税务筹划而新增的货币时间价值

这主要是通过延期纳税来实现的。通过延期纳税使企业当期的总资金增加，不仅可以用来清偿债务，而且可以用来进行持续的生产经营。

4. 由于涉税零风险筹划而带给企业的利益

前面也已提到，涉税零风险筹划虽然不能为纳税人带来直接经济利益的增加，但却能够为纳税人创造出一定的间接经济利益。通过实现涉税零风险，一方面有利于企业形成较好的纳税信誉，树立良好的形象，从而有利于企业的经营；另一方面会使税务机关对企业留下很好的印象，以致能够获取税务检查及税收优惠政策运用上的宽松待遇等。

5. 由于税务筹划提高了企业整体管理水平和核算水平而使企业增加的收益

企业进行税务筹划时，起用高素质的财税人才，规范自己的财务会计处理、财务管理、内部纳税控制和纳税申报，这便提高了自己的管理水平和核算水平，从而为企业带来收益。

类似于税务筹划成本的分类，上述税务筹划收益的分类并不是非常严格，有些税务筹划收益可能同时属于其中的两类或多类。

1.4.3 税务筹划的成本与收益分析法

税务筹划的“成本与收益分析法”，是指在税务筹划方案的制订和执行过程中，要比较税务筹划方案带来的收益与其耗费的成本，只有税务筹划方案的成本小于取得的收益时，该税务筹划方案才是可行的；反之，不可行。

借鉴财务管理中投资决策的分析方法，在进行成本收益分析时，可以把能够量化的税务筹划成本和收益进行折算，然后进行大致比较，具体步骤如下。

1. 确定比较期限

税务筹划一般立足于企业的长远发展，因而税务筹划的成本与收益分析不能仅仅局限于某个纳税年度。企业可根据自身实际，确定比较年限为 n 年。

2. 将税务筹划成本折现

即把前 n 年内的所有税务筹划成本依次折现到税务筹划方案执行的起始日，并求和得出 C。

3. 将税务筹划收益折现

即把前 n 年内的所有税务筹划收益依次折现到税务筹划方案执行的起始日，并求和得出 R。

4. 比较这两个值的大小

若 $R>C$，则此税务筹划方案是可行的；若 $R<C$，则此税务筹划方案不可行。

上述步骤中第2、3步骤的计算公式如下：

$$C=\sum_{t=1}^{n}[C_t\times(P/F,i,t)]$$

$$R=\sum_{t=1}^{n}[R_t\times(P/F,i,t)]$$

式中：C——总的税务筹划成本；

C_t——第 t 年的税务筹划成本；

R——总的税务筹划收益；

R_t——第 t 年的税务筹划收益；

$(P/F,\ i,\ t)$——第 t 年的复利现值系数；

i——折现率；

n——比较期限（年）。

案例分析

【例1-1】某企业2008年年初开始实施一项为期5年的税务筹划方案，制订和执行该税务筹划方案第1年发生的各种可直接量化的成本为40万元（假设发生在年初），第2～5年每年发生的各种可直接量化的成本为 10 万元（假设发生在年初），该税务筹划方案第 1 ～ 4 年每年获取的各种可直接量化的收益为 10 万元（假设发生在年末），第 5 年获取的各种可直接量化的收益为 50 万元（假设发生在年末）。假设包括风险成本在内的不可直接量化的成本和不可直接量化的收益都忽略不计，且设折现率为 10%，请运用成本与收益分析方法判断此方案是否可行。

分析过程：$R=10\times(P/A,10\%,4)+50\times(P/F,10\%,5)=10\times3.1699+50\times0.6209=31.699+31.045=62.744$（万元）

$C=40+10\times(P/A,10\%,4)=40+10\times3.1699=40+31.699=71.699$（万元）

由于 $R<C$，因此这一税务筹划方案不可行。

任务 1.5　税务筹划的目标与方法

1.5.1　税务筹划的目标

1. 税务筹划目标的种类

税务筹划的目标，是指企业通过税务筹划所希望达到的结果。对税务筹划进行准确的目标定位，直接关系到税务筹划的成败。税务筹划的目标从不同的角度可以分为以下几种。

1）实现税负最小化

纳税人对减轻自身税负的追求，是税务筹划产生的最初原因。但随着现代财务理念的发展，人们发现税务筹划单纯地以实现税负最小化为目标存在很多缺陷，主要表现在以下 3 个方面。第一，它没有考虑税务筹划方案对相关收入和成本的影响，容易导致决策的片面性。若减少的税负是以减少更多的收入或增加更多成本为代价，则结果是得不偿失的。第二，它没有考虑货币时间价值。不同税务筹划方案下相关收益的流入或成本的流出可能发生在不同的时点，在不同时点的现金流量的现值是不同的，而税负最小化没有考虑时间价值因素，这在税务筹划方案涉及长期决策时很可能出现失误。第三，它没有考虑相关的风险。不同的税务筹划方案所面对的风险往往是不同的，有的方案可能实现比较低的税负，但是要实现低税负可能要面对很多不确定的负面因素，在这种情况下，仅仅考虑税负的高低就不能作出正确的决策。

因此，税务筹划以税负最小化为目标具有很大的缺陷，甚至会将企业的税务筹划引入误区。当然，减少税负是税务筹划最直接的动机，也是税务筹划兴起与发展的直接原因，没有节税动机，也就不可能会有税务筹划。

2）实现税后利润最大化

税后利润最大化目标，可以克服税负最小化目标的第一个缺陷，即克服没有考虑相关的收入和成本的缺陷。税后利润最大化目标在当今的理论和实务界比较流行。这种观点认为，由于税后利润＝收入－成本－税金，要实现税后利润最大化，就要追求在收入增加、成本减少的同时，尽可能地减少税金的缴纳，使收入减去成本再减去税金后的值即税后利润最大。但是这一目标的提出，仍然没有解决时间价值和风险计量的问题，在税务筹划方案涉及不同期间的现金流量时有可能导致决策失误。它容易导致企业只注重对本年度利润的追求，造成税务筹划的短期行为，不能兼顾企业的长远发展。当然，在一年以内的短期税务筹划决策中，税后利润最大化目标一般是能够胜任对税务筹划方案的选择和评价的。

3）获取资金时间价值最大化

资金是有时间价值的，企业通过一定的手段将本期应该缴纳的税款延期缴纳，以获得资金的时间价值，也是税务筹划的目的之一。虽然这笔税款迟早是要缴纳的，但本期无偿占用这笔资金就相当于从财政部门获得了一笔无息贷款，并且这笔无息贷款不存在财务风险。然而，获取资金时间价值最大化是在应缴税金一定的情况下进行的，企业不能单纯地为了获取资金时间价值最大化而最大限度地晚缴税金，在少缴和晚缴之间应进行合理的选择。

4）实现纳税风险最小化

实现纳税风险最小化虽然不一定能够直接获取税收上的好处，但却能间接地获取一定的经济利益，主要表现在以下3个方面。第一，实现纳税风险最小化可以使纳税人不至于遭受税务机关的经济处罚，避免发生不必要的经济损失。第二，实现纳税风险最小化可以避免企业发生不必要的名誉损失，使企业的品牌和产品更容易为消费者所接受，从而有利于企业的生产经营。第三，实现纳税风险最小化主要是通过达到涉税零风险这一状态来实现的。涉税零风险状态可以使企业账目更加清楚，使得管理更加有条不紊，有利于企业控制成本费用，也有利于企业的长远发展与规模扩大。

5）实现企业价值最大化

这种观点认为，税务筹划属于财务管理范畴，税务筹划的目标应与财务管理的目标相一致。现代财务理论基本上确立了以企业价值最大化作为财务管理的目标，企业的内在价值，应当是未来企业能够创造的现金净流量的现值，是对未来现金流入和流出、现金流量的时间价值和风险综合评价的结果。将企业价值最大化作为税务筹划的目标，可以弥补税负最小化和税后利润最大化目标的缺陷，能够综合考虑税务筹划方案引起的相关的收益和成本以及时间价值和风险因素，因此不失为一种理想的目标定位。企业价值最大化目标在税务筹划中的主要应用是在长期税务筹划方案的决策中引入净现值法，即计算长期税务筹划方案可能带来的相关现金流量的净现值，并以此作为评价税务筹划方案优劣的依据。由于计算净现值时采用的折现率往往既考虑了时间价值因素又考虑了风险因素，因此可以帮助决策者更为准确地做出判断。当然这一目标同样也存在缺陷，主要是在实际运用中，一是在计算税务筹划方案带来的净现值时，如何确定折现率，即如何准确计量税务筹划方案的时间价值因素；二是如何确定风险因素的影响，是采用风险调整贴现率法还是调整现金流量法，这都是当今财务理论很难解决的课题，也将成为制约企业价值最大化目标和净现值法在税务筹划实践中应用的因素。①

2. 税务筹划目标之间的关系

企业税务筹划的目标，在不同的税务筹划项目中有不同的运用。企业在进行税务筹划时应注意税务筹划目标相互之间的联系。企业价值最大化目标是税务筹划中的最高目标，是企业长期发展必须关注的目标，在很多时候应该包含其他几个目标。在具体的税务筹划中，如果企业在实现其他几个目标的过程中违背了企业价值最大化的目标，那么也就违背了企业的长远发展规划，该项税务筹划方案应该进行修正。事实上，税务筹划决策的长期目标重点在

---

① 乔兵．企业合并的会计、税务处理及税务筹划［D］．大连：东北财经大学，2006.

于通过降低企业的纳税负担和纳税风险，来保证企业的持续安全地盈利，最终实现企业价值最大化。

然而，值得注意的是，企业价值最大化目标在实际的计量中有一定的局限性。因此，可以把企业价值最大化作为最高目标；而在具体税务筹划实务中，更多的应体现为其他几个目标。

1.5.2 税务筹划的方法

税务筹划的方法总的来说可以分为七种：一是降低计税依据，二是降低适用税率，三是增加可抵扣税额，四是直接减免税款，五是推迟纳税时间，六是规避或转换纳税义务，七是防范纳税风险。

1. 降低计税依据

计税依据，是指纳税人计算应纳税额的依据。在税率确定的情况下，由于应纳税额=计税依据×税率，因此，降低计税依据，就会导致应纳税额的降低。减少计税依据是税务筹划最基本的方法。由于各个税种的计税依据不尽相同，因此，纳税人需要研究各个税种计税依据的不同税法规定，来通过各种不同的方法降低计税依据，从而降低企业税负。

2. 降低适用税率

类似于第一种方法，降低适用的税率是在存在不同税率的前提下，运用一定的方法选择适用相对较低的税率，从而降低应纳税额的方法。选择该方法的前提条件是存在税率差异以及存在选择的机会。

3. 增加可抵扣税额

增加可抵扣税额就相当于抵减了纳税人应当缴纳的税款。可抵扣的税额包括：在计算应纳增值税时，准予抵扣进项税；在计算特定应税消费品应纳消费税时，对于以前环节（采购环节或委托加工环节）缴纳的税款在税法规定的范围内准予扣除；在计算缴纳企业所得税时，准许纳税人弥补以前年度（5 年内）发生的亏损、自己分公司发生的亏损等，从而相当于变相抵扣了税额；在计算缴纳企业所得税时，企业取得的来源于中国境外的应税所得已在境外缴纳的所得税税额，可以从其当期应纳税额中抵免，抵免限额为该项所得依照企业所得税法规定计算的应纳税额，超过抵免限额的部分，可以在以后五个年度内，用每年度抵免限额抵免当年应抵税额后的余额进行抵补。

4. 直接减免税款

这主要是指企业通过利用相关减免税的税收优惠政策，直接对企业税负进行减免。例如，农业生产者销售自产的初级农产品免征增值税。

5. 推迟纳税时间

推迟纳税的时间，属于相对节税的方法，延迟纳税时间的方法有很多，但基本思路可以归结为：一是尽量推迟确认收入，二是尽早确认成本和费用。

6. 规避或转换纳税义务

这主要是指企业通过改变生产流程或经营方向，一方面可以规避纳税义务，例如，若生产化妆品，则缴纳消费税，而若生产护肤护发品（非高档），则不必缴纳消费税；另一方面，可以转换纳税义务，例如，本来应缴增值税的业务通过合理的转换，有可能以缴纳营业税来代替。

7. 防范纳税风险

企业纳税风险最小化是税务筹划的目标之一。通过税务筹划，合理合法地纳税，尽最大努力遵守税收法律法规的规定，从而最大程度地降低纳税风险，使企业平稳健康地发展，有利于建立和谐的税收征纳关系，达到企业与国家的双赢。

任务 1.6 税务筹划的作用与意义

1.6.1 税务筹划的作用

1. 有利于提高企业的经营管理水平和财会管理水平

企业经营管理水平直接影响企业的经济效益、经营风险、竞争能力和发展前景，并在一定程度上决定着企业的前途与命运。为满足企业内部经营管理的需求，企业在进行税务筹划时，不仅要求财会人员熟悉现行的税收法规，同时也要求财会人员精通会计准则和会计制度，这样既有利于提高企业的经营管理水平，又有助于提高财会管理水平。

2. 有利于增强企业的竞争力并创造直接的经济利益

在市场经济体制下，国家与企业的经济利益关系主要体现为税款的征缴。税收负担的轻重是影响企业盈利水平、竞争能力的重要因素。企业进行税务筹划，可以直接降低企业的税收负担，从而使税后利润增多、竞争能力增强。

3. 有利于国家税收政策的充分发挥和不断完善

随着我国市场经济体制的不断完善，税务筹划将成为纳税人生产经营活动中的一个十分重要的组成部分，这将有利于充分发挥税收的经济杠杆作用。税务筹划是针对税法中可选择的机会、未明确规定的行为以及税法中的优惠政策而进行的，是纳税人对国家税法及有关税收经济政策的反馈行为。充分利用纳税人税务筹划行为的反馈信息，可以不断健全和完善我国现行的税法和税收政策。

1.6.2 税务筹划的意义

1. 有利于贯彻国家的宏观政策

企业按照税收政策进行合法、合理的税务筹划，既使得国家宏观经济在产业结构、区域结构等结构方面得到合理优化，又能促进资本的有效流动和资源的合理配置。如果企业对税收优惠政策漠不关心，国家产业政策、宏观调控目标就会落空。因此，税务筹划对于贯彻国家宏观经济政策具有重要的意义。

2. 有利于提高纳税人的纳税意识

通过税务筹划减轻税收负担是纳税人维护自身合法权益的正当行为，也是纳税人依法纳税意识提高的一种表现。因此，设立完整、规范的财会制度和正确进行会计处理是企业进行税务筹划的基础和前提，而依法建账是企业依法纳税的基本要求和重要特征。

3. 有利于促进社会中介服务的发展

税务筹划需要综合的专业知识，大型税务筹划方案更需要专门人才进行综合设计。对于多数企业来讲，开展复杂的税务筹划会显得力不从心，需要税务代理咨询机构提供税务筹划服务，从而促进了注册会计师、注册税务师等社会中介服务事业的发展。

任务 1.7 税务筹划的步骤

1.7.1 收集税务筹划必需的信息

1. 企业涉税情况与需求分析

不同企业的基本情况及纳税要求有所不同，在实施税务筹划活动时，首先要了解企业以下基本情况：企业组织形式、筹划主体的意图、经营状况、财务状况、投资意向、管理层对风险的态度、企业的需求和目标等。其中，筹划主体的意图是税务筹划中最根本的部分，是税务筹划活动的出发点。

2. 企业相关税收政策与环境分析

企业在着手进行税务筹划方案设计之前，都应该对企业相关的财税政策和法规进行梳理、整理和归类。全面了解与企业相关的行业、部门税收政策，理解和掌握国家税收政策及精神，争取税务机关的帮助与合作，这对于成功实施税务筹划尤为重要。如果有条件，最好建立企业税收信息资源库，以备使用。同时，企业必须了解政府的相关涉税行为，就政府对税务筹划方案可能的行为反应做出合理的预期，以增强筹划成功的可能性。这方面的信息包括政府对税务筹划中可能涉及的避税活动的态度、政府反避税的主要法规和措施及政府反避税的运作规程等。

3. 确定税务筹划的具体目标

税务筹划其最终目标是企业价值最大化。在对上面已经收集的信息进行分析后，便可以确定税务筹划的各个具体目标，并以此为基准来设计税务筹划方案。税务筹划具体目标主要有：

① 实现税负最小化；

② 实现税后利润最大化；

③ 获取资金时间价值最大化；

④ 实现纳税风险最小化。

1.7.2 设计备选的税务筹划方案

在掌握相关信息和确立目标之后，税务筹划的决策者可以着手设计税务筹划的具体方案，关注角度不同，具体方案就可能存在差异，因此决策者需要将方案逐一列示，并准备在后续过程中进行选择。

税务筹划方案的设计一般按以下几个步骤进行：首先，对涉税问题进行认定，即涉税项目的性质，涉及哪些税种等；其次，对涉税问题进行分析，即涉税项目的发展态势，引发后果，税务筹划空间大小，需解决的关键问题等；最后，设计多种备选方案，即针对涉税问题，设计若干可选方案，包括涉及的经营活动、财务运作和会计处理确定配套方案。

1.7.3 分析、评价各个备选方案，并选择一个最佳方案

税务筹划方案是多种筹划技术的组合运用，同时需要考虑风险因素。方案列示以后，必

须进行一系列的分析，主要包括以下 3 种。

1. 合法性分析

税务筹划的首要原则是合法性原则，任何税务筹划方案都必须在不违法的前提下进行，因此，对设计的方案首先要进行合法性分析，规避法律风险。

2. 可行性分析

税务筹划的实施，需要多方面的条件，企业必须对方案的可行性做出评估，这种评估包括实施时间的选择、人员素质以及未来的趋势预测。

3. 目标分析

每种设计方案都会产生不同的纳税结果，这种纳税结果是否符合企业既定的目标，是筹划方案选择的基本依据。因此，必须对方案进行目标分析，同时优选最佳方案。目标分析还包括评价税务筹划的合理性，防止税务筹划的片面性，影响企业整体策略。对列示方案逐项分析之后，设计者可能获取新的信息，并以此对原有的税务筹划方案进行调整，同时继续规范分析过程。

对多种方案进行分析、比较和评估后，选择一个最佳方案。

1.7.4 实施该税务筹划方案

税务筹划方案选定之后，经管理部门批准，即进入实施阶段。企业应当按照选定的税务筹划方案，对自己的纳税人身份、组织形式、注册地点、所从事的产业、经济活动及会计处理等做出相应的处理或改变，同时记录筹划方案的收益。

1.7.5 对该税务筹划方案进行监控、评估和改进

在税务筹划方案的实施过程中，应及时监控出现的问题，如国家税收政策有所调整，相关人员操作不当、税务筹划方案出现漏洞等。再运用信息反馈制度，对筹划方案的效果进行评价，考核其经济效益与最终结果是否实现税务筹划目标。在实施过程中，可能因为执行偏差、环境改变或者由于原有方案的设计存在缺陷，从而与预期结果产生差异，这些差异要及时反馈给税务筹划的决策者，并对方案进行改进。

本项目关键词

税务筹划的产生与发展　合法性　事先性　节税筹划　避税筹划　税负转嫁筹划　涉税零风险筹划　税务筹划成本　税务筹划收益　税务筹划目标　税务筹划方法　税务筹划的作用与意义　税务筹划步骤

本项目思考题

1. 简述国外税务筹划的产生过程。
2. 谈谈你对税务筹划含义的理解。
3. 税务筹划有哪些特征?
4. 税务筹划有哪几种主要形式? 它们之间有什么区别?

5. 偷（逃）税、漏税、抗税、骗税与税务筹划有哪些区别？
6. 税务筹划成本包括哪几方面内容？
7. 税务筹划收益包括哪几方面内容？
8. 简述税务筹划的成本与收益分析法的步骤。
9. 税务筹划目标有哪些？你认为税务筹划最佳目标是哪一个？
10. 税务筹划的方法有哪几种？
11. 简述税务筹划的作用与意义。
12. 简述税务筹划的步骤。

推荐网站

1. http：//www. tax365. org （中国纳税筹划网）
2. http：//www. taxchina. com （中税网）
3. http：//www. ctaxplan. net （中国税收筹划网）

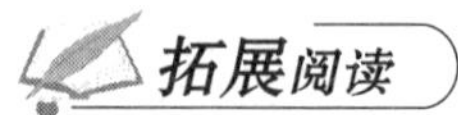

拓展阅读

灰色避税[①]

它是纳税人违背市场主体的真实、公平交易原则，以名义上合乎一般商法、民法的交易形式来达到少缴或不缴税款的目的。常见手法有通过操纵关联交易价格将销售增值和营业利润转移到低税率的关联企业。例如，甲企业与乙企业之间是关联企业，甲企业处于免税获利年度，乙企业则是正常缴税获利企业，现乙企业借给甲企业资金 1 000 万元，不收取利息，或按远低于同期银行基准利率的水平收取利息。那么，该结果可使甲企业在免税年度利润最大化，以充分享受国家的税收优惠政策，又使乙企业避免了一旦获取利息就要缴纳营业税、企业所得税等义务。这种行为不同于偷税，它不具有法律上规定的偷税情形，表面上有自愿订立的商业合同，也按合同交易并进行相应的会计记录和纳税处理，但其实质上是交易双方通过串通、合谋来共同规避对国家的税收义务，以牟取一己私利。那么，这种避税行为是否属于非违法的性质，就要看税法中是如何作相关规定了。

我国《税收征收管理法》第 36 条中规定："企业或者外国企业在中国境内设立的从事生产、经营的机构、场所与其关联企业之间的业务往来，应当按照独立企业之间的业务往来收取或者支付价款、费用。"在《企业所得税法》第 41 条中规定："企业与其关联方共同开发、受让无形资产，或者共同提供、接受劳务发生的成本，在计算应纳税所得额时应当按照独立交易原则进行分摊。"这就说明，我国现行税法中明确要求关联企业之间必须按照独立企业之间关系进行交易，遵循经营常规和公平交易原则确定合理的交易价格，既不应在不同纳税人之间有不公允的转让定价，也不应在不同交易项目之间利用其税负差异进行以避税为目的的转让定价。如果当事人各方违反这些规定，在《税收征收管理法》第 36 条中又规

① 高允斌．公司税制与纳税筹划［M］．北京：中信出版社，2011：15-17.

定："不按照独立企业之间的业务往来收取或者支付价款、费用，而减少其应纳税的收入或者所得额的，税务机关有权进行合理调整。"此正是授权税务机关针对转让定价避税的反避税措施。在《税收征收管理法实施细则》、一些实体税法和相关单项文件（如《特别纳税调整实施办法［试行］》）中，也具体规定了税务机关调整计税收入或应纳税所得额的方法。

由此可见，"灰色避税"是违反法律法规的行为，是一种受到限制和被管理的行为。不过，较之于偷税，它的法律后果要轻得多，因为现行税法中只授权税务机关可对以避税为目的的转让定价进行调整，并以调整后的计税收入或所得额进行补税，但是行政处罚性的规定较少，更无刑事责任之虞，仅在企业所得税方面存在相对程度较轻的处罚措施。《企业所得税法实施条例》第121条规定：

"税务机关根据税收法律、行政法规的规定，对企业作出特别纳税调整的，应当对补征的税款，自税款所属纳税年度的次年6月1日起至补缴税款之日止的期间，按日加收利息。

前款规定加收的利息，不得在计算应纳税所得额时扣除。"

正因为如此，部分纳税人乐此不疲。不过值得注意的是，"灰色避税"与现行法律法规处于一个软对抗的状态，与偷税也仅"一步之遥"，因此，稍有不慎就容易滑入偷税的泥潭。

【例】 甲企业将一处房产出租给乙公司，收取租金，按同地段的正常租金水平每年应收取租金100万元。由于甲企业为此要缴纳12%的房产税，于是双方在合同中约定，甲企业每年向乙公司收取的租金为50万元（开具租赁专用发票），另外收取物业管理费20万元、劳务费30万元（开具普通服务业发票）。租赁双方将租金100万元分成上述两部分后，虽然两者都要缴纳相同税率的营业税，但前者要缴纳12%的房产税，后者则无此义务。

主管税务机关在进行税务检查时认定，甲企业故意将租金转化为物业管理费，因为按该处物业的同期正常收费水平及出租房产的面积测算，只应收取物业管理费5万元。至于劳务费30万元，税务机关认定为虚构，因为未检查到任何劳务合同，甲企业不能向税务机关提供任何证据，来证明其向乙公司提供劳务的人员、内容、时间、收费标准和方式等。税务机关于是以偷税论处，对甲企业作了房产税的补税、罚款、加收滞纳金的处罚决定。

甲企业不服，理由是：《税收征收管理法》中规定的偷税情形之一为在账簿上多列支出或者不列、少列收入，甲企业认为自己已反映了全部收入100万元，并未不列、少列收入。

税收行政复议的结果是：甲企业的上述理由不能成立。因为税法中所说的"不列、少列收入"是应税收入，且是与具体税种相联系的。房产税是一个独立的税种，对于出租房产，房产税的征收方法为从价（即租金收入）计征。

在上述案例中，尽管甲企业没有少列会计收入总额，但它故意少列了应缴房产税的收入，所以它既存在着偷税的行为事实，又造成了少缴房产税的结果，当然要被以偷税论处。

本项目技能训练

职业能力选择

一、单项选择题

1. 在税率和计税依据既定的情况下，不属于增加可抵扣税额的情况是（　　）。

A. 税额扣除　　B. 盈亏互抵　　C. 出口退税　　D. 推迟纳税时间

2. 纳税人以暴力、威胁方法拒不缴纳税款的行为属于（　　）。

A. 偷税　　B. 抗税　　C. 骗税　　D. 逃税

3. 企业在从事经营活动或投资活动之前，就当把税收作为影响最终成果的一个重要因素来设计和安排属于税务筹划的（　　）特征。

A. 风险性　　B. 事先性　　C. 目的性　　D. 协作性

4. 企业通过努力来做到会计账目清楚，纳税申报正确，缴纳税款及时、足额，使其一般不会出现任何关于税收方面的处罚是（　　）的主要形式。

A. 节税筹划　　B. 避税筹划

C. 涉税零风险筹划　　D. 税负转嫁筹划

5. 纳税人采取伪造、变造、隐藏、擅自销毁账簿、记账凭证，在账簿上多列支出，不列、少列收入，或者进行虚假纳税申报的手段，不缴或者少缴应纳税款的行为属于（　　）。

A. 偷（逃）税　　B. 漏税　　C. 抗税　　D. 骗税

6. 纳税人由于采用拟订的税务筹划方案而放弃的潜在利益是税务筹划的（　　）。

A. 机会成本　　B. 风险成本　　C. 非税成本　　D. 心理成本

7. 税务筹划中的最高目标是（　　）。

A. 实现税负最小化　　B. 实现税后利润最大化

C. 获取资金时间价值最大化　　D. 企业价值最大化

8. 属于政府倡导的税务筹划形式是（　　）。

A. 税负转嫁筹划　　B. 涉税零风险筹划

C. 避税筹划　　D. 节税筹划

9. 财务管理的最终目标是（　　）。

A. 企业价值最大化　　B. 实现税负最小化

C. 实现税后利润最大化　　D. 获取资金时间价值最大化

10. 以下关于税务筹划的相关概念表述错误的是（　　）。

A. 节税实际上是税务筹划的委婉表述

B. 避税是纳税人使用的一种在表面上遵守税收法律法规，但实质上与立法意图相悖的非违法形式来达到自己的目的

C. 节税和避税都是税法允许甚至鼓励的行为

D. 偷（逃）税、避税具有违法性

11. 以下关于税务筹划的表述正确的是（　　）。

A. 税务筹划是税务代理机构可以从事的具有鉴证性能的业务内容

B. 税务筹划只能在法律许可的范围内进行

C. 税务筹划可以在纳税行为发生之前或之后进行

D. 税务筹划的最终目的是纳税额的减少

12. 以下关于税务筹划的表述错误的是（　　）。

A. 税务筹划是纳税人的一项权利

B. 税务筹划要在纳税行为发生之前进行

C. 税务筹划的最终目标是少纳税款

D. 税务筹划可以是企业经营管理中的一个环节

13. 税务筹划的特点不包括（ ）。

A. 合法性 B. 风险性 C. 政策性 D. 目的性

14. 税务筹划的目标是获得税收利益，理想的税务筹划应该是（ ）。

A. 总体收益最多，并且纳税最少

B. 总体收益最多，或许纳税并非最少

C. 纳税必须最少，或许总体收益并非最多

D. 只需考虑节约税收的支付

15. 纳税人在充分了解现行税法的基础上，通过掌握相关会计知识，在不触犯税法的前提下，对经济活动的筹资、投资、经营等活动做出巧妙的安排，这种安排手段处在合法与非法之间的灰色地带，达到规避或减轻税负目的的行为指的是（ ）。

A. 税务筹划 B. 避税 C. 节税 D. 税负转嫁

16. 税法在规定某一税种基本税率的基础上，为照顾某些特殊纳税人和征税对象，规定一个或若干个低于基本税率的税率属于（ ）。

A. 免税 B. 减税 C. 优惠税率 D. 累进税率

17. 税务筹划的首要原则是（ ）。

A. 可行性 B. 合法性 C. 合理性 D. 风险性

18. 节税的最基本方法是（ ）。

A. 降低计税依据 B. 降低适用税率 C. 增加可抵扣税额 D. 推迟纳税时间

19. 提供税务咨询的服务活动，最早产生于（ ）。

A. 意大利 B. 美国 C. 中国 D. 荷兰

20. 1959年欧洲成立由从事税务咨询的专业人士和团体组成的（ ），其成员遍及英国、德国、法国、丹麦、荷兰等22个欧洲国家。它明确提出税务专家以税务咨询为中心开展税务服务，这种服务的一个主要内容就是税务筹划。

A. 会计师联合会 B. 税务联合会 C. 审计联合会 D. 税务筹划联合会

二、多项选择题

1. 公共产品的重要特征包括（ ）。

A. 消费的非排他性 B. 消费的非竞争性 C. 消费的排他性 D. 竞争性

2. 税务筹划的特点包括（ ）。

A. 违法性 B. 事先性 C. 目的性 D. 风险性

3. 以下属于税务筹划主要形式的有（ ）。

A. 节税筹划 B. 偷税筹划 C. 税负转嫁筹划 D. 涉税零风险筹划

4. 偷（逃）税、漏税、抗税、骗税与税务筹划的区别在于（ ）。

A. 性质不同 B. 承担责任不同

C. 使用的手段不同 D. 政府的态度不同

5. 税务筹划与偷（逃）税、避税、节税的区别有（ ）。

A. 偷（逃）税是以非法手段逃避税收负担，是一种违法行为，具有欺诈性；而税务筹划是通过事前安排避免应税行为的发生，不具有欺诈性

B. 避税是纳税人采取利用某种法律的漏洞或含糊之处的方式来安排自己的事务，以减少纳税义务，但可能不符合税法的精神

C. 节税是指以遵循税收法规和政策的合法方式少缴税的合理行为，其行为符合税法精神

D. 如果税务筹划符合税法的意图，就是节税；反之，如果企业的税务筹划违背了税法的意图，利用了税法的漏洞与不足，就是避税

6. 税务筹划成本包括的内容有（　　）。

A. 因进行税务筹划而新增的纳税成本　B. 心理成本

C. 非税成本　D. 机会成本

7. 税务筹划收益包括（　　）。

A. 因进行税务筹划而新增的收入

B. 因进行税务筹划而减少的纳税成本

C. 因进行税务筹划而新增的货币时间价值

D. 由于涉税零风险筹划而带给企业的利益

8. 税务筹划的目标从不同的角度可以分为（　　）。

A. 实现税负最小化　B. 实现税前利润最大化

C. 获取资金时间价值最大化　D. 实现纳税风险最小化

9. 实现纳税风险最小化的利好主要表现在（　　）。

A. 可以使纳税人不至于遭受税务机关的经济处罚，避免发生不必要的经济损失

B. 可以避免企业发生不必要的名誉损失，使企业的品牌和产品更容易为消费者所接受，从而有利于企业的生产经营

C. 主要是通过达到涉税零风险这一状态来实现的

D. 使企业的税负最低

10. 因进行税务筹划而新增的纳税成本具体包括（　　）。

A. 新增正常税负　B. 新增办税费用

C. 新增税收滞纳金和罚款　D. 对税务筹划人员进行税务筹划培训的费用

11. 税务筹划的方法包括（　　）。

A. 降低计税依据　B. 降低适用税率

C. 增加可抵扣税额　D. 推迟纳税时间

12. 税务筹划具体目标主要有（　　）。

A. 实现税负最小化　B. 实现税前利润最大化

C. 获取资金时间价值最大化　D. 实现纳税风险最小化

13. 利用税率差异包括的情况主要有（　　）。

A. 税法根据不同纳税人或者征税对象具体情况的不同而制定不同的税率

B. 减免税

C. 优惠税率

D. 累进税率

14. 国内税务筹划的产生和发展经历了以下 4 个阶段：（　　）。

A. 第一个阶段（1978—1994 年），第二个阶段（1994—1999 年）

B. 第一个阶段（1966—1978 年），第二个阶段（1978—1994 年）

C. 第三个阶段（1999—2001 年），第四个阶段（2001 年至今）

D. 第三个阶段（1994—2001 年），第四个阶段（2001 年至今）

职业能力判断

1. 税务筹划是指企业在不违反法律的前提下，自行或委托代理人，通过对筹资、投资、经营、股利分配等活动中涉税事项进行策划和安排，来实现企业价值最大化。（ ）

2. 税务筹划的心理成本也就是税务筹划的隐性成本。（ ）

3. 涉税零风险筹划虽然不能为企业带来直接经济利益的增加额，但却能够为企业创造出一定的间接经济利益。（ ）

4. 漏税是指纳税人采取伪造、变造、隐藏、擅自销毁账簿、记账凭证，在账簿上多列支出，不列、少列收入，或者进行虚假纳税申报的手段，不缴或者少缴应纳税款的行为。（ ）

5. 避税筹划不违背法律本身但违背了法律立法精神。（ ）

6. 因进行税务筹划而新增的收入不包括企业发生的与税务筹划活动无关的新增收入。（ ）

7. 实现税负最小化的税务筹划目标没有考虑相关的风险。（ ）

8. 获取资金时间价值最大化的目标是税务筹划中的最高目标。（ ）

9. 纳税人最大和最基本的权利，是不需要缴纳比税法规定的更多的税款。（ ）

10. 在税率和计税依据既定的情况下，增加抵扣税额就意味着纳税人实际缴纳税款的减少。（ ）

11. 纳税人来源于我国境外的所得，在境外实际缴纳的所得税款，准予在汇总纳税时，从其应纳税额中抵免。但抵免限额不得超过其境外所得按我国企业所得税规定计算的应纳税额。（ ）

12. 推迟纳税时间通过推迟收入和费用的确认来实现。（ ）

13. 纳税人享受减税、免税待遇的，在减税、免税期间可以暂不办理纳税申报。（ ）

14. 税基式税务筹划是指通过缩小计税基础的方式来减少纳税总额。（ ）

项目 2

税务筹划的风险与防范

知识目标：

（1）了解税务筹划风险的含义及特征；

（2）了解税务筹划风险产生的原因；

（3）熟悉税务筹划风险的类型；

（4）掌握税务筹划风险的防范。

能力目标：

（1）能够对税务筹划风险的类型进行识别；

（2）能够对税务筹划风险进行防范。

任务 2.1　税务筹划风险的含义及特征

2.1.1　风险和税务筹划风险的含义

1. 风险的含义

要对税务筹划风险下定义，首先需要了解风险的内涵。目前，学术界对风险的内涵还没有统一和权威的定义，但归纳起来有以下几种代表性观点。

1）损失可能性观

美国学者海恩斯（Haynes）于 1895 年在其所著的《经济中的风险》中最早提出风险的概念，他将风险定义为“损害或损失发生的可能性”。这个定义非常接近日常生活中使用的普通概念，主要强调风险可能带来的损失。这种观点认为，损失发生的可能性或者说概率越大，风险越大。

2）损失不确定性观

美国学者威雷特（A. H. Willet）于 1901 在其博士论文《风险与保险的经济理论》中，为风险下了这样的定义：“风险是关于不愿发生的事件发生的不确定性之客观体现。”这一定义强调了以下 4 点：第一，风险是与损失相关的；第二，风险的本质是“不确定性”，而非可能性；第三，风险是客观存在的；第四，风险被人厌恶，人们不愿其发生。

3）预期结果与实际结果差异观

美国学者小阿瑟·威廉姆斯（C. Arthur Williams）将风险定义为：“风险是结果中潜在

的变化。风险是人们预期结果和实际结果的差异。”① 这种观点认为，风险是在风险状态下，预期结果与实际结果之间的差异大小或差异的偏离程度。这种预期结果和实际结果之间的差异越小或偏离程度越小，则风险越小；反之，则风险越大。

后来，在对风险进行深入研究以后，人们发现风险不仅可以带来超出预期的损失，也可能带来超出预期的收益。所以广义的风险可定义为：由于事件的不确定性而导致发生损失或收益的可能性。

而在实际的风险管理中，人们更多关注的是风险的负面效应，即风险可能带来的损失。所以狭义的风险可定义为：由于事件的不确定性而导致发生损失的可能性。

2. 税务筹划风险的含义

一般情况下，应当从狭义的角度来理解风险更有意义，因此，在对税务筹划风险管理进行探讨时，把侧重点往往放在“损失”上。

根据上述风险的含义，可以总结出税务筹划风险的含义：税务筹划风险是指企业在进行税务筹划时因各种不确定因素的存在，导致税务筹划方案失败、税务筹划目标落空、偷（逃）税等违法行为认定等而发生的各种损失的可能性。

2.1.2 税务筹划风险的特征

1. 税务筹划风险的客观性

一方面，税务筹划风险是不可避免的，但税务筹划风险同样是遵循一定规律的，只要把握了这种规律，税务筹划风险是可以降低的；另一方面，影响税务筹划风险的各种因素虽然具有不确定性，但也是客观存在的。

2. 税务筹划风险的复杂性

税务筹划风险的复杂性体现在税务筹划风险的形成原因、形成过程、表现形式、影响程度等都是复杂的。

3. 税务筹划风险的可评估性

税务筹划风险的可评估性是指税务筹划风险是可度量的。虽然税务筹划具有复杂性，但是税务筹划风险可能造成损失的大小和损失发生的可能性可以参照经验数据、借助数理技术手段加以分析估算，并在此基础上采取相应策略加以应对。

4. 税务筹划风险的潜在性

一方面，由于税务筹划风险是客观存在的，不易做出精确的判断，税务筹划人员只能在思想上认识到它的存在，依赖知识和经验做出专业判断；另一方面，税务筹划风险可能造成的损失要有一个显化的过程，这一过程的长短因税务筹划风险的内容、企业的经济环境、法律环境及税务筹划人员对风险的认识程度而异。

5. 税务筹划风险的损失与收益的对立统一性

税务筹划风险可以带来损失，但又可以带来收益，是损失与收益的对立统一。由于税务筹划风险的特殊性，税务筹划风险往往会给企业带来损失，因此税务筹划风险主要是针对损失来说的。

---

① 小阿瑟·威廉姆斯．风险管理与保险．陈伟，译．北京：中国商业出版社，1990：4.

任务 2.2　税务筹划风险产生的原因

2.2.1　税务筹划方案本身设计不合理

一般说来，税务筹划方案本身设计合理是税务筹划成功的前提，而这与税务筹划人员的认知水平和业务素质息息相关，如果税务筹划人员的认知水平和业务素质较高，对税收、管理、财务、会计、法律等方面的政策及相关业务熟悉，那么税务筹划方案本身设计合理性就高，其成功的可能性也就高；相反，则失败的可能性就高。目前，税务筹划在我国还属于起步阶段，既懂得相关知识，又有很强的实战经验的专业性人才很少，企业有时错误地设计税务筹划方案，不仅节税不成，反而可能演变为偷税，从而引发税务筹划风险。

2.2.2　税务筹划方案操作不善

税务筹划方案涉及企业的采购、生产、投资、筹资、销售等各项活动，这需要企业认真操作、严格实施，需要各个部门密切配合、充分协作。即使税务筹划方案本身设计得很正确，但如果操作不善，整个方案失败的可能性也会很大。

2.2.3　税务筹划方案实施的条件发生变化

一切税务筹划方案都是在一定条件下选择与确定的，并且也是在一定条件下组织实施的。税务筹划方案实施的条件变化至少包括以下两方面的内容。

（1）企业自身条件的变化，主要是经济活动的变化。企业要获取某项税收利益，必须使企业的生产经营活动的某一方面符合所选择税收政策，而这往往制约着企业经营的灵活性。一旦企业预期经营活动发生变化，企业就会失去享受税收优惠和税收利益的必要特征和条件，导致筹划结果与企业主观预期存在偏差。

（2）企业外部条件的变化。一是政治方面的变化。如发生战争，企业正常的生产经营都难以保证，何况税务筹划。二是税收政策的变化。在不同经济发展时期，国家出于总体发展战略要求，会使得税收政策处于不断的调整变化之中，这不仅增加了企业税务筹划的难度，也增加了企业税务筹划的风险。三是国内经济的波动。这是对税务筹划风险制约度较大、较为直接的因素。例如，全国发生恶性通货膨胀，由于各种能源、原料、设备及劳动力成本上涨，与企业税务筹划息息相关的成本费用大量增加，与企业相关的各种税负也会发生重大的变化，这样税务筹划的效果就会难以预料，风险陡然增大。四是全球经济的波动，国外税收、金融政策的变化。如 2008 年的美元贬值，全球范围的经济、金融危机，对于许多从事外贸的企业来说，在这一背景下设计的税务筹划方案，其风险必然增大。五是自然灾害、突发事件的出现。自然灾害、突发事件会直接导致已设计好的税务筹划方案无法实施，并由此带来风险。

2.2.4　征纳双方权利和义务并不对等

税务机关和纳税义务人都是税收法律关系的权利主体之一。双方的法律地位是平等的，但由于主体双方是行政管理者与被管理者的关系，其权利和义务并不对等。

一方面，税务筹划方案究竟是否合法，很大程度上取决于税务机关对纳税人税务筹划方案的认定。如果企业原本正确的税务筹划方案被税务机关认定为偷（逃）税或恶意避税，那么，企业的税务筹划不但得不到节税收益，还会因为其行为上的违法而受到处罚，从而导致税务筹划失败。

另一方面，从征纳博弈的角度看，税务机关是税务筹划“游戏规则”的制定者，主动权掌握在立法者手中。因此，一旦立法者修改调整税法，纳税人如果不能及时进行应变调整，就难免要遭受损失，从而导致税务筹划失败。

2.2.5 税务筹划成本最终超过收益

前已述及，在税务筹划方案的制订和执行过程中，要充分考虑税务筹划带来的收益与其耗费的成本，只有税务筹划方案的成本小于取得的收益时，该税务筹划方案才具有可行性。然而，由于有些成本和收益是预期估算值，无法准确度量，税务筹划方案制订时，测算的收益大于成本的税务筹划方案，最终实施的结果有可能是成本超过收益，从而产生税务筹划风险。

任务 2.3 税务筹划风险的类型

2.3.1 按照税务筹划风险产生的原因进行分类

按照税务筹划风险产生的原因，可将其分为以下几种类型。

1. 纳税意识低下的风险

纳税意识，包括企业领导人的纳税意识和税务筹划相关人员的职业道德，其中企业领导人的纳税意识是主要的。一方面，若企业领导人纳税意识低下，利用其职权指使或强迫税务筹划人员完成其指定的纳税目标，而不计后果，这样无形中加大了税务筹划风险。反之，若企业领导人依法纳税意识很强，进行税务筹划的目的只是降低企业涉税费用和风险，实现合理优化纳税，那么只要税务筹划人员依法严格按照规程精心筹划，风险一般不高。另一方面，若税务筹划人员职业道德水平低下，会直接影响其工作态度、对风险的判断及筹划事项最终完成的结果，这无形之中带来潜在的风险。反之，若税务筹划人员以坚持遵守税法为前提，保持必要的职业谨慎性和敏锐的专业判断力，依法严格按程序从事税务筹划工作，就自然会降低风险。

2. 政策风险

政策风险又分为政策变化风险和政策选择风险。

政策变化风险是指政府政策在一定时期内发生改变而引起的风险。税收政策是国家对经济进行宏观调控的主要手段之一，为了适应市场经济的发展，优化产业结构，一个国家的税收政策不可能是固定不变的，总是要根据经济发展状况进行相应的调整，通过及时修订、补充或完善税收法律、法规，使旧的政策不断被取消和改变，而新的政策不断推出。这使得税务筹划，尤其是长期税务筹划会产生一定的风险。

政策选择风险是指企业对政府的政策选择错误或不恰当而导致的风险。该种风险的产生主要是企业对税收法律、法规及政策精神认识不足、理解不透、把握不准所致。也就是说，企业自认为其采取的税务筹划方案符合国家的政策，但实际上却违背了国家的法律法规，由此导致税务筹划活动的失败。

3. 经营活动变化风险

税务筹划是一种合理合法的预先谋划行为，具有较强的计划性、事先性和时效性。一方面，税务筹划是对未来企业所处环境的一种预期。税务筹划方案的选择是在未来实际环境与税务筹划方案的预期环境相一致的假设前提下做出的，如果两者不一致，将会容易导致税务筹划活动的失败。另一方面，税务筹划是对不同的税收政策进行选择和利用的一个过程。税务筹划一旦选定某项税收政策，企业日后的生产经营活动只有符合所选定税收政策要求的特殊性，才能够享受此税收政策的优惠。然而，在市场经济体制下，企业的生产经营活动并非一成不变，需要随着市场环境的变化和企业战略管理的要求而进行相应的调整。一旦经营活动本身发生变化，就很可能失去享受税收优惠的必要特征或条件，不仅无法达到预期财务目的，而且还有可能加重税负，从而导致税务筹划活动的失败。

4. 制定和执行不当风险

制定和执行不当风险是指税务筹划方案在具体制定和执行过程中所产生的风险。制定和执行不当风险主要包含以下 3 个方面的内容：一是税务筹划方案的制订本身存在问题，导致对其执行的结果只能是得不偿失；二是在税务筹划方案的执行过程中，因相关部门及人员配合与协作不到位而产生税务筹划风险；三是税务筹划方案在执行过程中不彻底或半途而废，或执行的手段不恰当，或是某一环节衔接不上都有可能造成整个税务筹划方案前功尽弃，从而导致税务筹划活动的失败。

5. 片面性风险

片面性风险是指纳税人进行税务筹划方案选择时，未全面、综合、长远考虑问题而产生的风险。片面性风险主要包含以下 4 个方面的内容：一是没有从战略的角度去进行全面的考虑和把握，只考虑个别税种税负的高低，而未着眼于整体税负的轻重；二是仅考虑了税负的减轻，而未考虑其他方面的成本，导致项目筹划后的税后净收益小于筹划前税后净收益；三是仅局限于短期目标的实现上，而未考虑企业的长远发展目标；四是税务筹划方案的实施虽然获取了较少纳税上的收益，但是同时有可能要承担较多的其他方面的责任，如违约责任、担保责任、赔偿责任等。

6. 执法风险

税务筹划中的节税筹划是符合立法者意图的，但这种合法性还需要税务行政执法部门的确认；税务筹划中的避税筹划是违背立法者意图的，如果国家对某些避税措施坚决抵制和查处的话，将会大大增加其筹划的风险。因此，执法风险是指因税务行政执法的偏差或实施反避税措施等原因而产生的风险。

执法风险主要包括以下 5 个方面。一是税收法律、法规的不完善导致税务行政执法部门税收政策执行偏差。很多税收政策只对有关税收的基本层面做出相应规定，具体的税收条款设置不完善，无法涵盖所有的税收事项，企业和税务机关对同一税收政策理解上很可能存在偏差。二是税法对具体的税收事项通常留有一定的弹性空间，在一定的范围内，税务机关拥有自由裁量权，客观上也为税务行政执法偏差提供了可能。三是部分行政执法人员的专业素质低，从而将原本合法的税务筹划方案错误地认定为偷（逃）税等违法行为。四是部分行政执法人员从思想上抵制税务筹划，对税务筹划在认识上存在偏差。五是原本得到政府默认的避税措施突然受到坚决抵制和查处，导致企业避税筹划失败。

7. 纳税信誉风险

纳税信誉风险是指税务筹划一旦被认定为违法行为，企业建立起来的信誉和品牌形象将受到严重影响，从而影响企业未来经营的风险。市场经济是信誉经济，强调品牌意识，而纳税信誉是企业重要的信誉之一。大多数企业不愿意与纳税信誉低的企业有业务往来，因为纳税信誉低的企业往往被认为在资金支付能力及合同履行能力等方面也都有较高的风险。纳税信誉风险是一种间接风险，能间接导致企业发生经济损失。

8. 心理风险

税务筹划的心理风险是指企业在制定和实施税务筹划方案时，由于所面临的预期结果具有不确定性，因而需要承受与此相关的心理负担和精神痛苦，由此可能给企业和个人造成损失。

最后，值得注意的是，税务筹划人员的素质低而形成的风险也是非常重要的，之所以没有单独作为税务筹划风险之一介绍，是因为它已被包含在纳税意识低下的风险、政策选择风险、制定和执行不当风险、片面性风险等里面了。

2.3.2 按照税务筹划风险是否可以直接度量进行分类

按照税务筹划风险是否可以直接量化，可将其分为以下两种类型。

1. 定性的税务筹划风险

定性的税务筹划风险的特征是不容易直接度量（评估）风险的大小，一般只用“是否变化”、“是否存在”等作为风险大小的度量指标。当然，这并不意味着绝对不能对这种风险进行度量。目前主要采用模糊测评法对定性的税务筹划风险进行度量，这种方法主要涉及对前面所提到的政策变化风险、经营活动变化风险、制定和执行不当风险、执法不当风险等进行度量。

2. 定量的税务筹划风险

定量的税务筹划风险特征是能够直接度量风险的大小，且只能通过量化的数字来描述风险的大小，包括度量税务筹划风险导致的显性损失的大小以及隐性损失的大小两大类。税务筹划风险导致的显性损失比较直观，可以通过企业的财务数据表现出来，如税务筹划方案设计不合理而多缴的税款、税务筹划方案被认定为偷税行为而产生的罚款和滞纳金等。税务筹划风险导致的隐性损失，是指纳税人由于实施所制订的税务筹划方案而放弃的潜在利益，它是一种机会成本，在税务筹划实务中易被忽视。

任务 2.4 税务筹划风险的防范措施

2.4.1 提高税务筹划相关人员的素质

一方面，要引进高素质的税务筹划人才，将应聘人员的税务筹划知识与能力的考核成绩、职业道德修养以及沟通和协作能力，作为人员录取的标准之一；另一方面，要加强对包括财会人员在内的从事税务筹划工作的人员进行培训，以使他们较好地掌握税收、会计、财务、法律、企业管理、风险管理等各方面的知识，同时加强职业道德教育和沟通、协作能力的培训，使其既能制订正确的税务筹划方案，又能正确地组织执行税务筹划方案，还能有效地对税务筹划风险进行防范。

2.4.2 加强企业各部门之间的沟通、协作与配合

一方面，在企业管理层的组织下，各业务部门应当定期进行交流，共享各自掌握的信息并进行讨论，并协调税务筹划与其他领域的管理活动，分享各自的对税务筹划风险的建议；另一方面，企业应当建立税务筹划风险责任制，明确各部门和人员的职责，将其风险防范业绩与工资挂钩，以保证税务筹划风险降到最低。

2.4.3 密切关注税务筹划方案实施的条件变化，不断调整、完善筹划方案

一方面，要密切关注企业自身条件的变化，主要是经济活动的变化；另一方面要密切关注企业外部条件的变化，包括政治方面的变化，税收政策的变化，国内经济的波动，全球经济的波动，国外税收、金融政策的变化，自然灾害、突发事件的出现等。有时甚至要预测、推断上述变化，以不断调整完善筹划方案，将税务筹划风险降到最低。

2.4.4 加强与税务机关的沟通，协调好与税务机关的征纳关系

企业应当积极加强与税务机关的诚心交流和沟通，处理好和税务机关的关系，主动适应税务机关的管理，及时争取税务机关的指导，努力寻求税务机关的支持与帮助，树立良好的纳税信誉和形象，甚至在实施每一项新的筹划方案时，诚心地向税务机关咨询，获取其批准和认可，以实现企业与税务机关的“双赢”。

2.4.5 合理利用税务代理的专业化服务

一方面，不能盲目信赖税务代理的专业化服务，在将税务筹划方案外包出去的同时，企业自身仍要加强对税务筹划风险的防范，避免外包的税务筹划失败而产生的损失；另一方面，对税务筹划方案的复杂程度和企业税务筹划人员的专业胜任能力进行合理的评价，应该外包的税务筹划方案就外包给税务代理机构，不必外包的就不外包。

2.4.6 尽量避免税务筹划成本最终超过收益

企业应当较为保守地预计税务筹划成本和收益，同时不能忽略税务筹划隐性损失（机会成本），合理运用成本收益分析法，谨慎地选择及实施税务筹划方案。

本项目关键词

损失可能性观　税务筹划风险的客观性　税务筹划风险产生的原因　政策风险　经营活动变化风险　定性的税务筹划风险　税务代理

本项目思考题

1. 税务筹划风险的含义是什么?
2. 简述税务筹划风险的特征。
3. 简述税务筹划风险产生的原因。
4. 按照税务筹划风险产生的原因，如何对税务筹划风险进行分类?
5. 政策风险分为哪两种? 并对这两种政策风险分别举例。
6. 简述定性的税务筹划风险和定量的税务筹划风险的区别。
7. 如何对税务筹划风险进行防范?

推荐网站

1. http：//www. shuifa. cn （税收筹划网）
2. http：//www. 51kj. com. cn （无忧会计）
3. http：//www. chinesetax. com. cn （中华税网）

拓展阅读

凭经验容易翻船[①]

许多企业的财务总监（经理）认为自己长期从事财务工作，有些税务师事务所的专家往往自己宣传拥有“丰富的实践经验”，但是，一个高水平的筹划方案，往往是建立在拥有系统性理论修养之上的综合性筹划，仅仅拥有“丰富的实践经验”是不够的。也正因为如此，有些专家主要在“打擦边球”上下工夫。

稽查案例

2009年10月26日，税务检查人员对某公司进行纳税检查，发现该公司所使用的8层营业用房，自行建造并使用6年仍未办理竣工决算，所以未结转固定资产，也就没有计提折旧。因此少提折旧、少缴房产税、多实现利润的问题，全部通过多结转商品销售成本进行调整，从营业用房投入使用6年来，该公司根本没有因少提折旧、少缴房产税、多实现利润而多缴过企业所得税。最终，检查组对该公司因弄虚作假而少缴有关税款依法进行了处理。

检查过程

该公司是处于某市区商业中心地带的商业企业，该公司所使用的8层营业用房是自行建造并于6年前投入使用的。检查人员李某是第二次到该公司检查，对该公司的基本情况已有所了解。上一次检查时，李某发现该公司使用的8层营业用房已投入使用3年多，但由于没有办理竣工决算，所以未结转固定资产，也就没有计提折旧。

李某认为，因没有办理竣工决算，不能结转固定资产和计提折旧，从而导致多缴企业所

① 庄粉荣. 纳税筹划大败局［M］. 北京：机械工业出版社，2010：6-8.

得税，实在不划算。于是在检查结束后，李某嘱咐该公司财务部的王总监，尽快办理竣工决算或者可预估结转固定资产以计提折旧。但是在此次检查中，李某发现该公司的这一问题依然存在。李某以为该公司在竣工结算上遇到了困难，于是向王总监询问。

王总监对此没有明确的解释，对因少提折旧、多缴企业所得税的事实也无动于衷。多缴税款的背后究竟隐藏着什么？李某开始从账面上寻找答案。他查阅了该公司在建工程的账户，如果按照账面近1亿元的在建工程结转固定资产，该公司每年可计提近500万元的折旧。按25%的企业所得税税率测算，该公司可少缴企业所得税约120万元。李某将测算结果告诉了王总监。王总监却表示："这部分税款不会白缴的，仅是提前缴了而已，房屋折旧迟早要扣除的。"

李某对该问题百思不得其解。为了弄清楚真正原因，检查组邀请承建该公司营业用房的通达工程建设公司（以下简称通达公司）所在地的税务机关对通达公司进行了调查。调查显示，通达公司在工程投入使用后不到一年的时间就完成了竣工决算，并且提供了决算报告，该公司也在两年内将工程款全部付给了通达公司，但要求通达公司不要急于开具工程发票。

调查到这里可以肯定，不结转固定资产纯粹是该公司单方面的原因。于是李某进一步分析该公司不结转固定资产背后的原因：该问题造成该公司每年少缴80多万元的房产税，同时多缴120多万元的企业所得税，由于多缴的企业所得税属于时间性差异，在将来正常计提折旧后还会转回，所以该公司可能出于这样的考虑而不结转固定资产。同时经核实，该公司对因少提折旧和少缴房产税而增加的利润，全部通过多结转商品销售成本进行了调整，从营业用房投入使用6年来，该公司根本没有因少提折旧、少缴房产税、多实现利润而多缴企业所得税。最终，检查组对该公司因弄虚作假而少缴有关税款依法进行了处理。

案例分析

新《企业会计准则》附录规定，"在建工程"科目用来核算企业基建、更新改造等在建工程发生的支出。企业购入需要安装或自行建造固定资产的支出，先记入该科目，达到预定可使用状态时再转入"固定资产"科目。已达到固定资产预定可使用状态、但尚未办理竣工决算手续的在建工程，应按估计价值计入固定资产，并按月计提折旧，待确定实际成本后再调整固定资产原值及折旧数。该科目期末为借方余额，反映企业尚未达到预定可使用状态的在建工程成本。

《企业所得税法实施条例》规定，自行建造的固定资产，以竣工结算前发生的支出为计税基础。由于竣工决算时间存在一定的可控性，该公司的王总监不仅借此在税款上做文章，还根据往年的操作经验利用"障眼法"来进行"筹划"，因为在日常纳税检查中，许多检查人员关注的是企业有无少缴税款，而很少关注企业多缴税款的问题。事实上，王总监就利用了这一点，在多年的纳税检查中蒙混过关。

但是，他忽视了一个细节：按常理来讲，如果该公司多纳税的情形是真实的，其相关的财务人员应该会比较关注在建设工程不能及时进行结算的原因，或许还会希望检查人员能够出谋划策，帮助企业解决多纳税的问题。但是，从该公司王总监对李某的关心不以为然，也不急于向检查人员探讨解决问题的态度来看，该公司多纳税的背后一定存在问题。所以，只要检查人员善于透过现象分析其问题的本质，问题自然就会暴露无遗。

本项目技能训练

职业能力选择

一、单项选择题

1. 税务筹划风险可以带来损失但又可以带来收益，是指（ ）。

A. 税务筹划风险的损失与收益的对立统一性

B. 税务筹划的复杂性

C. 税务筹划的可评估性

D. 税务筹划的潜在性

2. 下列不属于制定与执行不当风险的是（ ）。

A. 税务筹划方案的执行本身存在问题而产生的风险

B. 方案在执行过程中，因相关部门及人员配合与协调不到位而产生的风险

C. 税务筹划方案在执行过程中不彻底或半途而废而产生的风险

D. 纳税人意识低下的风险

3. 美国学者（ ）于1895年在其所著的《经济中的风险》中最早提出风险的概念，他将风险定义为“损害或损失发生的可能性”。

A. 海恩斯　　B. 威雷特

C. 小阿瑟·威廉姆斯　　D. N·J·雅萨斯威

4. 税务筹划方案在具体制订和执行过程中所产生的风险指的是（ ）。

A. 纳税意识低下的风险　　B. 执法风险

C. 制定和执行不当风险　　D. 片面性风险

5. 在税收法律关系中，权利主体双方（ ）

A. 法律地位平等，权利义务对等　　B. 法律地位平等，权利义务不对等

C. 法律地位不平等，权利义务对等　　D. 法律地位不平等，权利义务不对等

6. 对税务筹划风险问题认识正确的有（ ）。

A. 税务筹划没有风险　　B. 税务筹划存在风险，但无法估计

C. 税务筹划存在风险，但无法防范　　D. 税务筹划存在风险，既可估计，又能防范

7. 原本得到政府默认的避税措施突然得到坚决抵制和查处，导致企业避税筹划失败，属于（ ）。

A. 执法风险　　B. 政策变化风险

C. 经营活动变化风险　　D. 制定和执行不当风险

二、多项选择题

1. 税务筹划风险的防范应包括（ ）。

A. 提高税务筹划相关人员的素质

B. 加强企业各部门之间的沟通协作与配合

C. 密切关注税务筹划方案的条件变化，不断调整、完善税务筹划方案

D. 加强与税务机关的沟通，协调好与税务机关的征纳关系

2. 税务筹划风险的类型按照税务筹划风险是否可以直接度量进行分类可分为（ ）。

A. 定性的税务筹划风险 B. 定量的税务筹划风险
C. 纳税人意识低下 D. 政策风险

3. 税务筹划风险的特征有（ ）。
A. 税务筹划风险的客观性 B. 税务筹划风险的复杂性
C. 税务筹划风险的不可评估性 D. 税务筹划风险的潜在性

4. 税务筹划风险产生的原因有（ ）。
A. 税务筹划方案本身设计不合理 B. 税务筹划方案操作不得当
C. 税务筹划方案实施的条件改变 D. 征纳双方权利和义务并不对等

5. 税务筹划风险的类型包括（ ）。
A. 纳税意识低下的风险 B. 政策风险
C. 经营活动变化风险 D. 制定和执行不当风险

6. 片面性风险主要包含几个方面的内容（ ）。
A. 没有从战略的角度去进行全面的考虑和把握，只考虑个别税种税负的高低，而未着眼于整体税负的轻重
B. 仅考虑了税负的减轻，而未考虑其他方面的成本，导致项目筹划后的税后净收益小于筹划前税后净收益
C. 仅局限于短期目标的实现上，而未考虑企业的长远发展目标
D. 税务筹划方案的实施虽然获取了较少纳税上的收益，但是同时有可能要承担较多的其他方面的责任，如违约责任、担保责任、赔偿责任等

7. 税务筹划方案实施的外部条件变化主要包括（ ）。
A. 政治方面的变化 B. 税收政策的变化
C. 国内经济的波动 D. 企业经济活动的变化

职业能力判断

1. 一般来说，税务筹划方案本身设计合理是税务筹划成功的前提，而这与税务筹划人员的认知水平和业务素质息息相关。（ ）
2. 税务筹划风险的可评估性决定了税务筹划风险是可度量的。（ ）
3. 政策选择风险是指政府政策在一定时期内发生改变而引起的风险。（ ）
4. 政策风险又分政策变化风险和政策选择风险。（ ）
5. 税务筹划风险是不可评估的。（ ）
6. 片面性风险是指纳税人进行税务筹划方案选择时，未全面、综合、长远考虑问题而产生的风险。（ ）
7. 执法风险不包括下述情况：由于部分行政执法人员的专业素质低，从而将原本合法的税务筹划方案错误地认定为偷税等违法行为。（ ）
8. 广义的税务筹划风险不仅可以带来超出预期的损失，也可能带来超出预期的收益。（ ）
9. 影响税务筹划风险的各种因素，虽然具有不确定性，但也是客观存在的。（ ）

第 2 篇

纳税人不同税种下的税务筹划

- 项目 3　增值税的税务筹划
- 项目 4　消费税的税务筹划
- 项目 5　营业税的税务筹划
- 项目 6　企业所得税的税务筹划
- 项目 7　个人所得税的税务筹划
- 项目 8　其他税种的税务筹划

项目 3

增值税的税务筹划[①]

知识目标：

（1）了解分开核算的税务筹划、增值税起征点的税务筹划的基本方法；

（2）熟悉进项税先抵扣后转出的税务筹划、混合销售行为的税务筹划、一般纳税人从小规模纳税人购买货物的进项税税务筹划、延期纳税的税务筹划的基本方法；

（3）掌握增值税纳税人身份选择的税务筹划、企业选择供应商纳税人身份的税务筹划、折扣方式选择的税务筹划、分立农业生产部门的税务筹划的基本方法。

能力目标：

（1）能够在实际工作中熟练运用具体的税务筹划方法，对企业增值税进行税务筹划；

（2）能够在掌握本项目增值税税务筹划案例及方法的基础上，创造性地对企业增值税进行税务筹划。

任务 3.1　增值税纳税人身份选择的税务筹划

任务案例

【例 3-1】甲工业企业年不含税应征增值税销售额为 50 万元，销货适用 13% 的增值税税率，现为小规模纳税人。由于其会计核算制度比较健全，经申请可成为一般纳税人，其不含税可抵扣购进金额为 20 万元，购货适用 17% 的增值税税率，请对该企业的增值税纳税人身份选择进行税务筹划。

任务准备

［税法依据］

《增值税暂行条例》对两种纳税人的增值税税率的规定：一般纳税人销售或者进口货物，提供加工、修理修配劳务，税率一般为 17%；销售或者进口部分优惠税率货物，税率为 13%。小规模纳税人增值税征收率为 3%。

---

① 本项目主要包括原增值税征税范围（销售货物、进口货物，以及加工、修理修配劳务）中的内容，对于营业税改征增值税的内容在本项目中也有一定的体现，但阐述不多，将主要在附录 B 中阐述。

新条例对两种纳税人的区分标准的规定如下。小规模纳税人的标准有两条：第一条，从事货物生产或者提供应税劳务的纳税人，以及以从事货物生产或者提供应税劳务为主，并兼营货物批发或者零售的纳税人，年应征增值税销售额（以下简称应税销售额）在50万元以下（含本数，下同）的；第二条，上述规定以外的纳税人，年应税销售额在80万元以下的。第一条所称以从事货物生产或者提供应税劳务为主，是指纳税人的年货物生产或者提供应税劳务的销售额占年应税销售额的比重在50%以上。

只要小规模生产企业有会计，有账册，能够正确计算进项税额、销项税额和应纳税额，并能按规定报送有关税务资料的，年应税销售额不低于30万元的，就可以申请资格认定，不作为小规模纳税人。

[筹划思路]

一般纳税人可抵扣进项税额，而小规模纳税人不能抵扣进项税，只能将进项税额列入成本；一般纳税人销售货物时可以向对方开具增值税专用发票，但小规模纳税人却不可以（虽可申请税务机关代开，但税率很低，仅为3%）。小规模纳税人销售货物因不开具增值税专用发票，即不必由对方负担销售价格的17%或13%的增值税销项税，因此销售价格相对较低。尤其对一些不需专用发票或不能抵扣进项税额的购货方来说，就宁愿从小规模纳税人那里进货。实际操作中可以通过比较两种纳税人的税负的大小来做出纳税人身份的选择。

[筹划方法]

1. 增值率判别法

假定纳税人不含税销售额为S，适用的销货增值税税率为T_1，不含税可抵扣购进金额为P，适用的购货增值税税率为T_2。具体操作如下。

1）计算“增值率”

增值率=（不含税销售额-不含税可抵扣购进金额）÷不含税销售额=$(S-P)\div S$

2）计算应纳税额

一般纳税人应纳税额=不含税销售额×销货增值税税率-不含税可抵扣购进金额×购货增值税税率=$S\times T_1-P\times T_2$

小规模纳税人应纳税额=不含税销售额×3%=$S\times 3\%$

3）计算纳税均衡点

令两种纳税人税负相等，则由$S\times T_1-P\times T_2=S\times 3\%$得：

$$(S-P)/S=1-(T_1-3\%)/T_2$$

令$T_1=17\%$，$T_2=17\%$，得：

$$(S-P)/S=1-(17\%-3\%)/17\%=17.65\%$$

由此得出结论：当增值率=17.65%时，两者税负相同；当增值率<17.65%时，小规模纳税人的税负一般重于一般纳税人的税负，这时选择一般纳税人这种形式有利；当增值率>17.65%时，一般纳税人的税负重于小规模纳税人的税负，这时选择小规模纳税人这种形式有利。

将增值税税率17%、13%，增值税征收率3%分别代入上式，可计算出两类纳税人纳税均衡点下的增值率，如表3-1所示。

表 3-1 两类纳税人纳税均衡点下的增值率 %

一般纳税人销货税率	一般纳税人购货税率	小规模纳税人征收率	纳税均衡点增值率
17	17	3	17.65
17	13	3	-7.69
13	13	3	23.08
13	17	3	41.18

2. 可抵扣购进金额占销售额比重判别法

上述方法中增值率的测算较为复杂，在税务筹划中难以操作，因而可以将增值率的计算公式进行转化。假定纳税人不含税销售额为 S，适用的销货增值税税率为 T_1，不含税可抵扣购进金额为 P，适用的购货增值税税率为 T_2，具体操作如下。

1）计算“不含税购销金额比”

不含税购销金额比=不含税可抵扣购进金额÷不含税销售额=$P\div S$

2）计算应纳税额

一般纳税人应纳税额=不含税销售额×销货增值税税率-不含税可抵扣购进金额×购货增值税税率= $S\times T_1-P\times T_2$

小规模纳税人应纳税额=不含税销售额×3% =$S\times 3\%$

3）计算均衡点

令两种纳税人税负相等，则 $S\times T_1-P\times T_2=S\times 3\%$，得：

$$P/S=(T_1-3\%)/T_2$$

令 $T_1=17\%$，$T_2=17\%$，得：

$$P/S=(17\%-3\%)/17\%=82.35\%$$

由此得出结论：当不含税购销金额比=82.35%时，两者税负相同；当不含税购销金额比>82.35%时，小规模纳税人的税负一般重于一般纳税人的税负，这时选择一般纳税人这种形式有利；当不含税购销金额比<82.35%时，一般纳税人的税负重于小规模纳税人的税负，这时选择小规模纳税人这种形式有利。

将增值税税率17%、13%，增值税征收率3%分别代入上式，可计算出两类纳税人纳税均衡点下的不含税购销金额比，如表 3-2 所示。

表 3-2 两类纳税人纳税均衡点下的不含税购销金额比 %

一般纳税人销货税率	一般纳税人购货税率	小规模纳税人征收率	纳税均衡点下的不含税购销金额比
17	17	3	82.35
17	13	3	107.69
13	13	3	76.92
13	17	3	58.82

任务执行

（1）若采用增值率判别法：

增值率$(S-P)/S=(50-20)\div 50=60\%>41.18\%$，根据表 3-2 的结论，此时选择作为小规

模纳税人可节税。具体验证如下。

方案一：选择作为一般纳税人

$$应纳增值税额=50\times13\%-20\times17\%=3.1\text{（万元）}$$

方案二：选择作为小规模纳税人

$$应纳增值税额=50\times3\%=1.5\text{（万元）}$$

任务结论

方案二比方案一可少缴纳增值税 1.6 万元（3.1 万-1.5 万），因此，应当选择方案二。

（2）若采用可抵扣购进金额占销售额比重判别法：

不含税购销金额比 $P/S=20\div50=40\%<58.82\%$，根据表 3-2 的结论，此时选择作为小规模纳税人可节税。具体验证同上。

任务点评

除了单纯考虑增值税税负因素外，在进行增值税纳税人身份的税务筹划时还需注意以下因素：除增值税以外的其他税负，纳税人身份转化成本，企业产品的性质及客户的要求对企业选择纳税人身份的制约，转换后导致的产品收入和成本的增加或减少等。

任务 3.2　企业选择供应商纳税人身份的税务筹划①

任务案例

【例 3-2】甲公司为增值税一般纳税人，适用增值税税率为 17%，购买原材料时，有以下几种方案可供选择：一是从一般纳税人 A 公司购买，每吨含税价格为 11 000 元，A 公司适用增值税税率为 17%；二是从小规模纳税人 B 公司购买，则可取得由税务机关代开的税率为 3%的专用发票，每吨含税价格为 10 000 元；三是从小规模纳税人 C 公司购买，只能取得普通发票，每吨含税价格为 9 000 元。甲公司用此原材料生产的产品每吨不含税销售额为 20 000 元，其他相关费用 3 000 元。假设甲公司以利润最大化为目标，请对甲公司购货对象选择进行税务筹划。

任务准备

[税法依据]

增值税纳税人有一般纳税人和小规模纳税人两种类型。一般纳税人按 17%或 13%的税率计税，实行凭增值税专用发票抵扣的购进扣税法；而小规模纳税人采用按征收率 3%简易征收的办法，不能抵扣进项税额。

① 梁文涛．运用净利润法选择购货对象的税务筹划［J］．财会学习，2008（8）．有改动。

[筹划思路]

若购货企业为增值税一般纳税人，一方面，从其他一般纳税人购进货物可以抵扣货物不含税价格17%或13%的增值税进项税，而从小规模纳税人购进货物则无法抵扣增值税进项税，或者即便能得到小规模纳税人通过主管税务机关代开的3%的增值税专用发票，也只能抵扣货物不含税价格3%的增值税进项税；另一方面，一般情况下，从其他一般纳税人比从小规模纳税人购进货物的价格要高。所以，一般纳税人在选择购货对象时，需要综合考虑上述两方面内容。

若购货企业为增值税小规模纳税人，是从一般纳税人还是从小规模纳税人购进货物，其选择是比较容易的，由于小规模纳税人不能获得增值税专用发票，也不能进行进项税额的抵扣，含税价款中的增值税税额对其意味着单纯的现金流出，所以，只要比较一下购货对象的含税价格的高低即可。

[筹划方法]

若购货企业以利润最大化为目标，则可以采用净利润法，即比较选择不同购货对象下的净利润的大小，进而选择净利润最大的方案。

1. 一般纳税人对购货对象的选择

1）一般纳税人选择购货对象的类型

一般纳税人在采购货物时，可以选择不同纳税身份的购货对象。概括起来，共有三种类型：一是从一般纳税人处购进货物；二是从小规模纳税人购进货物，并可索取到由主管税务机关代开的3%的增值税专用发票；三是从小规模纳税人购进货物，只能索取到普通发票。

2）一般纳税人选择购货对象的税务筹划

若购货对象既可以是一般纳税人，又可以是小规模纳税人，则需在两者之间做出选择。

假定购货方作为一般纳税人，其不含税销售额为 S，销售货物的增值税税率为 T，从一般纳税人购进货物的含税购进金额为 P_1，购进货物的增值税税率为 T_1，其他费用为 F（注：不管对购货对象如何选择都不影响其他费用 F），此时，净利润为 L_1。假定城建税税率为7%，教育费附加征收率为3%。企业所得税税率为25%。

$$L_1=(\text{不含税销售额}-\text{不含税购进金额}-\text{其他费用}-\text{城建税和教育费附加})\times(1-\text{企业所得税税率})$$
$$=[S-P_1\div(1+T_1)-F-\{S\times T-[P_1\div(1+T_1)]\times T_1\}\times(7\%+3\%)]\times(1-25\%)$$

假定购货方作为一般纳税人，其不含税销售额为 S，销售货物的增值税税率为 T，从小规模纳税人购进货物的含税购进金额为 P_2，购进货物的增值税征收率为 T_2（假设从小规模纳税人购进货物，能索取到由主管税务机关代开的3%的增值税专用发票），其他费用为 F，此时，净利润为 L_2。

$$L_2=[S-P_2\div(1+T_2)-F-\{S\times T-[P_2\div(1+T_2)]\times T_2\}\times(7\%+3\%)]\times(1-25\%)$$

假定购货方作为一般纳税人，其不含税销售额为 S，销售货物的增值税税率为 T，从小规模纳税人购进货物的含税购进金额为 P_3，购进货物的增值税征收率为 T_3（假设从小规模纳税人购进货物，只能索取到普通发票，不能索取到由主管税务机关代开的3%的增值税专用发票），其他费用为 F，此时，净利润为 L_3。

$L_3=(\text{不含税销售额}-\text{含税购进金额}-\text{其他费用}-\text{城建税和教育费附加})\times$

(1−企业所得税税率)

$=[S-P_3-F-(S\times T)\times(7\%+3\%)]\times(1-25\%)$

令 $L_1=L_2$，得净利润均衡点价格比 $P_1/P_2=[(1+T_1)(1-0.1T_2)]/[(1+T_2)(1-0.1T_1)]$

当 $T_1=17\%$，$T_2=3\%$ 时，代入上式得 $P_1/P_2=[(1+17\%)(1-0.1\times3\%)]/[(1+3\%)\times(1-0.1\times17\%)]=1.1521$。

也就是说，$P_1/P_2=1.1521$ 时，无论是从一般纳税人处还是从能索取到由主管税务机关代开的3%的增值税专用发票小规模纳税人处采购货物，其净利润是一样的；当 $P_1/P_2>1.1521$ 时，则从小规模纳税人采购货物时的净利润较大，此时应当选择从小规模纳税人处购货；当 $P_1/P_2<1.1521$ 时，应当选择从一般纳税人处购货。

令 $L_1=L_3$，得净利润均衡点价格比 $P_1/P_3=(1+T_1)/(1-0.1T_1)$

当 $T_1=17\%$，$T_3=3\%$ 时，代入上式得 $P_1/P_3=(1+T_1)/(1-0.1T_1)=(1+17\%)/(1-0.1\times17\%)=1.1902$。

也就是说，$P_1/P_3=1.1902$ 时，无论是从一般纳税人处还是从只能开具普通的发票小规模纳税人采购货物，其净利润是一样的；当 $P_1/P_3>1.1902$ 时，则从小规模纳税人采购货物时的净利润较大，此时应当选择从小规模纳税人处购货；当 $P_1/P_3<1.1902$ 时，应当选择从一般纳税人处购货。

令 $L_2=L_3$，得净利润均衡点价格比 $P_2/P_3=(1+T_2)/(1-0.1T_2)$

当 $T_2=3\%$时，代入上式得 $P_2/P_3=(1+T_2)/(1-0.1T_2)=(1+3\%)/(1-0.1\times3\%)=1.0331$。

也就是说，$P_2/P_3=1.0331$ 时，无论是从可由主管税务机关代开3%的增值税专用发票的小规模纳税人处，还是从只能开具普通发票的小规模纳税人处采购货物，其净利润是一样的；当 $P_2/P_3>1.0331$ 时，则从只能开具普通发票的小规模纳税人处采购货物的净利润较大，此时应当选择从只能开具普通发票的小规模纳税人处采购货物；当 $P_2/P_3<1.0331$ 时，应当选择从可由主管税务机关代开3%的增值税专用发票的小规模纳税人处采购货物。

同理，可以得出其他情况下净利润均衡点价格比，如表3−3所示。

表3−3 不同情况下净利润均衡点价格比汇总表

	17%增值税专用发票	13%增值税专用发票	3%征收率的增值税专用发票
3%征收率的增值税普通发票	$P_1/P_3=1.1902$	$P_1/P_3=1.1449$	$P_2/P_3=1.0331$
3%征收率的增值税专用发票	$P_1/P_2=1.1521$	$P_1/P_2=1.1082$	—

任务执行

$P_1/P_2=11000/10000=1.1<1.1521$，因此，方案一与方案二相比，应当选择方案一。

$P_1/P_3=11000/9000=1.2222>1.1902$，因此，方案三与方案一相比，应当选择方案三。

$P_2/P_3=10000/9000=1.111>1.0331$，因此，方案三与方案二相比，应当选择方案三。

综上所述，应当选择方案三。具体验证如下。

方案一：从一般纳税人A公司购买。

$$净利润=\{20000-11000\div(1+17\%)-3000-[20000\times17\%-11000\div(1+17\%)\times17\%]\times(7\%+3\%)\}\times(1-25\%)=5563.590（元）$$

方案二：从小规模纳税人B公司购买。

$$净利润=\{20\ 000-10\ 000÷(1+3\%)-3\ 000-[20\ 000×17\%-10\ 000÷(1+3\%)×3\%]×(7\%+3\%)\}×(1-25\%)=5\ 235.291（元）$$

方案三：从小规模纳税人 C 公司购买。

$$净利润=[20\ 000-9\ 000-3\ 000-20\ 000×17\%×(7\%+3\%)]×(1-25\%)=5\ 745(元)$$

任务结论

方案三比方案一多获取净利润 181.41 元（5 745-5 563.590），比方案二多获取净利润 509.709 元（5 745-5 235.291），因此，方案三为最优方案，其次是方案一，最后是方案二。

2. 小规模纳税人对购货对象的选择

1）小规模纳税人选择购货对象的类型

小规模纳税人在采购货物时，也可以选择不同纳税身份的购货对象。概括起来，也共有三种类型。同上述一般纳税人处选择购货对象的类型。

2）小规模纳税人选择购货对象的税务筹划

对于小规模纳税人来说，无论是从增值税一般纳税人处购进货物，还是从小规模纳税人处购进货物，都不能抵扣进项税额。所以，小规模纳税人在选择购货对象时，主要考虑购进货物含税价格的高低，选择价格最低的购货对象就可以。

任务点评

以上是在“购货企业以利润最大化为目标”的前提下进行讨论的。事实上，企业选择购货对象时除了需要考虑净利润大小以外，还应当考虑诸如现金净流量、信用关系、售后服务、购货运费等其他因素，以便作出全面、合理的决策。

任务 3.3　分别核算的税务筹划

任务案例

【例 3-3】甲企业属于增值税一般纳税人，该企业主要生产机电设备，2015 年 1 月销售机电设备共取得收入 1 000 万元（不含税），其中农机的销售额为 600 万元（不含税），其他机电设备的销售额为 400 万元（不含税），当月可抵扣的进项税共为 100 万元。请对其进行税务筹划。

任务准备

[税法依据]

纳税人兼营不同税率的货物或应税劳务，应当分别核算不同税率货物或者应税劳务的销售额；未分别核算销售额的，从高适用税率。

[筹划思路]

纳税人应当尽量将不同税率的货物或应税劳务分别核算，以适用不同的税率，从而规避从高适用税率，进而减轻企业负担。

任务执行

方案一：未分别核算销售额。则：

甲企业应纳增值税＝1 000×17%－100＝70（万元）

方案二：分别核算销售额。则：

甲企业应纳增值税＝400×17%＋600×13%－100＝46（万元）

任务结论

方案二比方案一少缴纳增值税 24 万元（70 万－46 万），因此，应当选择方案二。

任务点评

分别核算在一定程度上会加大核算成本，但与节税额相比较，当然是非常值得的。

任务 3.4 折扣方式选择的税务筹划[①]

任务案例

【例 3-4】甲商场为扩大销售，准备在 2015 年春节期间开展一次促销活动，为促销欲采用以下三种方式。

（1）让利（折扣）20%销售商品，即企业将 1 000 元的商品以 800 元价格销售，或者企业的销售价格仍为 1 000 元，但在同一张发票上的金额栏反映折扣额为 200 元。

（2）赠送商品，即企业在销售 800 元商品的同时，另外再赠送 200 元的商品。

（3）返还 20%的现金，即企业销售 1 000 元商品的同时，向顾客赠送 200 元现金。

以销售 1 000 元的商品为基数，参与该次活动的商品购进成本为含税价 600 元（即购进成本占售价的 60%）。经测算，公司每销售 1 000 元商品可以在企业所得税前扣除的工资和其他费用为 60 元，请对其进行税务筹划。（促销活动期间顾客产生的个人所得税由甲商场代付。）

任务准备

[税法依据]

（1）折扣销售：纳税人采取折扣方式销售货物，如果销售额和折扣额在同一张发票上分别注明的，可按折扣后的销售额征收增值税。纳税人采取折扣方式销售货物，销售额和折扣额在同一张发票上分别注明是指销售额和折扣额在同一张发票上的“金额”栏分别注明

① 梁文涛，试探折扣的纳税筹划［J］. 财会月刊（会计），2008，6. 有改动。

的，可按折扣后的销售额征收增值税。未在同一张发票“金额”栏注明折扣额，而仅在发票的“备注”栏注明折扣额的，折扣额不得从销售额中减除。

（2）实物折扣（如买一赠一）：增值税方面，折扣销售的税收优惠仅适用于对货物价格的折扣，而不适用于实物折扣（如买一赠一）。如果销售者将自产、委托加工和购买的货物用于实物折扣的，则该实物款额不能从销售货物额中减除，且该实物应按增值税条例“视同销售货物”中的“无偿赠送他人”计算征收增值税。企业所得税方面，企业以买一赠一等方式组合销售本企业商品的，不属于捐赠，应将总的销售金额按各项商品的公允价值的比例来分摊确认各项的销售收入。个人所得税方面，根据《财政部、国家税务总局关于企业促销展业赠送礼品有关个人所得税问题的通知》（财税〔2011〕50 号）文件规定，根据《中华人民共和国个人所得税法》及其实施条例有关规定，现对企业和单位（包括企业、事业单位、社会团体、个人独资企业、合伙企业和个体工商户等，以下简称企业）在营销活动中以折扣折让、赠品、抽奖等方式，向个人赠送现金、消费券、物品、服务等（以下简称礼品）有关个人所得税问题通知如下：“一、企业在销售商品（产品）和提供服务过程中向个人赠送礼品，属于下列情形之一的，不征收个人所得税：1. 企业通过价格折扣、折让方式向个人销售商品（产品）和提供服务；2. 企业在向个人销售商品（产品）和提供服务的同时给予赠品，如通信企业对个人购买手机赠话费、入网费，或者购话费赠手机等；3. 企业对累积消费达到一定额度的个人按消费积分反馈礼品。二（略）。”

（3）返还现金：返还现金是指企业在销售货物的同时，返还部分现金给购货方，返还部分现金相当于赠送现金给购买方。企业发生的公益性捐赠支出，在年度利润总额 12% 以内的部分，准予在计算应纳税所得额时扣除，除此以外的捐赠支出都不允许税前扣除。返还现金不属于公益性捐赠，不得在企业所得税前扣除。

[筹划思路]

对于折扣销售，应尽量使得销售额和折扣额在同一张发票上分别注明，按折扣后的销售额计征增值税。这样便可达到节税的目的。企业在选择折扣方式时，应当尽量不选择实物折扣，在必须采用实物折扣的销售方式时，企业可以在发票上作适当的调整，变“实物折扣”为“价格折扣（折扣销售）”或捆绑销售方式，以达到节税的目的。对于返还现金的折扣方式，由于这部分金额不得在税前扣除，所以加重了企业所得税税负，同样若选择变“返还现金”为“价格折扣（折扣销售）”，便会达到节税效果。

任务执行

方案一：让利（折扣）20% 销售商品，即企业将 1 000 元的商品以 800 元价格销售，或者企业的销售价格仍为 1 000 元，但是，在同一张发票上的金额栏反映折扣额为 200 元。

应纳增值税 = [（800−600）÷（1+17%）]×17% = 29. 1（元）

应纳城建税及教育费附加 = 29. 1×（7%+3%）= 2. 91（元）

应纳企业所得税 = [（800−600）÷（1+17%）−60−2. 91]×25% = 27. 01（元）

企业的税后利润 =（800−600）÷（1+ 17%）−60−2. 91−27. 01 = 81. 02（元）

方案二：赠送商品，即企业在销售 800 元商品的同时. 另外再赠送 200 元的商品。

公司销售 800 元商品时，应纳增值税 = 800÷（1+17%）×17% −480÷（1+17%）×17%

=46.50（元）

赠送200元的商品，按照现行增值税税收政策规定，应视同销售处理：

应纳增值税=[200÷(1+17%)]×17%-[120÷(1+17%)]×17%=11.62（元）

合计应纳增值税=46.50+11.62=58.12（元）

应纳城建税及教育费附加=58.12×(7%+3%)=5.812（元）

应纳企业所得税=[(800-480-120)÷(1+17%)-60-5.812]×25%=26.28（元）

企业的税后利润=(800-480-120)÷(1+17%)-60-5.812-26.28=78.85（元）

方案三：返还20%的现金，即企业销售1 000元商品的同时，向顾客赠送200元现金。

应纳增值税=(1 000-600)÷(1+17%)×17%=58.12（元）

应纳城建税及教育费附加=58.12×(7%+3%)=5.812（元）

应纳企业所得税=[(1 000-600)÷(1+17%)-60-5.812]×25%=69.02（元）

（注：企业返还的现金不得在企业所得税税前扣除）

企业的税后利润=(1 000-600)÷(1+17%)-60-200-5.812-69.02=7.05（元）

将以上方案计算进行汇总分析（见表3-4）。

表3-4 三种方案的税收负担及利润比较

元

方案	增值税	城建税及教育费附加	企业所得税	税负合计	企业税后利润
方案一	29.1	2.91	27.01	59.02	81.02
方案二	58.12	5.812	26.28	90.212	78.85
方案三	58.12	5.812	69.02	132.952	7.05

任务结论

方案一比方案二少缴税31.192元（90.212-59.02），多获取税后利润2.17元（81.02-78.85），方案一比方案三少缴税73.932元（132.952-59.02），多获取税后利润73.97元（81.02-7.05），因此，应当选择方案一。

任务点评

企业在选择折扣方式之前，不能盲目，而应当全面权衡，综合筹划，选择最佳的折扣方式，以便降低成本，获得最大的经济效益。

任务3.5 分立农业生产部门的税务筹划①

任务案例

【例3-5】甲乳品厂采用全程生产模式，内部设有牧场和乳品加工部门两个分部，牧场生产鲜奶（其中鲜奶的市场价格为30 000万元），此鲜奶经乳品加工部门加工成花色奶产品

① 梁文涛．论企业分立在纳税筹划中的应用［J］．财会学习，2008（1）．有改动。

后出售，2015 年销售收入达 50 000 万元（不含税）。饲养奶牛所消耗的饲料，包括草料及精饲料，其中草料大部分为向农民收购，共收购草料 5 000 万元，另外从生产、经营饲料单位购进精饲料 5 000 万元（不含税）。此外，牧场购入辅助生产用品 100 万元（不含税）。请对其进行税务筹划。

任务准备

［税法依据］

购进农产品，除取得增值税专用发票或者海关进口增值税专用缴款书外，按照农产品收购发票或者销售发票上注明的农产品买价和 13% 的扣除率计算进项税额。农业生产者销售自产的初级农产品免征增值税。

［筹划思路］

若一个企业有两个生产环节，这两个环节分别对应两个生产部门，第一个生产部门生产的是免税农产品，而第二个生产部门生产的最终产品是非免税农产品。由于最终产品是非免税农产品，所以连第一个环节也不能享受免税待遇。可以将这两个部门分立成两个独立法人。这样，不仅第一个生产环节可享受免税待遇，第二个环节还可按买价 13% 的扣除率计算进项税额，一举两得。

任务执行

方案一：仍然采用全程生产模式。

依据税法规定可知，该厂为工业生产企业，不属于农业生产者，其最终产品也是非免税农产品，因而其加工出售的产品不享受农业生产者自产自销的免税待遇。同时，该企业可以抵扣的进项税额主要是饲养奶牛所消耗的饲料，其中草料大部分为向农民收购，因而收购部分可经税务机关批准后，按收购额的 13% 扣除进项税额。此外，可按精饲料和辅助生产用品价格的 17% 抵扣进项税。

该企业生产的产品花色奶，适用 17% 的基本税率，全额按 17% 税率计算销项税额，由于进项税额小，导致该乳品厂承担较高的税负。

$$\text{该企业应纳增值税}=50\,000\times17\%-5\,000\times13\%-5\,000\times17\%-100\times17\%$$
$$=6\,983\text{（万元）}$$

方案二：将牧场和乳品加工分厂分开独立核算，分立为两个独立法人，分别办理工商登记和税务登记，但在生产协作上仍按以前程序处理，即牧场生产的鲜奶仍供应给乳品加工厂加工销售，但牧场和乳品加工厂之间按正常的企业间购销关系结算。

这样处理，将产生以下两方面效果。

一方面，作为牧场，由于其自产自销未经加工的农产品（鲜牛奶），符合农业生产者自销农业产品的条件，因而可享受免税待遇，税负为零，自然进项税不能抵扣，销售给乳品加工厂的鲜牛奶价格按正常的成本利润率核定。

另一方面，作为乳品加工厂，其购进牧场的鲜牛奶，可作为农产品收购处理，可按收购额计提 13% 的进项税额，这部分进项税额已远远大于原来草料收购额的 13%，而销售最终产品，仍按原办法计算销项税额。

该企业应纳增值税 = 50 000×17% − 30 000×13% = 4 600（万元）

任务结论

方案二比方案一少缴纳增值税 2 383 万元（6 983 万−4 600 万），因此，应当选择方案二。

任务点评

将牧场和乳品加工分厂分开独立核算，分立为两个独立法人，分别办理工商登记和税务登记，必然要多支出一部分开办费用及其他费用。但这笔费用与省下来的增值税相比要少很多，所以将牧场和乳品加工分厂分成两个独立法人，是非常划算的。

任务 3.6　进项税先抵扣后转出的税务筹划[①]

任务案例

【**例 3-6**】甲是一大型石油生产企业，下设医院、食堂、宿舍等众多非独立核算的部门，2015 年 1 月初该企业购进生产用材料一批，价值为 936 万元（含税），准备用于上述非独立核算部门使用。截至 2015 年 6 月底上述非独立核算部门累计共领用价值为 585 万元（含税）的材料，剩余的 351 万元（含税）的材料该企业非独立核算部门不再需用，并准备对外销售，但已超过 180 天的抵扣期限，导致无法抵扣进项税。请对其进行税务筹划。

任务准备

[税法依据]

下列项目的进项税额不得从销项税额中抵扣：（一）用于非增值税应税项目、免征增值税项目、集体福利或者个人消费的购进货物或者应税劳务；（二）非正常损失的购进货物及相关的应税劳务；（三）非正常损失的在产品、产成品所耗用的购进货物或者应税劳务；（四）国务院财政、税务主管部门规定的纳税人自用消费品；（五）本条第（一）项至第（四）项规定的货物的运输费用和销售免税货物的运输费用。

已抵扣进项税额的购进货物或者应税劳务，发生条例第十条（单位租赁或者承包给其他单位或者个人经营的，以承租人或者承包人为纳税人）规定的情形的（免税项目、非增值税应税劳务除外），应当将该项购进货物或者应税劳务的进项税额从当期的进项税额中扣减；无法确定该项进项税额的，按当期实际成本计算应扣减的进项税额。

增值税一般纳税人取得 2010 年 1 月 1 日以后开具的增值税专用发票、公路内河货物运输业统一发票和机动车销售统一发票，应在开具之日起 180 日内到税务机关办理认证，并在认证通过的次月申报期内，向主管税务机关申报抵扣进项税额。

[筹划思路]

企业对于购买的准备用于集体福利或者个人消费的材料，可先抵扣进项税，然后在改变用

① 梁文涛．增值税进项税额抵扣的纳税筹划［J］．财会月刊：会计（上），2011（3）．

途时，再将进项税转出，从而避免因该材料未使用完而超过抵扣期限给企业带来的不必要损失。

任务执行

方案一：甲企业于 2015 年 1 月将购入的材料进项税全部直接计入成本。

甲企业可抵扣的进项税额 = 0（万元）

方案二：甲企业于 2015 年 1 月在购买材料时先认证抵扣进项税，在以后用于集体福利和个人消费（即改变用途）时，再将进项税转出。

2015 年 1 月可抵扣的进项税 = [936÷(1+17%)]×17% = 136（万元）

2015 年 1—6 月非独立核算部门领用材料时，累计需转出进项税 = [585÷(1+17%)]×17% = 85（万元）

甲企业实际抵扣进项税 = 136-85 = 51（万元）

任务结论

方案二比方案一多抵扣进项税 51 万元（51 万-0），从而相当于少缴纳增值税 51 万元，因此，应当选择方案二。

任务点评

对于用于集体福利或者个人消费的购进货物或者应税劳务进项税额通过先抵扣后转出，一方面，可以先获取抵扣进项税的好处，待以后改变用途时再转出，使获取了相当于延期纳税的好处；另一方面，对于未使用完而需再销售但超过抵扣期限的情况，可以避免进项税不能再抵扣的风险，可谓一举两得。

任务 3.7　混合销售行为的税务筹划①

1. 企业最终被认定为一般纳税人的情况

任务案例

【例 3-7】甲商业企业为增值税一般纳税人，2014 年 10 月销售设备（适用增值税税率 17%）并同时提供安装服务（由于设备属于高尖端产品，因此安装费用较高，与设备价款相当），共取得销售额 100 万元，该公司为生产设备而购进材料支付款项 80 万元（含增值税），适用增值税税率 17%。请对其进行税务筹划。

任务准备

[税法依据]

一项销售行为如果既涉及货物又涉及非增值税应税劳务，为混合销售行为。除《中华

① 梁文涛．新增值税条例下混合销售行为的纳税筹划 [J]．国际商务财会，2009（12）．

人民共和国消费税暂行条例实施细则》第六条的规定外，从事货物的生产、批发或者零售的企业、企业性单位和个体工商户的混合销售行为，视为销售货物，应当缴纳增值税；其他单位和个人的混合销售行为，视为销售非增值税应税劳务，不缴纳增值税。本条第一款所称非增值税应税劳务，是指属于应缴营业税的交通运输业、建筑业、金融保险业、邮电通信业、文化体育业、娱乐业、服务业税目征收范围的劳务。本条第一款所称从事货物的生产、批发或者零售的企业、企业性单位和个体工商户，包括以从事货物的生产、批发或者零售为主，并兼营非增值税应税劳务的单位和个体工商户在内。（注：这里所指的"以从事货物生产、批发或零售为主，并兼营非增值税应税劳务"，是指纳税人年货物销售额与非增值税应税劳务营业额的合计数中，年货物销售额超过 50%，非增值税应税劳务营业额不到 50%。）

纳税人的下列混合销售行为，应当分别核算货物的销售额和非增值税应税劳务的营业额，并根据其销售货物的销售额计算缴纳增值税，非增值税应税劳务的营业额不缴纳增值税；未分别核算的，由主管税务机关核定其货物的销售额：① 销售自产货物并同时提供建筑业劳务的行为；② 财政部、国家税务总局规定的其他情形。

［筹划思路］

企业可以通过控制应税货物或劳务和非增值税应税劳务的所占比例，来选择是缴纳增值税还是缴纳营业税。也就是说，在混合销售行为中，纳税人年货物销售额与非增值税应税劳务营业额的合计数中，若使年货物销售额超过 50%，则缴纳增值税；若使年非增值税应税劳务营业额（即应征营业税的劳务）超过 50%，则缴纳营业税。那么，到底选择缴纳增值税，还是营业税，就要看两种税的税负大小。

若企业最终可认定为一般纳税人，这需要通过计算出纳税均衡点来作为衡量标准。

假定纳税人含税销售额为 S，适用的销售货物增值税税率为 T_1，含税购进金额为 P，适用的购买货物增值税税率为 T_2，营业税税率为 T_3。

$$应纳增值税税额=[S\div(1+T_1)]\times T_1-[P\div(1+T_2)]\times T_2$$

$$应纳营业税税额=S\times T_3$$

$$若使两税相等，则[S\div(1+T_1)]\times T_1-[P\div(1+T_2)]\times T_2=S\times T_3$$

$$解得 P/S=[(1+T_2)(T_1-T_3-T_1T_3)]/[(1+T_1)T_2]$$

当 $T_1=17\%$，$T_2=17\%$，$T_3=5\%$ 时，代入上式，得纳税均衡点的含税购销金额比 $P/S=65.59\%$。

由此可以得出结论：当 $T_1=17\%$，$T_2=17\%$，$T_3=5\%$ 时，含税购销金额比=65.59%时，纳税人缴纳增值税和营业税的税负是完全一样的；当含税购销金额比>65.59%时，纳税人缴纳增值税可以降低税负，在这种情况下，企业应尽量使年货物销售额超过 50%；当含税购销金额比<65.59%时，纳税人缴纳营业税可以降低税负，在这种情况下，企业应尽量使年增值税应税劳务营业额（即应征营业税的劳务）超过 50%。

由于增值税税率有 13% 和 17% 两种，营业税税率主要有 3%、5% 两种（假设不考虑 20% 的情况），依据上述公式，增值税与营业税税负平衡点的含税购销金额比便有如表 3-5 所示的几种情况。

表 3-5 增值税与营业税纳税均衡点的含税购销金额比 %

销货增值税税率 T_1	购货增值税税率 T_2	营业税税率 T_3	含税购销金额比 P/S
17	17	5	65.59
17	17	3	79.35
17	13	5	85.77
17	13	3	103.77
13	13	5	56.54
13	13	3	73.92
13	17	5	43.24
13	17	3	56.53

任务执行

含税购销金额比 $P/S=80\div100=80\%>79.35\%$，因此纳税人缴纳增值税可以降低税负，在这种情况下，企业应尽量使年增值税业务销售额超过 50%。

具体验证如下。

方案一：缴纳营业税。

$$应纳营业税=100\times3\%=3\ (万元)$$

方案二：缴纳增值税。

$$应纳增值税=100\div(1+17\%)\times17\%-80\div(1+17\%)\times17\%=2.91\ (万元)$$

任务结论

方案二比方案一少缴税 0.09 万元（3 万-2.91 万），因此，应当选择方案二。

2. 企业最终被认定为小规模纳税人的情况

任务案例

【例 3-8】甲商业企业为增值税小规模纳税人，2014 年 10 月销售设备 5 台，取得销售额 6 万元，由于设备的特殊性，同时须由其下设的维护安装部门为客户提供专门的安装服务，取得安装费 5 万元。请对其进行税务筹划。

[筹划思路]

若企业最终可认定为小规模纳税人，只需要考虑企业适用的增值税含税征收率与营业税税率的高低即可。增值税含税征收率是 3%，营业税税率主要有两种，分别是 3%、5%，其中，交通运输业、建筑业、邮电通信业、文化体育业适用营业税税率为 3%；金融保险业、服务业、转让无形资产、销售不动产适用营业税税率为 5%；此外，娱乐业营业税税率为 5%～20%。

如果增值税含税征收率低于营业税税率，纳税人缴纳增值税可以降低税负，在这种情况下，企业应尽量使年货物销售额超过 50%。而增值税含税征收率=3%÷（1+3%）=2.91%，小于营业税税率 3%、5% 和 20%，因此，在任何情况下，只要纳税人缴纳增值税便可以降低税负，为此，企业应尽量使年货物销售额超过 50%。

任务执行

增值税含税征收率 = 3% ÷（1+3%）= 2.91%

营业税税率 = 3%

根据前面的结论，由于 3% >2.91%，因此，纳税人缴纳增值税可以降低税负，在这种情况下，企业应尽量使年货物销售额超过 50%。具体验证如下。

方案一：缴纳营业税。

$$应纳营业税 = (6+5) \times 3\% = 0.33（万元）$$

方案二：缴纳增值税。

$$应纳增值税 = [(6+5) \div (1+3\%)] \times 3\% = 0.32（万元）$$

任务结论

方案二比方案一少缴税 0.01 万元（0.33 万-0.32 万），因此，应当选择方案二。

任务点评

总之，纳税人在对混合销售行为进行筹划时，主要是对比两种税种下的税负大小，最终选择税负最小的方案。同时需要注意，纳税人的销售行为是否属于混合销售行为，由国家税务总局所属征税机关确定。这是税务机关拥有自由裁量权的具体表现。也就是说，税务机关可能将其认定为混合销售行为，也可能不认定为混合销售行为；可能将其认定为应交增值税的混合销售行为，也可能将其认定为应交营业税的混合销售行为。因此纳税人对混合销售行为进行税务筹划应事先得到税务机关的认可，以获取正当的纳税利益。

任务 3.8　一般纳税人从小规模纳税人购买货物的进项税筹划

任务案例

【例 3-9】 甲公司是一般纳税人，2015 年 2 月从本市的小规模纳税人乙公司购买原材料一批，含税购进金额为 10.3 万元，小规模纳税人乙公司开具增值税普通发票一张，票面金额 10.3 万元。请对其进行税务筹划。

任务准备

[税法依据]

一般纳税人从小规模纳税人购买货物取得增值税普通发票的，不得抵扣进项税额；但是若要求小规模纳税人到税务机关代开增值税专用发票，则可按 3% 的税率计算进项税予以抵扣。

[筹划思路]

一般纳税人从小规模纳税人处购买货物应尽量索取税务机关代开的专用发票，以便达到降低企业税负的目的。

任务执行

方案一：甲公司从小规模纳税人乙公司取得普通发票。

这样不得抵扣进项税，因此甲公司可抵扣的进项税=0。

方案二：甲公司要求小规模纳税人乙公司到主管税务机关代开与普通发票同等金额的专用发票。

甲公司可抵扣的进项税=[10.3÷(1+3%)]×3%=0.3（万元）

任务结论

方案二比方案一多抵扣进项税0.3万元（0.3万-0），从而相当于少缴纳增值税0.3万元，因此，应当选择方案二。

任务点评

经过努力从小规模纳税人处索取由税务机关代开的增值税专用发票，可以获取进项税抵扣的好处，因此，勿以利小而不为。

任务3.9 延期纳税的税务筹划[①]

任务案例

【例3-10】甲企业为增值税一般纳税人，2013年10月发生销售业务3笔，共计应收货款2 000万元（不含税价）。其中，第1笔800万元，货款两清；第2笔500万元，两年后一次付清；第3笔700万元，一年后付300万元，余款400万元两年后结清。请对其进行税务筹划。

任务准备

[税法依据]

赊销和分期收款结算方式以合同约定的日期为纳税义务发生时间。采取赊销和分期收款方式销售货物，为书面合同约定的收款日期的当天，无书面合同的或者书面合同没有约定收款日期的，为货物发出的当天。

[筹划思路]

企业在产品销售过程中，在应收货款一时无法收回或部分无法收回的情况下，可选择赊销或分期收款结算方式，避免垫付税款。具体来说，应在合同中体现出赊销或分期收款的具体日期。

① 梁文涛．增值税的税收筹划［J］．注册税务师，2011（11）．

任务执行

方案一：采取直接收款方式。具体来说，合同中未体现出购销或分期收款结算的具体日期，则税务机关推断为直接收款方式。

本期增值税销项税额＝2 000×17%＝340（万元）

方案二：对第2笔和第3笔业务采取赊销和分期收款结算方式。具体来说，需要在合同中体现出赊销或分期收款结算的具体日期，即第2笔500万元，于2015年10月15日付款；第3笔700万元，于2014年10月15日付款300万元，2015年10月15日付款400万元。

本期增值税销项税额＝800×17%＝136（万元）

一年后支付的增值税销项税额＝300×17%＝51（万元）

两年后支付的增值税销项税额＝(500+400)×17%＝153（万元）

任务结论

方案二比方案一甲企业当期少缴纳增值税204万元（340万－136万），因此，应当选择方案二。

任务点评

虽然这204万元以后仍要缴清，但延缓了纳税时间，充分利用了资金的时间价值。

任务3.10 增值税起征点的税务筹划

任务案例

【例3-11】 张某为生产销售豆腐的个体工商户，月含税销售额为20 610元，当地规定的增值税起征点为20 000元。请对其进行税务筹划。（假设不考虑城建税和教育费附加）

任务准备

[税法依据]

纳税人销售额未到达国务院财政、税务主管部门规定的增值税起征点的，免征增值税；达到起征点的，依照规定全额计算缴纳增值税。增值税起征点的适用范围仅限于个人。增值税起征点的幅度规定如下：① 销售货物的，为月销售额5 000～20 000元；② 销售应税劳务的，为月销售额5 000～20 000元；③ 按次纳税的，为每次（日）销售额300～500元。

[筹划思路]

在涉及起征点的情况下，若销售收入刚刚超过起征点，则应减少收入使其在起征点以下，以便规避纳税义务。

任务执行

方案一：将月含税销售额仍定为 20 610 元。

不含税销售额 = 20 610÷(1+3%) = 20 009.71（元），超过当地规定的增值税起征点 20 000 元，因此，张某应纳增值税 = 20 009.71×3% = 600.29（元）。

税后收入 = 20 610−600.29 = 20 009.71（元）

方案二：将月含税销售额降至 20 590 元。

不含税销售额 = 20 590÷(1+3%) = 19 990.29(元)，未超过当地规定的增值税起征点 20 000 元。因此，免征增值税。

税后收入 = 20 590（元）

任务结论

方案二比方案一少缴纳增值税 600.29 元（600.29−0），多获取税后收入 580.29 元（20 590−20 009.71），因此，应当选择方案二。

任务点评

起征点的税务筹划仅适用于纳税人销售额刚刚达到或超过起征点的情况，因此，其应用空间较小。若遇到税务机关核定销售额的情况，则其应用空间更小。

本项目关键词

增值税纳税人身份　分开核算　进项税先抵扣后转出　混合销售行为　延期纳税　起征点

本项目思考题

1. 对纳税人纳税身份进行税务筹划时，应考虑哪些因素？
2. 简述增值率判别法的思路。
3. 简述如何对混合销售行为进行税务筹划。
4. 简述混合销售行为和兼营行为的区别。
5. 简述增值税延期纳税的税务筹划思路。
6. 简述增值税起征点的税务筹划思路。
7. 简述进项税先抵扣后转出的税务筹划思路。

推荐网站

1. http：//www.cftl.cn　（中国财税法网）
2. http：//www.chinataxedu.net　（中国税务教育网）
3. http：//new.bjnsr.com　（北京纳税人网）

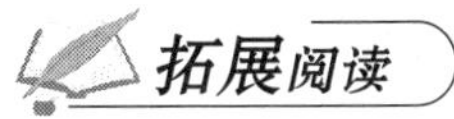

向股东发放赠品：别被芝麻糊“黑”了[①]

赵国庆

近期，我国资本市场出现一个现象，上市公司向股东派发自己的产品。在南方食品向股东赠送黑芝麻糊后，量子高科也发布公告，准备向股东赠送龟苓膏。税务专家建议，上市公司在向股东发放赠品前就要做好纳税安排，有效规避涉税风险。

两个公告的对比分析

第一，赠送的主体。作为赠送主体的这两家公司都是上市公司，南方食品的赠送主体是上市公司南方黑芝麻集团股份有限公司，量子高科的赠送主体是量子高科（中国）生物股份有限公司。

第二，赠送的客体。南方食品是向除大股东黑五类集团外的所有南方食品的股东赠送产品，每1 000股送一礼盒装（12罐装）黑芝麻乳，少于1 000股发简易包装（6罐装）黑芝麻乳。但是，量子高科的赠送对象既不包括持股5%以上的股东，又不包括发起人股东。同时，其他所有股东不按持股份额多少，均赠送一份礼盒装（12杯装）龟苓膏产品。

第三，赠送的目的。南方食品向股东赠送黑芝麻糊的目的是使新产品更精益求精，更适合消费者的消费习惯、消费需求及扩大新产品的影响。但量子高科赠送的目的相对简单，就是为了感谢公司股东对公司的关心和支持，关怀股东及其家人健康。

第四，赠送产品的费用确认。南方食品公告中称，预计本次赠饮品尝活动产生的费用合计约为550万元，列入该公司本年度的销售费用。而量子高科本次赠送产品的预算约为100万元，列入该公司本年度的营业外支出。

第五，赠送产品的来源。量子高科在公告中说明，产品来源于其子公司江门市生和堂食品有限公司生产的生和堂龟苓膏。但是，在南方食品的公告中，没有类似的信息披露。通过对南方食品发布的公司年报分析来看，上市公司南方黑芝麻集团股份有限公司虽然是本次赠送的主体，但其本身并不是黑芝麻糊的生产销售主体，黑芝麻糊的生产销售主体应该是其控股子公司广西南方黑芝麻食品股份有限公司。

向股东发放赠品的涉税风险

通过分析公告信息可以发现，存在如下涉税风险。

第一，赠送的商品全部来源于子公司，如果上市公司通过向子公司购买商品后赠送，子公司应按规定缴纳增值税。由于上市公司和其子公司是关联公司，如果购买价格明显偏低且无正当理由的，税务机关可以按照增值税暂行条例实施细则的规定进行调整。如果上市公司是无偿从子公司取得赠品的，子公司根据增值税暂行条例实施细则的规定，将自产货物无偿赠送的，应视同销售缴纳增值税。本案例中，视同销售价格应按同类同期商品售价确定。

第二，如果上市公司是无偿从子公司处取得商品的，两者的企业所得税处理就存在风险。如果认定为子公司向母公司的无偿赠送行为，则子公司企业所得税上要视同销售缴纳企

---

① http://www.chinaacc.com/new/253_255_201307/25zh1597097421.shtml.

业所得税。同时，赠送支出属于非公益救济性捐赠，不得在企业所得税前扣除，母公司取得的商品应按市场售价确认为营业外收入，缴纳企业所得税。如果将这种无偿行为认定为子公司向母公司分配实物股利，则子公司用自产产品分配股利，应视同销售缴纳企业所得税，同时股利分配支出不能在企业所得税税前扣除，母公司取得的实物股利属于符合条件的居民企业间的股息、红利所得，属于免税收入，不缴纳企业所得税。在税务实践中，究竟按哪种形式认定呢？如果按实物股利处理，两家公司应按照公司法规定的程序，通过股东会或董事会出台利润分配方案，按利润分配的流程实施。否则，很有可能被税务机关认定为无偿赠送行为，税收成本颇高。

第三，上市公司向其股东赠送商品，在费用确认上，南方食品公告称，对这部分费用，企业确认为销售费用。但是，由于南方公司赠送的目的主要是为了扩大新产品的宣传和影响，应认定为业务宣传费。按照企业所得税法实施条例的规定，企业每个纳税年度实际发生的广告费和业务宣传费，在不超过销售（营业）收入的15%内扣除，超过部分可以无限期向以后年度结转。对于量子高科而言，其赠送产品是为了体现对股东和其家人的关爱，并没有宣传商品的目的，该公司直接在公告中就将这笔费用确认为营业外支出，不在企业所得税前扣除。

第四，即使南方食品赠送行为发生的500万元费用被确认为业务宣传费，这笔业务宣传费能否在企业所得税前扣除也存在问题。因为宣传的是新黑芝麻糊产品，如前所述，上市公司本身不是黑芝麻糊的生产销售主体，其控股子公司广西南方黑芝麻食品股份有限公司才是产品销售主体，这笔500万元的支出，应该是与广西南方黑芝麻食品股份有限公司取得应税收入有关的支出，与上市公司取得的应税收入无关，因此，这笔费用不能在上市公司企业所得税前扣除。

第五，上市公司在向股东赠送实物时，股东也涉及税务问题。如果是企业股东，对上市公司给予的实物赠品，应按照“其他所得”缴纳企业所得税。但是，上市公司这种赠送行为，可能会给一类特殊的股东带来涉税风险，这类股东就是上市公司的基金股东。比如，在南方食品2012年第三季度公告中，广发大盘成长混合型证券投资基金持有南方食品2 177 000股股票。如果按照南方食品公告方案，其要向广发基金公司寄送2 177盒黑芝麻糊。广发基金公司取得这些黑芝麻糊，企业所得税应该如何处理？由于基金公司发行的都是契约型证券投资基金，核算上是以每个基金作为核算主体。如果这笔黑芝麻糊的所有权归属广发大盘成长混合型证券投资基金名下，这个开放式基金取得的实物是否需要缴纳企业所得税？根据《财政部、国家税务总局关于开放式证券投资基金有关税收问题的通知》（财税〔2002〕128号）的规定，对基金管理人运用基金买卖股票、债券的差价收入不征收企业所得税。对于基金管理人取得的这种实物赠送收入，是否需要缴纳企业所得税？现行政策规定不明确。同时，这笔黑芝麻糊虽然邮寄给了广发基金公司，但是其收益应属于广发大盘成长混合型证券投资基金的基金持有人。广发基金如何将这部分收益分配给基金持有人？量子高科的分配行为也存在这个问题，不过其对股东的赠送不是按持股比例，都是一份礼盒装（12杯装）龟苓膏，金额很小，从重要性来讲，税收风险可以忽略。对于个人股东，政策相对明确。根据《财政部、国家税务总局关于企业促销展业赠送礼品有关个人所得税问题的通知》（财税〔2011〕50号）规定，企业在业务宣传、广告等活动中，随机向本单位以外的个人赠送礼品，对个人取得的礼品所得，按照“其他所得”项目，全额适用20%的税率缴纳个人所得税，由发放赠品的上市公司代扣代缴。

筹划建议

基于以上分析，上市公司向股东发放赠品，企业需要认真筹划。在具体的赠送方式上，建议由上市公司的子公司直接向其股东进行赠送，从而避免了母、子公司涉及赠品交易的税收风险。子公司的赠送行为，正常按规定缴纳各项税收。同时，对于南方食品而言，如果是子公司直接赠送，这笔业务宣传费在子公司确认，属于与其生产经营收入有关的支出，可以在企业所得税前扣除。

本项目技能训练

职业能力选择

一、单项选择题

1. 下列不属于增值税特点的有（　　）。

A. 保持税收中性　　B. 实行价外税制度

C. 税收负担由企业承担　　D. 实行税款抵扣制度

2. 下列各项中属于增值税混合销售行为的是（　　）。

A. 建材商店在销售建材的同时又为其他客户提供装饰服务

B. 汽车制造公司在生产制造汽车的同时又为客户提供修理服务

C. 塑钢门窗销售店在销售商品的同时又为客户提供安装服务

D. 电信局为客户提供电话安装服务的同时又销售所安装的电话机

3. 根据《增值税暂行条例》及其实施细则的规定，采取预收款方式销售货物的增值税的纳税义务的发生时间是（　　）。

A. 销售收到第一笔货款的当天　　B. 销售收到剩余货款的当天

C. 销售方发出货物的当天　　D. 购买方收到货物的当天

4. 2015年3月东方汽车公司（小规模纳税人）取得修理修配劳务收入20万元，汽车配件和用品销售收入10万元，汽车装饰装潢收入8万元，上述业务收入均能分别核算，该企业上述业务应纳增值税为（　　）万元。

A. 0.87　　B. 1.11　　C. 4.360　　D. 0.58

5. 从2009年1月1日开始，我国增值税实行全面“转型”指的是（　　）。

A. 由生产型转为收入型　　B. 由收入型转为生产型

C. 由生产型转为消费型　　D. 由消费型转为收入型

6. 甲工业企业年不含税应征增值税销售额为50万元，销货适用17%的增值税税率，现为小规模纳税人。其会计核算制度比较健全，符合作为一般纳税人的条件，不含税可抵扣购进金额为20万元，购货适用17%的增值税税率，若单从增值税负因素上考虑，则该企业应当选择的纳税人身份是（　　）。

A. 一般纳税人　　B. 小规模纳税人　　C. 都一样　　D. 不一定

7. 增值率判别法中的增值率等于（　　）。

A.（不含税销售额-不含税可抵扣购进金额）÷不含税可抵扣购进金额

B.（不含税销售额-不含税可抵扣购进金额）÷不含税销售额

C. （含税销售额-含税可抵扣购进金额）÷含税可抵扣购进金额

D. （含税销售额-含税可抵扣购进金额）÷含税销售额

8. 2015年1月甲企业收购一批免税农产品用于生产，农产品收购发票上注明价款为100 000元，支付给运输公司的购货运费为2 000元（不含税），取得货物运输业增值税专用发票，则该企业此项业务可计算抵扣增值税进项税为（　　）元。

A. 12 140　　B. 13 220　　C. 13 540　　D. 14 440

9. 甲酒厂销售黄酒的不含税销售额为100万元，发出货物包装物押金为5.85万元，定期60天收回。则该黄酒厂当期增值税销项税额是（　　）。

A. 17万元　　B. 17.85万元　　C. 117.99万元　　D. 18万元

10. 甲作为一般纳税人购进乙国有农场自产玉米，收购凭证注明价款为65 830元。则玉米的采购成本金额为（　　）元。

A. 57 272.10　　B. 65 830　　C. 8 557.90　　D. 60 000

11. 下列项目所包含的进项税额，不得从销项税额中抵扣的是（　　）。

A. 购买的用于生产的机器设备　　B. 用于返修产品修理的易损零配件

C. 生产企业用于经营管理的办公用品　　D. 生产企业外购用于个人消费的小汽车

12. 某服装厂将自产的服装作为福利发给本厂职工，该批产品制造成本共计10万元，利润率10%，按当月同类产品的平均售价计算销售额为18万元，计征增值税的销售额为（　　）万元。

A. 10　　B. 10.9　　C. 11　　D. 18

13. 甲单位采取折扣方式销售货物，折扣额单独开发票，增值税销售额是（　　）。

A. 折扣额　　B. 加上折扣额的销售额

C. 扣除折扣额的销售额　　D. 不扣除折扣额的销售额

14. 增值税纳税人身份选择的筹划，可通过计算（　　）的平衡点来决定适当的纳税人身份。

A. 增值率　　B. 退税率　　C. 净利率　　D. 利润率

二、多项选择题

1. 根据现行增值税的规定，纳税人提供下列劳务应缴纳增值税的有（　　）。

A. 汽车的租赁　　B. 汽车的修理　　C. 房屋的修理　　D. 委托加工白酒

2. 关于增值税的计税销售额规定，下列说法正确的是（　　）。

A. 以物易物销售货物由多支付贷款的一方以差价计算缴纳增值税

B. 以旧换新方式销售货物以实际收取的不含增值税的价款计算缴纳增值税（金银首饰除外）

C. 还本销售方式销售货物，以实际销售额计算缴纳增值税

D. 现金折扣方式销售货物不得从计税销售额中扣减折旧额

3. 下列属于增值税专用发票的是（　　）。

A. 项目齐全，与实际交易相符

B. 字迹清楚，不得压线、错格

C. 发票联和抵扣联加盖财务章或发票专用章

D. 按照增值税的纳税义务发生的时间开具专用发票

4. 下列各项中，视同销售货物计算缴纳增值税的有（　　）。

A. 销售代销货物　　B. 将货物交付他人代销

C. 将自产货物分配给股东　　D. 将购买货物用于集体福利

5. 以下符合现行增值税规定的有（　　）。

A. 增值税对单位和个人都规定了起征点

B. 纳税人销售额未达到规定的增值税起征点的，免征增值税；达到起征点的，全额缴纳增值税

C. 销售货物的增值税起征点，为月销售额 5 000 ～ 20 000 元；销售应税劳务的增值税起征点，为月销售额 5 000 ～ 20 000 元

D. 按次纳税的增值税起征点，为每次（日）销售额 300 ～ 500 元

6. 小规模纳税人的基本标准是（　　）。

A. 从事货物生产或者提供应税劳务为主的纳税人，年应征增值税销售额在 50 万元以下（含）的

B. 从事货物生产或者提供应税劳务为主的纳税人，年应征增值税销售额在 80 万元以下（含）的

C. 以货物批发或者零售为主的纳税人，年应税销售额在 100 万元以下（含）的

D. 以货物批发或者零售为主的纳税人，年应税销售额在 80 万元以下（含）的

7. 同时符合以下（　　）两个条件的代垫运输费用不包括在价外收费内。

A. 承运部门的运输费用发票开具给购买方的

B. 承运部门的运输费用发票开具给销货方的

C. 纳税人将该项发票转交给购买方的

D. 纳税人将该项发票转交给销货方的

8. 某商场（增值税一般纳税人）与其供货企业达成协议，按销售量挂钩进行平销返利。2015 年 1 月向供货方购进商品取得税控增值税专用发票，注明销售额 120 万元、进项税额 20.4 万元并通过主管税务机关认证，当月按平价全部销售，月末供货方向该商场支付返利 4.8 万元。下列该项业务的处理符合有关规定的有（　　）。

A. 商场应按 120 万元计算销项税额

B. 商场应按 124.8 万元计算销项税额

C. 商场当月应抵扣的进项税额为 20.4 万元

D. 商场当月应抵扣的进项税额为 19.7 万元

9. 增值税纳税义务发生时间正确的有（　　）。

A. 以预收款方式销售货物的，为发出货物的当天

B. 委托他人代销货物的，为货物发出当天

C. 采用赊销方式销售货物的，为合同约定的收款日期的当天

D. 采取分期收款方式销售货物，为实际收到货款的当天

10. 按照现行规定，下列各项中不是一定会被认定为小规模纳税人的是（　　）。

A. 年不含税销售额在 40 万元以上的从事货物生产的纳税人

B. 年不含税销售额 100 万元以上的从事货物批发的纳税人

C. 年不含税销售额为 80 万元以下，会计核算制度健全的从事货物零售的纳税人

D. 年不含税销售额为50万元以下的成品油加油站

职业能力判断

1. 中华人民共和国境外的单位或者个人在境内提供应税劳务，在境内未设有经营机构的以其境内代理人为扣缴义务人；在境内没有代理人的，不用缴纳增值税。（　　）

2. 采取赊销和分期收款方式销售货物为书面合同约定的收款日期的当天，无书面合同或者书面合同没有约定收款日期，为货物发出的当天。（　　）

3. 增值税混合销售行为的税务处理是分开核算、分别缴税的。（　　）

4. 企业的销售行为既涉及销售货物又涉及非增值税应税劳务，该企业的销售行为均应视为销售货物，统一征收增值税。（　　）

5. 年应税销售额超过小规模纳税人标准的其他个人，按小规模纳税人纳税。（　　）

6. 纳税人一经认定为一般纳税人后，不得转为小规模纳税人。（　　）

7. 纳税人以1个月或者1个季度为1个纳税期的，自期满之日起15日内申报纳税。（　　）

8. 对纳税人为销售货物而出租、出借的包装物收取的押金，无论会计上如何核算均应并入销售额计算缴纳增值税。（　　）

9. 对于兼营非应税劳务，未分别核算或者不能准确核算货物或应税劳务和非增值税应税劳务销售额的，由主管税务机关核定货物或者应税劳务的销售额。（　　）

项目实训

1. 某投资者2015年年初投资设立一工业企业，预计2015年应纳增值税销售额为80万元，其会计核算制度也比较健全，符合作为一般纳税人条件，适用增值税税率为17%。但该企业准予从销项税额中抵扣的进项税额较少，只占销项税额的15%。若投资设立两个小规模纳税人企业，各自作为独立核算单位，则这两个小企业年应税销售额分别为45万元和35万元，适用3%的征收率。请对其进行税务筹划。

2. 甲家电超市销售空调2 000台，不含税销售额800万元，当月可抵扣进项税额100万元；同时为客户提供上门安装服务，收取安装费35.1万元。请对其进行税务筹划。

3. 甲公司属于增值税一般纳税人，2015年1月份销售机器设备900万元，同时又经营农机收入100万元，进项税共计70万元。甲公司未对其分别进行核算。请对其进行税务筹划。

4. 甲公司为增值税一般纳税人，国庆期间为促销产品欲采用两种方式：一是销售一台价值1 000元的空调（其购进价值为700元），赠送一台价值300元的电饭煲（其购进价值为210元）；二是销售一台价值1 000元的空调和一台价值300元的电饭煲，给予300元的价格折扣，并将价格折扣开在同一张发票的金额栏中。该企业销售利润率为30%，即若销售额为1 000元，则进价为700元。请对其进行税务筹划（假定只考虑增值税）。

5. 甲商业企业为一般纳税人，从一般纳税人处采购价值2 000元的物品，进项税额应为340元（2 000×17%），若不含税销售价为2 200元，则销项税额为374元（2 200×17%）；企业从小规模纳税人处采购时，采购价为1 800元，可取得由税务机关代开的税率为3%的增值税专用发票，若同样以2 200元的销售价出售。请对上述购货对象进行选择。

项目 4

消费税的税务筹划

知识目标：

（1）了解手表起征点税务筹划、自产自用应税消费品的税务筹划、延期纳税的税务筹划的基本方法；

（2）熟悉通过先销售来降低计税依据的税务筹划、包装物的税务筹划、酒类生产企业合并的税务筹划的基本方法；

（3）掌握降低价格的税务筹划、通过设立销售公司来降低计税依据的税务筹划、白酒生产企业委托加工与自行加工选择的税务筹划、卷烟生产企业委托加工与自行加工选择的税务筹划的基本方法。

能力目标：

（1）能够在实际工作中熟练运用具体的税务筹划方法，对企业消费税进行税务筹划；

（2）能够在掌握本项目消费税税务筹划案例及方法的基础上，创造性地对企业消费税进行税务筹划。

任务 4.1　降低价格的税务筹划

任务案例

【例 4-1】 甲啤酒厂位于市区，2015 年生产销售某品牌啤酒，每吨出厂价格为 3 010 元（不含增值税），与此相关的成本费用为 2 500 元。请对其进行税务筹划。

任务准备

[税法依据]

啤酒消费税的税率为从量定额税率，同时根据啤酒的单位价格实行全额累进。每吨啤酒出厂不含增值税价格（含包装物及包装物押金）在 3 000 元（含 3 000 元）以上的，单位税额 250 元/吨；每吨啤酒出厂价格在 3 000 元（不含 3 000 元，不含增值税）以下的，单位税额 220 元/吨。娱乐业、饮食业自制啤酒，单位税额 250 元/吨。

[筹划思路]

全额累进税率的一个特点是：在临界点，税收负担变化比较大，会出现税收负担的增加大于计税依据的增加的情况。在这种情况下，巧妙运用临界点的规定适当降低产品价格反而能够增加税后利润。

任务执行

方案一：将啤酒的价格仍然定为3 010元。

每吨啤酒应纳增值税＝3 010×17%－300＝211.7（元）

每吨啤酒应纳消费税＝250（元）

应纳城建税和教育费附加＝(211.7＋250)×(7%＋3%)＝46.17（元）

每吨啤酒的利润＝3 010－2 500－250－46.17＝213.83（元）

方案二：将啤酒的价格降至2 990元。

每吨啤酒应纳增值税＝2 990×17%－300＝208.3(元)

每吨啤酒应纳消费税＝220(元)

应纳城建税和教育费附加＝(208.3＋220)×(7%＋3%)＝42.83（元）

每吨啤酒的利润＝2 990－2 500－220－42.83＝227.17（元）

任务结论

方案二比方案一每吨啤酒少缴纳消费税30元（250－220），少缴纳城建税和教育费附加3.34元（46.17－42.83），多获取利润13.34元（227.17－213.83），因此，应当选择方案二。

任务点评

在全额累进税率的临界点处降价后，不仅少缴了税，多获得了利润，而且降低产品的价格可以增加产品在价格上的竞争力，增加产品销售量，实在是一举两得。

任务4.2　通过先销售来降低计税依据的税务筹划[①]

任务案例

【例4-2】甲摩托车生产企业，2015年1月对外销售同型号的摩托车时共有3种价格：以6 000元的单价销售500辆，以6 500元的单价销售200辆，以7 000元的单价销售100辆。当月以300辆同型号的摩托车来抵偿所欠乙企业的货款，双方按当月的加权平均销售价格确定抵债的价格。此类摩托车消费税税率为10%。请对其进行税务筹划。

任务准备

[税法依据]

纳税人自产的应税消费品用于换取生产资料和消费资料、投资入股或抵偿债务等方面，

① 梁文涛．新税法下消费税的纳税筹划［J］．企业管理，2009（3）．

应当按照纳税人同类应税消费品的最高销售价作为计税依据。

[筹划思路]

实际上，当纳税人用应税消费品换取生产资料和消费资料、投资入股或抵偿债务时，一般是按照双方的协议价或评估价确定的，而协议价往往是市场的平均价。如果按照同类应税消费品的最高销售价作为计税依据，显然会加重纳税人的负担。可以考虑采取先销售应税消费品给对方，然后再以现金进行易物（入股、抵债）的方式，从而降低消费税税负。

任务执行

方案一：以 300 辆摩托车抵偿所欠乙企业的债务。

应纳消费税 = 7 000×300×10% = 21（万元）

方案二：先按照当月的加权平均价将这 300 辆摩托车销售给乙企业后，再以收到的现金偿还乙企业的债务。

应纳消费税 = (6 000×500+6 500×200+7 000×100)÷(500+200+100)×300×10%

= 18. 75（万元）

任务结论

方案二比方案一少缴纳消费税 2. 25 万元（21 万-18. 75 万），因此，应当选择方案二。

任务点评

通过先销售后偿债的方式，可以规避按照同类应税消费品的最高销售价作为计税依据的规定，多了一道环节，却降低了计税依据，从而降低了消费税税负。

任务 4. 3　通过设立销售公司来降低计税依据的税务筹划①

任务案例

【例 4-3】甲酒厂生产葡萄酒。销售给批发商的价格为每箱 1 800 元（不含税），销售给零售户及消费者的价格为每箱 2 000 元（不含税）。2015 年预计零售户及消费者到甲企业直接购买葡萄酒约 10 000 箱。葡萄酒比例税率为 10%。请对其进行税务筹划。

任务准备

[税法依据]

消费税属价内税，单一环节征收，即消费税纳税行为发生在生产领域（包括生产、委托加工和进口环节），而在以后流通领域或终极消费领域（包括批发、零售等环节），由于

① 梁文涛．新税法下消费税的纳税筹划［J］．企业管理，2009（3）．

价款中已包含消费税，不必再缴纳消费税（卷烟、金银首饰除外）。

[**筹划思路**]

企业可设立独立核算的销售公司，先以较低但不违反公平交易的价格将应税消费品销售给其独立核算的销售公司，则消费税以此较低的销售额计征，从而减少应纳消费税税额；然后，独立核算的销售公司再以较高的价格对外售出，在此环节只缴纳增值税，不缴纳消费税。这样可使集团整体消费税税负下降，但增值税税负不变。

任务执行

方案一：甲企业直接销售给零售户及消费者。

应纳消费税 = 2 000×10 000×10% = 200（万元）

方案二：甲企业先将产品以每箱 1 800 元的价格出售给其独立核算的销售公司；然后，销售公司再以每箱 2 000 元的价格销售给零售户及消费者。

应纳消费税 = 1 800×10 000×10% = 180（万元）

任务结论

方案二比方案一少缴纳消费税 20 万元（200 万－180 万），因此，应当选择方案二。

任务点评

设立独立核算的销售公司，必然增加部分支出，企业需要比较降低的税负与增加的支出的大小，最终作出正确的决策。

任务 4.4　包装物的税务筹划①

任务案例

【例 4-4】 为了进一步扩大销售，甲公司采取多样化生产策略，生产粮食白酒与药酒组成礼品套装进行销售。2014 年 9 月份，该厂对外销售 700 套套装酒，单价 100 元/套，其中粮食白瓶、药酒各 1 瓶，均为 1 斤装（若单独销售，粮食白酒 30 元/瓶，药酒 70 元/瓶）。假设此包装属于简易包装，包装费忽略不计。请对其进行税务筹划。（根据现行的税法规定，粮食白酒的比例税率为 20%，定额税率为 0.5 元/斤；药酒的比例税率为 10%，无定额税率）

任务准备

[**税法依据**]

纳税人兼营多种不同税率的应税消费品，应当分别核算不同税率应税消费品的销售金额

① 梁文涛．与产品包装有关的消费税纳税筹划［J］．财会月刊：会计，2007（12）．有改动。

或销售数量；如果没有分别核算销售金额、销售数量的或者将不同税率的应税消费品组成成套消费品销售的，则应按最高税率征税。

[筹划思路]

上述规定要求企业在会计核算的过程中尽量做到账目清楚，即分开核算不同税率的应税消费品，以免蒙受不必要的损失。在涉及成套消费品销售的问题上，看是否有必要组成成套的消费品，避免给企业造成不必要的税收负担。对于有必要组成成套消费品的情况，可以采用变“先包装后销售”为“先销售后包装”方式，这样可以大大降低消费税税负，同时保持增值税税负不变。具体的操作方法可以从两方面着手：第一，将上述产品先分品种和类别销售给零售商，再由零售商包装后对外销售，这样做实际上只是在生产流程上换了一个包装地点，在销售环节将不同品种和类别的产品分别开具发票，在账务处理环节对不同的产品分别核算销售收入；第二，如果当地税务机关对有关操作环节要求比较严格，还可以采取分设机构的操作方法，即另外再设立一个独立核算且专门从事包装业务，然后对外销售的销售公司。

任务执行

方案一：采取“先包装后销售”的方式。

根据“将不同税率的应税消费品组成成套消费品销售的则应按最高税率征税”的规定，在这种情况下，药酒不仅要按20%的高税率从价计税，而且还要按0.5元/斤的定额税率从量计税。这样，该企业应纳消费税税额为：

$$(30+70)\times700\times20\%+700\times1\times2\times0.5=14\ 700\text{（元）}$$

方案二：采取“先销售后包装”的方式。

即先将上述粮食白酒和药酒分品种销售给零售商，在此销售环节对销售粮食白酒和药酒分别开具发票，在账务处理环节对粮食白酒和药酒分别核算销售收入，然后再由零售商包装为成套装消费品后对外销售。在这种情况下，药酒不仅按10%较低的比例税率从价计税，而且不必按0.5元/斤的定额税率从量计税。这样，企业应纳消费税税额为：

$$30\times700\times20\%+700\times1\times0.5+70\times700\times10\%=9\ 450\text{（元）}$$

任务结论

方案二比方案一少缴纳消费税5 250元（14 700−9 450），因此，应当选择方案二。

任务点评

在现实经营活动中，很多工业企业销售应税消费品时，为图方便而习惯采用“先包装后销售”的方式进行，人为地将低税率产品和非应税产品并入高税率产品一并计税，造成不必要的税负增加。如果改为“先销售后包装”方式，就可以大大降低消费税税负，增加企业经济收益。因此，企业兼营不同税率应税消费品时，在单独核算的基础上，没有必要组成成套消费品销售的，最好单独销售，以尽量降低企业的税收负担。对于有必要组成成套消费品的，可以采用变通的方式，即先销售后包装，来降低应税消费品的总体税负率，从而降低税负。

任务 4.5 酒类生产企业合并的税务筹划①

任务案例

【例 4-5】甲是一家以生产药酒为主的酒厂，适用消费税税率为 10%，其生产药酒的原材料为某白酒，均从乙酒厂购入。预计 2015 年乙酒厂向甲酒厂提供白酒 500 万千克，售价为 4 000 万元。白酒适用消费税比例税率为 20%，定额税率为 0.5 元/500 克。预计 2014 年甲酒厂销售药酒取得收入 6 000 万元，销售数量为 500 万千克。请对其进行税务筹划。

任务准备

[税法依据]

纳税人生产的应税消费品，于纳税人销售时纳税。纳税人自产自用的应税消费品，用于连续生产应税消费品的，不纳税；用于其他方面的，于移送使用时纳税。

现在已经停止执行外购或委托加工已税酒和酒精生产的酒（包括以外购已税白酒加浆降度，用外购已税的不同品种的白酒勾兑的白酒，用曲香、香精对外购已税白酒进行调香、调味以及外购散装白酒装瓶出售等），外购酒及酒精已纳税款或受托方代收代缴税款准予抵扣的政策。

[筹划思路]

企业内部自产的酒类应税消费品，被企业内部其他部门作为原材料领用，用于连续生产另一种酒类应税消费品的，这一环节不用缴纳消费税。这样，在涉及外购某种酒类应税消费品用于连续生产另一种酒类应税消费品的情况，企业可以创造条件通过并购上游企业，使原来企业间的购销行为转变为企业内部的原材料领用行为，从而达到规避重复缴纳消费税的目的。

任务执行

方案一：甲酒厂仍然采购乙酒厂白酒作为原料。

$$甲应纳消费税 = 6\ 000 \times 10\% = 600\ (万元)$$

$$乙应纳消费税 = 4\ 000 \times 20\% + 500 \times 2 \times 0.5 = 1\ 300\ (万元)$$

$$应纳消费税合计 = 600 + 1\ 300 = 1\ 900\ (万元)$$

方案二：甲酒厂并购乙酒厂，使乙酒厂作为甲酒厂的白酒生产车间。

$$甲应纳消费税 = 6\ 000 \times 10\% = 600\ (万元)$$

乙车间作为甲酒厂的车间，生产的应税消费品白酒对甲酒厂来说用于连续生产另一种应税消费品药酒。因此，移送环节不缴纳消费税。

$$应纳消费税合计 = 600\ (万元)$$

① 梁文涛．企业合并在纳税筹划中的应用［J］．财会月刊：会计，2008（12）．

任务结论

方案二比方案一少缴纳消费税 1 300 万元（1 900 万-600 万），因此，应当选择方案二。

任务点评

企业的合并（兼并）行为不能只考虑消费税税负的大小，还应考虑到自身有无兼并的能力、对企业未来发展的影响、被兼并的企业是否存在严重的遗留问题等很多因素。

任务 4.6 白酒生产企业委托加工与自行加工选择的税务筹划①

任务案例

【例 4-6】2014 年 8 月 10 日，甲公司接到一笔生产 500 吨白酒的业务合同，议定单价为 20 000 元/吨，则销售价格共计 1 000 万元。要求在 2014 年 10 月 10 日前交货。由于交货时间比较紧迫，公司有四种生产方案：一是委托乙公司加工成酒精，然后由本公司生产成白酒销售，即甲公司以价值为 250 万元的原料委托乙公司加工成酒精，双方协议加工费为 150 万元，加工成 300 吨酒精运回甲公司以后，再由本公司加工成 500 吨本品牌的白酒销售，每吨售价 2 万元，公司加工的成本以及应该分摊的相关费用合计为 70 万元；二是委托乙公司加工成高纯度白酒，然后由本公司生产成白酒销售，即甲公司以价值为 250 万元的原料委托乙公司加工成高纯度白酒，双方协议加工费为 180 万元，加工成 400 吨高纯度白酒运回公司以后，再由本公司加工成 500 吨本品牌的白酒销售，每吨售价 2 万元，公司加工的成本以及应该分摊的相关费用合计为 40 万元；三是由委托加工环节直接加工成定型产品收回后直接销售（全部委托加工方式），即甲公司将酿酒原料交给乙公司，由乙公司完成所有的制作程序，即甲公司从乙公司收回的产品就是指定的本品牌白酒，协议加工费为 220 万元。产品运回后仍以原价直接销售；四是由甲公司自己完成该品牌的白酒的生产制作过程，即由甲公司自己生产该酒，其发生的生产成本恰好等于委托乙公司的加工费，即为 220 万元。企业所得税税率为 25%。假设受托方均无同类消费品的销售价格。请对其进行税务筹划。（假设不考虑城建税及教育费附加）

任务准备

[税法依据]

国家通过征收消费税对一些消费品的生产和消费进行限制，而白酒类产品又是消费税税负比较重的消费品。国家对白酒类消费品税收政策进行了多次调整，目的在于“扶优限劣，扶大限小”，使中国白酒企业逐步走上规模化、集团化发展的道路。

2001 年，国家为了加强对白酒产业的管理，对白酒消费税政策进行调整，规定从 2001

---

① 梁文涛．白酒生产企业加工方式选择的纳税筹划［J］．财会学习，2008（2）．有改动。

年**5**月**1**日起，白酒企业的消费税实行按从价定率和从量定额复合计税的方式征收消费税，对粮食白酒和薯类白酒除分别按25%和15%的从价比例税率征收消费税外，还要按0.5元/斤从量定额征收消费税。很明显，这对低价白酒的生产极其不利，由于低价白酒往往由小规模白酒生产企业生产，所以此政策调整不利于小规模白酒生产企业的发展；同时停止执行“对外购或委托加工酒及酒精产品连续生产应税消费品销售时已纳消费税进行抵扣”的政策。也就是说，对于外购或委托加工已税的酒及酒精产品连续生产应税消费品销售时，不能扣除外购或委托加工应税消费品已纳的消费税税款。很明显，这对需要先外购或委托加工已税的酒及酒精产品，然后连续生产应税消费品的白酒生产企业十分不利。

2006年，国家对白酒消费税政策又作了比较大的调整，主要是取消了粮食白酒和薯类白酒的差别税率，从2006年4月1日起，粮食白酒和薯类白酒从价计征的比例税率由原来的25%和15%，统一为20%，从量定额税率仍为0.5元/500克。整体上来看，与原政策相比，新政策有利于以生产粮食白酒为主的大中型企业，不利于以生产薯类白酒为主的中小型企业。

2009年，国家税务总局制定了《白酒消费税最低计税价格核定管理办法（试行）》，将对计税价格偏低的白酒核定消费税最低计税价格；有关管理办法于2009年8月1日起实施：① 白酒生产企业销售给销售单位的白酒，生产企业消费税计税价格高于销售单位对外销售价格70%（含70%）以上的，税务机关暂不核定消费税最低计税价格。② 白酒生产企业销售给销售单位的白酒，生产企业消费税计税价格低于销售单位对外销售价格70%以下的，消费税最低计税价格由税务机关根据生产规模、白酒品牌、利润水平等情况在销售单位对外销售价格50%至70%范围内自行核定。其中生产规模较大、利润水平较高的企业生产的需要核定消费税最低计税价格的白酒，税务机关核价幅度原则上应选择在销售单位对外销售价格60%至70%范围内。

《中华人民共和国消费税暂行条例实施细则》第七条规定，委托加工的应税消费品直接出售的，不再缴纳消费税。

财政部、国家税务总局关于《中华人民共和国消费税暂行条例实施细则》有关条款解释的通知（财法〔2012〕8号）规定：《中华人民共和国消费税暂行条例实施细则》（财政部令第51号）第七条第二款规定，“委托加工的应税消费品直接出售的，不再缴纳消费税”。现将这一规定的含义解释如下：委托方将收回的应税消费品，以不高于受托方的计税价格出售的，为直接出售，不再缴纳消费税；委托方以高于受托方的计税价格出售的，不属于直接出售，需按照规定申报缴纳消费税，在计税时准予扣除受托方已代收代缴的消费税。

[筹划思路]

为了避免重复征税，原来的白酒消费税政策规定外购或者委托加工所缴纳的消费税，用于连续生产应税消费品的，可以按规定抵扣。这个规定，类似于增值税的抵扣原理，所以无论生产环节多少，消费税的税收负担不增加。但为了调整白酒产业，税法规定，从2001年5月1日起，一方面，对外购或委托加工已税酒和酒精生产的酒，其外购酒及酒精已纳税款或委托方代收代缴税款不再予以抵扣；另一方面，还要从量征收消费税（酒精除外）。这样从以上两个方面造成消费税负担增加，而且生产环节越多，税收负担增加的幅度越大。这就启示我们，像白酒这样的应税消费品的生产应当注意减少流转环节。

任务执行

方案一：委托加工成酒精，然后由本公司生产成白酒销售。

甲公司以价值为250万元的原料委托乙公司加工成酒精，双方协议加工费为150万元，加工成300吨酒精运回甲公司以后，再由本公司加工成500吨本品牌的白酒销售，每吨售价2万元，公司加工的成本以及应该分摊的相关费用合计为70万元。

（1）甲公司在向乙公司支付加工费的同时，向受托方支付由其代收代缴的消费税：

消费税组成计税价格＝(250+150)÷(1−5%)＝421.05（万元）

应纳消费税＝421.05×5%＝21.05（万元）

（2）甲公司销售白酒后：

应纳消费税＝1 000×20%＋500×1 000×2×0.5÷10 000＝250（万元）

（3）在委托加工酒精方式下，应支付代收代缴消费税21.05万元，公司缴纳消费税250万元：

税后利润＝(1 000−250−150−70−21.05−250)×(1−25%)＝194.21（万元）

方案二：委托加工成高纯度白酒，然后由本公司生产成白酒销售。

甲公司以价值为250万元的原料委托乙公司加工成高纯度白酒，双方协议加工费为180万元，加工成400吨高纯度白酒运回公司以后，再由本公司加工成500吨本品牌的白酒销售，每吨售价2万元，公司加工的成本及应该分摊的相关费用合计为40万元。

（1）甲公司在向乙公司支付加工费的同时，向受托方支付由其代收代缴的消费税：

消费税组成计税价格＝(250+180+400×1 000×2×0.5÷10 000)÷(1−20%)

＝587.5(万元)

应纳消费税＝587.5×20%＋400×1 000×2×0.5÷10 000＝157.5（万元）

（2）甲公司销售白酒后：

应纳消费税＝1 000×20%＋500×1 000×2×0.5÷10 000＝250（万元）

（3）在委托加工高纯度白酒方式下，应支付代收代缴消费税157.5万元，公司缴纳消费税250万元：

税后利润＝（1 000−250−180−40−157.5−250)×(1−25%)＝91.88（万元）

方案三：由委托加工环节直接加工成最终产品收回后直接销售（全部委托加工方式）。

甲公司将酿酒原料交给乙公司，由乙公司完成所有的制作程序，即甲公司从乙公司收回的产品就是指定的本品牌白酒，协议加工费为220万元。产品运回后仍以原价直接销售。

（1）当公司收回委托加工产品时，向乙公司支付加工费，同时支付由其代收代缴的消费税。

消费税组成计税价格＝(250+220+500×1 000×2×0.5÷10 000)÷(1−20%)＝650（万元）

应纳消费税＝650×20%＋500×1 000×2×0.5÷10 000＝180（万元）

（2）委托方将收回的应税消费品，以不高于受托方的计税价格出售的，为直接出售，不再缴纳消费税；委托方以高于受托方的计税价格出售的，不属于直接出售，需按照规定申报缴纳消费税，在计税时准予扣除受托方已代收代缴的消费税。

由于1 000元>650元，因此属于委托方以高于受托方的计税价格出售的情况，不属于直接出售，需按照规定申报缴纳消费税，在计税时准予扣除受托方已代收代缴的消费税。

应纳消费税＝1 000×20%＋500×1 000×2×0.5÷10 000－180＝70（万元）

（3）在全部委托加工方式下，应支付代收代缴消费税 180 万元，公司缴纳消费税 70 万元：

税后利润＝(1 000－250－220－250)×(1－25%)＝210（万元）

方案四：由公司自己完成该品牌的白酒的生产制作过程。

由甲公司自己生产该酒，其发生的生产成本恰好等于委托乙公司的加工费，即为 220 万元。

（1）应纳消费税＝1 000×20%＋500×1 000×2×0.5÷10 000＝250（万元）

（2）在自产自销方式下，应缴纳消费税为 250 万元：

税后利润＝(1 000－250－220－250)×(1－25%)＝210(万元)

以上四种方案的税负及税后利润的比较如表 4-1 所示。

表 4-1　甲公司 4 种白酒生产方式税负及税后利润比较表　　万元

备选方案	支付给受托方代收代缴消费税	本企业缴纳消费税	消费税合计	税后利润
方案一	21.05	250	271.05	194.21
方案二	157.5	250	407.5	91.88
方案三	180	70	250	210
方案四		250	250	210

任务结论

通过表 4-1 可知，此业务的操作方式以方案三和方案四最佳，方案一次之，方案二最差。

设计点评

对于酒类生产企业来说，可以得到以下结论：第一，尽量避免采用委托加工成半成品，待收回后继续加工的方式；第二，若必须采取委托加工成半成品，待收回后继续加工的方式，可以考虑通过合并上游企业的方式来降低消费税税负。

任务 4.7　规避消费税的税务筹划

任务案例

【例 4-7】2015 年甲企业选择生产经营范围时，有以下两种方案可供选择：一是生产高档手表；二是生产高档摄像机。假设该企业生产上述两种产品，预计 2015 年均能取得销售收入 500 万元，耗用成本 300 万元。请对其进行税务筹划。

任务准备

[税法依据]

消费税共有14个税目，它们分别是：烟、酒及酒精、化妆品、贵重首饰及珠宝玉石、鞭炮及焰火、高尔夫球及球具、高档手表、游艇、木制一次性筷子、实木地板、成品油、汽车轮胎、摩托车、小汽车。

[筹划思路]

消费税的征收范围比较窄，应税消费品仅仅限于14个税目。企业在选择经营范围时，可以避开上述14个税目。而选择其他符合国家产业政策、国家给予税收优惠产品的生产经营。

任务执行

方案一：销售高档手表。

应纳消费税=500×20%=100（万元）

税后利润=(500-300-100)×(1-25%)=75（万元）

方案二：销售高档摄像机。

应纳消费税=0（万元）

税后利润=(500-300)×(1-25%)=150（万元）

任务结论

方案二比方案一少缴纳消费税100万元（100万-0），多获取税后利润75万元（150万-75万），因此，应当选择方案二。

任务点评

随着社会经济的发展，人民生活质量的提高，以前认为是奢侈品的应税消费品，现在成为人们生活中的必需品（如护肤护发品等），相应地已经不属于消费税征税范围了。同时，又有一些高档和新兴的消费品（如高尔夫球及球具、高档手表等），已经列入消费税的征税范围。未来像高档娱乐消费品等，都有可能要调整成为消费税的征收范围。因此，企业在选择生产经营范围时，要考虑未来国家对消费税的调整趋势。

任务4.8 手表起征点税务筹划

任务案例

【例4-8】 甲企业是一家中高档手表生产企业，2015年生产并销售某一款中高档手表，每只手表的出厂价格为10 100元（不含增值税），与此相关的成本费用为5 000元。请对其进行税务筹划。

任务准备

[税法依据]

高档手表税率为20%。消费税新增和调整税目征收范围注释中，高档手表是指销售价格（不含增值税）每只在10 000元（含）以上的各类手表。

[筹划思路]

在涉及起征点的情况，巧妙运用起征点的规定，适当降低产品价格，从而有可能规避消费税纳税义务，进而有可能增加税后利润。

任务执行

方案一：将每只手表的出厂价格定为10 100元，税法认定其为高档手表。

每只高档手表应纳消费税＝10 100×20%＝2 020（元）

应纳城建税及教育费附加＝2 020×(7%+3%)＝202（元）

每只高档手表的利润＝10 100－5 000－2 020－202＝2 878（元）

方案二：将每只高档手表的出厂价格降至9 900元，税法不认定其为高档手表。

每只手表应纳消费税＝0（元）

应纳城建税及教育费附加＝0（元）

每只手表的利润＝9 900－5 000－0－0＝4 900（元）

任务结论

方案二比方案一每只手表多获取利润2 022元（4 900－2 878），少缴纳消费税2 020元（2 020－0），少缴纳城建税及教育费附加202元（202－0），因此，应当选择方案二。

任务点评

下面通过计算来找出手表的定价禁区：若每只手表定价为9 999. 99元，则不缴纳消费税，而企业若定价大于或等于10 000元，则设企业将手表定价为X元：

$$X-X\times20\%\times(1+7\%+3\%)>9\ 999.99$$

$$X>12\ 820.5$$

也就是说，要么定价低于10 000元，获取免税待遇，要么定价高于12 820. 5元，使得增加的收入可以弥补多缴纳的税费。

任务4.9　自产自用应税消费品的税务筹划

任务案例

【例4-9】2015年春节将至，甲企业将自产的特制化妆品（假设此种类化妆品不对外销售，且无市场同类产品价格）作为福利发放给职工，此批化妆品的成本为1 000万元，成本利润率为5%，消费税税率为30%。请对其进行税务筹划。

任务准备

[税法依据]

纳税人自产自用的应税消费品，按照纳税人生产的同类消费品的销售价格计算纳税；没有同类消费品销售价格的，按照组成计税价格计算纳税。实行从价定率办法计算纳税的组成计税价格计算公式：组成计税价格=(成本+利润)÷(1-比例税率)。《中华人民共和国消费税暂行条例》第四条规定，纳税人生产的应税消费品，于纳税人销售时纳税。纳税人自产自用的应税消费品，用于连续生产应税消费品的，不纳税；用于其他方面的，于移送使用时纳税。

[筹划思路]

对于自产自用应税消费品用于其他方面需要纳税的情况，若无市场同类商品售价，则成本的高低直接影响组成计税价格的高低，从而影响消费税税额的高低。企业通过降低成本，可以达到降低组成计税价格的目的，从而减轻企业消费税税负。

任务执行

方案一：维持该批产品成本不变。

组成计税价格=1 000×(1+5%)÷(1-30%)=1 500（万元）

应纳消费税=1 500×30%=450（万元）

方案二：甲企业通过成本控制，将成本降为800万元。

组成计税价格=800×(1+5%)÷(1-30%)=1 200(万元)

应纳消费税=1 200×30%=360(万元)

任务结论

方案二比方案一少缴的消费税90万元（450万-360万），因此，应当选择方案二。

任务点评

降低产品成本具有一定的难度，并不是每个企业都能较为容易地做到，在涉及多种产品成本费用分配的情况下，企业可以选择合理的成本分配方法，将成本合理地较多地分摊到不需计缴消费税的产品上，从而相应地压缩了需要通过计算组成计税价格来计缴消费税产品的成本，进而降低了消费税税负。

任务 4.10 延期纳税的税务筹划

任务案例

【例 4-10】甲为一家化妆品生产厂家，现向A客户赊销化妆品一批，不含增值税价格为2 000万元，合同中约定的收款日期为7月31日。化妆品的消费税税率为30%，该厂家消费税纳税期限为1个月，同期银行存款利率为3%。请对其进行税务筹划。

任务准备

[税法依据]

纳税人采取赊销和分期收款结算方式的，其纳税义务的发生时间，为销售合同规定的收款日期的当天；纳税人采取预收货款结算方式的，其纳税义务的发生时间，为发出应税消费品的当天；纳税人采取托收承付和委托银行收款方式销售的应税消费品，其纳税义务的发生时间，为发出应税消费品并办妥托收手续的当天；纳税人采取其他结算方式的，其纳税义务的发生时间，为收讫销售款或者取得索取销售款的凭据的当天。《中华人民共和国消费税暂行条例》第十四条规定，纳税人以 1 个月或者 1 个季度为 1 个纳税期的，自期满之日起 15 日内申报纳税。

[筹划思路]

纳税人可以充分利用消费税纳税义务发生时间和纳税期限的有关规定，合理延迟纳税义务发生时间，从而可以充分利用资金的时间价值。

任务执行

方案一：合同中该笔款项的收款时间仍确定为 7 月 31 日。

则 7 月份为纳税义务发生时间，甲企业须于 8 月 15 日之前缴纳税款。假设 8 月 10 日缴纳税款，则 8 月 10 日纳税额 = 2 000×30% = 600（万元）。

方案二：经与客户协商，将合同中该笔款项的收款时间确定为 8 月 1 日。

则 8 月份为纳税义务发生时间，甲企业须于 9 月 15 日之前缴纳税款。假设 9 月 10 日缴纳税款，则折现到 8 月 10 日的纳税额 = 600÷(1+3%÷12) = 598. 50（万元）。

任务结论

方案二比方案一纳税支出现值少 1. 5 万元（600 万−598. 50 万），即相当于少缴纳了 1. 5 万元的税款，因此，应当选择方案二。

任务点评

通过合同中将赊销收款日期延迟一天，从而使纳税义务发生时间延迟一个月，进而充分利用了货币的时间价值，相当于从银行获取一笔一个月的无息贷款。若同时考虑增值税及城建税和教育费附加，则节税效果更加明显。

本项目关键词

降低价格　设立销售公司　包装物　委托加工与自行加工　起征点　自产自用

本项目思考题

1. 如何利用价格临界点对消费税进行税务筹划？
2. 纳税人自产的应税消费品用于职工福利等其他方面时，应如何进行税务筹划？

3. 如何利用包装物进行税务筹划?
4. 简述卷烟生产企业委托加工与自行加工选择的税务筹划思路。
5. 简述酒类生产企业合并的税务筹划思路。

推荐网站

1. http://www.chinesetax.net （中国税务信息网）
2. http://www.12366taxvip.com （中国纳税服务中心网）

拓展阅读

是否可节消费税，中间产品是关键[①]

税收筹划，从字面上看好像都是财务人员的事情，但是，实际上与企业的生产经营的全过程有关，有的甚至完全取决于其他部门和环节。南兴化工公司主要生产经营醋酸酯，2008年，产品销售收入8亿元，实现利润3 000万元，缴纳各项税金7 500万元，其中消费税1 500余万元。

该公司的生产流程为：以粮食为原材料，生产酒精（一般发酵中，仅含10%的乙醇，经蒸馏后可得到95.6%的酒精），将酒精进一步发酵，制取醋酸，醋酸与乙醇发生酯化反应，生成乙酸乙酯（醋酸酯）。

虽然该公司的最终产品醋酸酯不是税法规定的应税消费品，但生产醋酸酯动用了自产的应税消费品酒精，领用酒精需缴纳消费税。根据《消费税暂行条例》及其《实施细则》的有关规定，纳税人将自产应税消费品用于连续生产非应税消费品的，应视同销售，按规定计算缴纳消费税。视同销售业务应按同期同类产品售价计算消费税，若无同类产品售价的，应按组成计税价格计算。

2008年，该公司领用的自产酒精生产成本为2.8亿元，应纳消费税额的计算公式为：

应纳消费税额=组成计税价×消费税率=[成本×(1+成本利润率)÷(1-消费税率)]×消费税率
=[28 000×(1+5%)÷(1-5%)]×5%=1 547.37(万元)

高额的消费税能否免除？这个问题一直困扰着该公司的财务总监。他向税收筹划专家咨询合法节税的途径。

该公司之所以要缴纳消费税，是因为其中间产品是应税消费品（酒精），如果通过改变生产流程，使中间产品不是酒精，这个问题就解决了。生产醋酸酯需要醋酸，而生产醋酸的方法很多，既可以通过粮食发酵的方法取得，也可以通过其他方法生产。根据这个思路，筹划人查找了相关资料，发现制作醋酸有四个办法。该公司采用的粮食发酵方法是人类最早使用的方法。这种方法的生产成本高，国外大多数企业已不采用了。其他三种方法是：① 用合成法制备工业醋酸；② 用石油气C2～C4馏分直接氧化制醋酸；③ 用甲醇和一氧化碳在

① 庄粉荣．纳税筹划实战精选百例［M］．3版．北京：机械工业出版社，2010：151-152.

常压下制取醋酸。

以上三种方法的中间产品不是应税消费品，均无需缴纳消费税。经调查，以上三种方法中，采取石油气C2～C4馏分直接氧化制醋酸不仅简便易行，而且投资成本低。不过，该公司如果现在改变生产流程将会造成大量设备闲置，可以考虑在扩大再生产时采用新的生产方法。

筹划点评

该案例引用了高金平先生的资料。之所以引用这篇文章，是因为该文章介绍了一个人们不十分熟悉的产品，以及这个产品的操作过程。这对税收筹划人员来说，无疑是有启发作用的。税收筹划的目的是通过税收的具体运作实现股东利益的最大化，所以进行税收筹划的基础是对税收法律法规的会计核算原理及方法有一个全面的熟悉和理解。但是，事实上，要对税收筹划进行深层次的操作，仅掌握了税收、会计和财务知识还不够，在很多情况下，税收筹划还涉及企业的生产、经营和管理流程的很多环节。

消费税是对特殊产品进行的特殊调节税种，纳税人在特定的地域、生产特定的产品才需要缴纳消费税，如果生产者有办法排除税法所规定的调节对象，就可以免缴消费税。该案例就给我们利用税收法律法规以外的方法进行税收筹划提供了一个较好的范例。

本项目技能训练

职业能力选择

一、单项选择题

1. 下列关于零售环节征收消费税的表述中，不正确的是（　　）。

A. 在零售环节征收消费税的仅限于金基、银基合金首饰以及金、银和金基、银基合金的镶嵌首饰

B. 纳税人在零售环节销售金银首饰、钻石及钻石饰品时，适用的消费税税率是5%

C. 金银首饰与其他产品组成成套消费品销售的，应按销售全额征收消费税

D. 金银首饰连同包装物销售的，无论包装物是否单独计价，也不论会计上如何核算，均应并入金银首饰的销售额，计征消费税

2. 下列各项中，属于消费税征收范围的是（　　）。

A. 电动汽车　　B. 卡丁车　　C. 高尔夫车　　D. 小轿车

3. 甲公司生产一批化妆品用于本企业职工福利，没有同类产品价格可供比照，需要组成计税价格缴纳消费税。其组成计税价格是（　　）。

A.（材料成本+加工费）÷(1−消费税税率)

B.（成本+利润）÷(1−消费税税率)

C.（材料成本+加工费）÷(1−消费税税率)

D.（成本+利润）÷(1+消费税税率)

4. 下列外购商品中已缴纳的消费税，可以从本企业应纳消费税额中扣除的是（　　）。

A. 从工业企业购进已税汽车轮胎生产的小汽车

B. 从工业企业购进已税酒精为原料生产的勾兑白酒

C. 从工业企业购进已税高尔夫球杆握把为原料生产的高尔夫球杆

D. 从工业企业购进已税白酒为原料生产的勾兑白酒

5. 根据现行消费税政策，下列各项中不属于应税消费品的是（　　）。

A. 高尔夫球及球具　　B. 化妆品

C. 护肤护发品　　D. 一次性木筷

6. 甲啤酒厂销售A型啤酒20吨给乙副食品公司，开具增值税专用发票，注明价款60 000元，收取包装物押金2 000元；销售B型啤酒10吨给丙宾馆，开具普通发票，注明价款32 000元，收取包装物押金1 000元。则甲啤酒厂应缴纳的消费税是（　　）。

A. 5 000元　　B. 6 600元　　C. 7 200元　　D. 7 500元

7. 甲葡萄酒生产企业，生产葡萄酒适用10%的消费税税率。销售葡萄酒100万元，本月拿200吨葡萄酒换生产资料。最高价为每吨220元，最低价每吨为180元，中间平均价为每吨200元。则本月应纳增值税和消费税分别为（　　）。

A. 增值税17.68万元，消费税10.44万元

B. 增值税17.68万元，消费税10.4万元

C. 增值税17.748万元，消费税10.44万元

D. 增值税17.748万元，消费税10.4万元

8. 甲酒厂2014年4月销售白酒6 000千克，售价为5元/500克，随同销售的包装物价格5 000元；本月销售礼品盒6 000套，售价为200元/套，每套包括粮食白酒1千克、单价60元，药酒1千克、单价40元。该企业12月应纳消费税（　　）元。（题中的价格均为不含税价格）

A. 270 000　　B. 265 000　　C. 271 000　　D. 175 000

9. 甲鞭炮企业2014年8月受托为乙单位加工一批鞭炮，乙单位提供的原材料金额为40万元，甲鞭炮企业收取乙单位不含增值税的加工费8万元，另外甲鞭炮企业提供辅助材料3万元，甲鞭炮企业当地无加工鞭炮的同类产品市场价格。甲鞭炮企业应代收代缴的消费税为（　　）万元。（鞭炮的消费税税率为15%）

A. 9　　B. 8.47　　C. 10　　D. 8.6

10. 下列各项中，符合消费税纳税义务发生时间规定的有（　　）。

A. 进口的为支付货款的当天

B. 自产自用的是移送当天

C. 委托加工的是支付加工费的当天

D. 预收货款的是收到货款的当天

11. 某小规模纳税人生产企业从某厂家购进某种应税消费品用于连续生产，支付价税合计220 000元，消费税税率为30%，取得（　　）允许抵扣的消费税多。

A. 一般纳税人开具的普通发票　　B. 小规模纳税人开具的普通发票

C. 专业发票　　D. 增值税发票

12. 纳税人用委托加工收回的应税消费品连续生产应税消费品，在计算纳税时，其委托加工应税消费品的已纳消费税税款应按（　　）办法处理。

A. 该已纳税款当期可全部扣除

B. 该已纳税款不得扣除

C. 已纳税款当期可扣除50%

D. 可对收回的委托加工应税消费品当期生产领用部分的已纳税款予以扣除

13. 应征收消费税的委托加工消费品的组成计税价格不包括（　　）。

A. 材料成本　　B. 加工费　　C. 增值税　　D. 消费税

14. 某汽车轮胎厂为增值税一般纳税人，下设一非独立核算的门市部，2015 年 1 月该厂将生产的一批汽车轮胎交给门市部，计价 70 万元。门市部将其零售，取得含税销售收入 93.6 万元，则该项业务应缴纳的消费税额为（　　）。

A. 2 万元　　B. 2.1 万元　　C. 2.4 万元　　D. 2.808 万元

二、多项选择题

1. 企业销售生产白酒取得的下列款项中，应并入销售额计征消费税的有（　　）。

A. 优质费　　B. 包装物租金　　C. 品牌使用费　　D. 包装物押金

2. 下列各项中，可按委托加工应税消费品的规定征收消费税的有（　　）。

A. 受托方代垫原料，委托方提供辅助材料

B. 委托方提供主要材料和原材料，受托方代垫部分辅助材料

C. 受托方负责采购委托方所需原材料的

D. 委托方提供原料和全部辅助材料

3. 黄河公司进口一批摩托车海关应征进口关税 30 万元（关税税率为 30%），进口环节还需缴纳（　　）。

A. 消费税 0.9 万元　　B. 消费税 4.02 万元

C. 增值税 22.78 万元　　D. 增值税 5.1 万元

4. 下列各项中，属于消费税特点的有（　　）。

A. 征收范围具有选择性　　B. 征税具有普遍性

C. 征收方法具有灵活性　　D. 征税环节具有单一性

5. 下列单位中属于消费税纳税人的有（　　）。

A. 生产销售应税消费品（金银首饰除外）的单位

B. 委托加工应税消费品的单位

C. 进口应税消费品的单位

D. 批发应税消费品的单位

6. 根据消费税法律制度的规定，下列应税消费品中，实行从价定率与从量定额相结合的复合计税方法的有（　　）。

A. 烟丝　　B. 卷烟　　C. 酒精　　D. 白酒

7. 根据消费税法律制度的规定，纳税人用于（　　）的应税消费品，应当以纳税人同类应税消费品的最高销售价格作为计税依据计算征收消费税。

A. 发放福利　　B. 换取消费资料　　C. 投资入股　　D. 抵偿债务

8. 据消费税法律制度的规定，下列项目中，可以不缴纳消费税的是（　　）。

A. 委托加工的应税消费品，受托方已代扣代缴消费税，委托方取回后以不高于受托方的计税价格直接销售的

B. 自产自用的应税消费品，用于连续生产应税消费品的

C. 自产自用的应税消费品，用于连续生产非应税消费品的

D. 自产自用的应税消费品，用于广告的

9. 下列各项中，符合应税消费品销售数量规定的有（ ）。

A. 生产销售应税消费品的，为应税消费品的生产数量

B. 自产自用应税消费品的，为应税消费品的移送数量

C. 委托加工应税消费品的，为纳税人收回的应税消费品数量

D. 进口应税消费品的，为海关核定的应税消费品进口征税数量

10. 根据消费税法律制度的规定，下列各项中，属于消费税征税范围的消费品有（ ）。

A. 高档手表　B. 一次性筷子　C. 鞭炮　D. 高档西服

11. 消费税税务筹划的基本途径有（ ）。

A. 合理确定销售额　B. 合理选择税率

C. 外购应税品已纳税款的扣除　D. 委托加工的选择

职业能力判断

1. 征收消费税的消费品中有化妆品，包括各类美容、修饰类化妆品、高档类化妆品和成套化妆品，不包括舞台、戏剧影视演员化妆用的上妆油、卸妆油和油彩等。（ ）

2. 纳税人通过独立核算门市部销售自产应税消费品，应按门市部对外销售额或销售数量征收消费税。（ ）

3. 纳税人采取预收货款方式的，其纳税义务的发生时间为收到预售货款的当天。（ ）

4. 若应税消费品实行从价计征方式征收消费税，则其消费税计税依据与其增值税的计税依据相同，都是不含增值税但含消费税的销售价格。（ ）

5. 对于所有的应税消费品，其包装物已作价随同应税消费品销售，又另外收取押金并在规定期限内未予退还的押金，一律并入应税消费品的销售额计征增值税和消费税。（ ）

6. 纳税人将自己生产的应税消费品无偿赠送他人的，按同类产品“当月”（或者最近时期）的“平均销售价格”确定。（ ）

7. 纳税人用于换取生产资料和消费资料、投资入股和抵偿债务等方面的应税消费品，应当以纳税人同类应税消费品的“最高销售价格”作为计税依据计算征收消费税。（ ）

8. 纳税人自产自用的应税消费品，用于连续生产应税消费品的，不缴纳消费税。（ ）

9. 纳税人自产自用的应税消费品，用于非应税消费品、在建工程、管理部门、馈赠、赞助、集资、广告、样品、职工福利、奖励等，“视同销售”，应缴纳消费税。（ ）

10. 受托方是增值税的纳税义务人，在计算增值税时，代收代缴的消费税属于价外费用。（ ）

11. 企业如果想在包装物上节约消费税，关键是将包装物能作价随同产品出售，而不应采用收取“押金”的方式，因“押金”需并入销售额计算消费税税额，尤其当包装物价值较大时，更加必要。（ ）

项目实训

1. 甲轮胎生产企业 2015 年 2 月销售 1 500 个汽车轮胎，每个轮胎 1 000 元（含包装物的价格 150 元）。根据税法的有关规定，该轮胎的销售应纳消费税 = 1 500×1 000×3% = 45 000（元）。请对其进行税务筹划。

2. 甲汽车生产企业 2015 年 1 月以小汽车 50 辆对外投资，当期该小汽车的销售价格分别为 9. 5 万元、10 万元、10. 5 万元，适用的税率为 10%。根据税法的规定，该投资行为应纳消费税 = 10. 5×50×10% = 52. 5（万元）。请对其进行税务筹划。

3. A 公司委托 B 公司将一批价值 200 万元的原材料加工成甲半成品，加工费 150 万元。A 公司将甲半成品收回后继续加工成乙产成品，发生加工成本 200 万元。该批产品售价 1 200 万元。如果 A 公司将购入的原料自行加工成乙产成品，加工成本共计 350 万元；如果 A 公司委托 B 公司将这批价值 200 万元的原材料直接加工成乙产成品，加工费也为 350 万元。甲半成品消费税税率为 20%，乙产成品消费税税率为 30%。假设 B 公司没有同类产品半成品和产成品的售价，则 A 公司应选择哪种加工方式更有利？

4. 甲手表企业为增值税一般纳税人，生产销售某款手表每只 10 000 元，按《财政部、国家税务总局关于调整和完善消费税政策的通知》及其附件《消费税新增和调整税目征收范围注释》的规定，该手表正好为高档手表。该厂财务主管提出建议：将手表销售价格降低 100 元，为每只 9 900 元。请说明该方案是否可行。若可行还有多大的降价空间？

5. 甲化妆品厂，将生产的化妆品、护肤护发品、小工艺品等组成成套化妆品销售。其每套化妆品由下列产品组成：化妆品包括一瓶香水 28 元、一瓶指甲油 12 元、一支口红 15 元；护肤护发品包括两瓶浴液 50 元、一瓶摩丝 12 元、一块香皂 6 元；化妆工具及小工艺品 18 元、塑料包装盒 10 元。化妆品消费税税率为 30%，上述价格均不含增值税。请对其进行税务筹划。

项目 5

营业税的税务筹划

知识目标：

（1）了解“包工包料”与“包工不包料”选择的税务筹划、选择设备提供方的税务筹划的基本方法；

（2）熟悉分别核算的税务筹划、出资方式选择的税务筹划、变转让土地使用权为对外投资的税务筹划、娱乐业分离经营的税务筹划的基本方法；

（3）掌握个人选择销售房产时机的税务筹划、营业税起征点的税务筹划，个人减少房产转让环节的税务筹划、合作建房的税务筹划的基本方法。

能力目标：

（1）能够在实际工作中熟练运用具体的税务筹划方法，对企业营业税进行税务筹划；

（2）能够在掌握本项目营业税税务筹划案例及方法的基础上，创造性地对企业营业税进行税务筹划。

任务 5.1 “包工包料”与“包工不包料”选择的税务筹划①

任务案例

【例 5-1】 甲建设单位建造一座厂房，将工程承包给乙施工企业，工程承包价 1 000 万元。如果采取包工不包料的方式，工程所需材料由甲建设单位购买，材料价款为 700 万元。如果工程所需材料由乙施工企业购买，即采取包工包料的方式，乙施工企业可以利用自己熟悉建材市场的优势，在保证质量的前提下，以较低的价格购买所需材料，材料价款 600 万元。请对其进行税务筹划。

任务准备

［税法依据］

除《营业税暂行条例实施细则》第七条规定外，纳税人提供建筑业劳务（不含装饰劳

① 浅议建筑安装企业税务筹划［J］. 财会通讯：综合（中），2009（6）. 有改动。

务）的，其营业额应当包括工程所用原材料、设备及其他物资和动力价款在内，但不包括建设方提供的设备的价款。

[筹划思路]

无论是包工包料工程还是包工不包料工程，其营业额均应包括工程所用的原材料、其他物资和动力价款。然而，一项工程虽然使用同样的材料，但由于材料的供应渠道不同导致购料价格不一样，必然会使施工企业的计税依据不同。建设单位一般是直接从市场上购买，价格较高，会使施工企业的计税依据过高，而施工企业一般与材料供应商有长期合作关系，购进材料价格相对便宜，这样就直接降低了营业税的计税依据，从而达到节税目的。

任务执行

方案一：乙施工企业采用包工不包料方式。

乙施工企业应纳营业税 =（1 000+700）×3% =51（万元）

方案二：乙施工企业采用既包工又包料方式。

乙施工企业应纳营业税 =（1 000+600）×3% =48（万元）

任务结论

方案二比方案一乙施工企业少缴纳营业税 3 万元（51 万－48 万），因此，应当选择方案二。

任务点评

实际操作中，有可能会出现施工企业虚增购买材料价格或购买材料以次充好的现象，这样还不如建设单位自行采购材料。

任务 5.2 选择设备提供方的税务筹划

任务案例

【例 5-2】 甲建设单位建造一座厂房，将工程承包给乙施工企业，工程承包价 1 000 万元（包括由乙施工企业提供的设备价款共计 300 万元）。请对其进行税务筹划。

任务准备

[税法依据]

除《中华人民共和国营业税暂行条例实施细则》第七条规定外，纳税人提供建筑业劳务（不含装饰劳务）的，其营业额应当包括工程所用原材料、设备及其他物资和动力价款在内，但不包括建设方提供的设备的价款。

[筹划思路]

由于纳税人提供建筑业劳务（不含装饰劳务）的，其营业额不包括建设方提供设备的价款，但包括施工企业提供设备的价款，因此应当尽量由建设方提供设备。

任务执行

方案一：由乙施工企业提供300万元的设备。

乙施工企业应纳营业税=1 000×3%=30（万元）

方案二：由甲建设单位提供300万元的设备。

乙施工企业应纳营业税=(1 000-300)×3%=21（万元）

任务结论

方案二比方案一乙施工企业少缴纳营业税9万元（30万-21万），因此，应当选择方案二。

任务点评

由建设方提供设备，一方面对于建设单位来说，可以保证设备的质量；另一方面对于施工企业来说，可以降低施工企业的营业税税负。但是施工企业提供设备时若赚取设备差价（利润）较高的话，对于施工企业来说则需综合考虑。

任务5.3 出资方式选择的税务筹划

任务案例

【例5-3】2014年邦德公司拟将不用的机器设备（2011年购入）和房屋建筑物处置，打算将机器设备投资给其全资子公司，将房屋建筑物出售给其全资子公司，机器设备公允价值为3 000万元，房屋建筑物公允价值为3 000万元。若当地城市维护建设税税率为7%，教育费附加征收率为3%，契税税率为3%。请对其进行税务筹划。

任务准备

[税法依据]

《中华人民共和国增值税暂行条例实施细则》第四条规定：将自产、委托加工或购买的货物作为投资，提供给其他单位或个体经营者，视同销售，缴纳增值税。

《财政部 国家税务总局关于股权转让有关营业税问题的通知》（财税〔2002〕191号）规定：以无形资产、不动产投资入股，参与接受投资方利润分配，共同承担投资风险的行为，不征收营业税。

以房产作投资或作股权转让，视同房屋买卖，由产权承受方按投资房产价值或房产买价缴纳契税。但《国家税务总局关于全资子公司承受母公司资产有关契税政策的通知》（国税函〔2008〕514号）规定：公司制企业在重组过程中，以名下土地、房屋权属对其全资子公司进行增资，属同一投资主体内部资产划转，对全资子公司承受母公司土地、房屋权属的行为，不征收契税。

[筹划思路]

销售不动产会产生高额税负，因此，企业应尽量避免销售不动产的情况发生，取而代之，以不动产投资入股可以规避营业税等纳税义务。

任务执行

方案一：将机器设备按公允价值投资给全资子公司，房屋建筑物按公允价值出售给全资子公司。

邦德公司以机器设备投资应纳增值税、城市维护建设税及教育费附加 = 3 000×17%×(1+7%+3%) = 561（万元）

邦德公司出售房屋建筑物应纳营业税、城市维护建设税及教育费附加 = 3 000×5%×(1+7%+3%) = 165（万元）

子公司应纳契税 = 3 000×3% = 90（万元）

该公司集团应纳税额 = 561+165+90 = 816（万元）

方案二：将房屋建筑物按公允价值投资给全资子公司，机器设备按公允价值出售给全资子公司。

则邦德公司将房屋建筑物按公允价值投资给全资子公司不缴纳营业税，全资子公司也无须缴纳契税。

邦德公司出售机器设备应纳增值税、城市维护建设税及教育费附加 = 3 000×17%×(1+7%+3%) = 561（万元）

公司集团应纳税额 = 561（万元）

任务结论

方案二比方案一整体上少缴税 255 万元（816 万−561 万），因此，应当选择方案二。

任务点评

通过改变投资标的，将以机器设备投资变为以房屋建筑物投资，充分利用了税收优惠政策，降低了企业税负。

任务 5.4　分别核算的税务筹划①

任务案例

【例 5-4】甲公司既从事建筑业劳务，又从事房地产开发并销售业务（销售不动产），本月两项业务共取得收入 4 000 万元，这两项业务的收入各占一半。其中建筑业适用税率为 5%；销售不动产适用税率为 5%。请对其进行税务筹划。

① 梁文涛．营业税的税务筹划探讨［J］．财政监督（下半月刊），2010（4）．

任务准备

[税法依据]

纳税人兼有不同税目的应当缴纳营业税的劳务（简称应税劳务）、转让无形资产或者销售不动产，应当分别核算不同税目的营业额、转让额、销售额（以下统称营业额）；未分别核算营业额的，从高适用税率。

[筹划思路]

这就要求企业，在兼营同一税种下不同税率的应税货物或劳务时，应尽量分别核算不同税率货物或劳务的营业额，以便按各自的税率分别计算应纳税额，避免从高适用税率计征。

任务执行

方案一：不分别核算。

则应按5%的税率从高计征营业税。

$$应纳营业税=4\ 000\times5\%=200（万元）$$

方案二：分别核算。

则建筑业按服务业3%的税率征税，销售不动产按5%的税率征税。

$$应纳营业税=200\times3\%+2\ 000\times5\%=160（万元）$$

任务结论

方案二比方案一甲公司少缴纳营业税40万元（200万-160万），因此，应当选择方案二。

任务点评

分别核算必然会增加一定的核算支出，如核算人员的工资等，企业应当权衡利弊，综合考虑，最终作出正确的决策。

任务5.5 合作建房的税务筹划[①]

任务案例

【例5-5】甲建筑施工企业与乙企业合作建房，甲建筑施工企业提供资金并负责施工，乙企业提供土地使用权。双方约定，房屋建好后按5∶5的比例分配房屋。工程完工后，经有关部门评估，该建筑物价值1 200万元，甲、乙各分得600万元的房屋。请对其进行税务筹划。

---

① 梁文涛．浅议建筑安装企业税务筹划［J］．财会通讯：综合（中），2009（6）．有改动。

任务准备

[税法依据]

合作建房就是指一方提供土地使用权，另一方提供资金，双方建房。合作建房有两种方式：一种是“以物易物”方式，即双方以各自拥有的土地使用权和房屋所有权相互交换；另一种是成立“合营企业”方式，即双方分别以土地使用权和货币资金入股，成立合营企业，合作建房。此外，以无形资产投资入股，参与接受投资方利润分配，共同承担投资风险行为，不征收营业税。在投资后转让其股权的，也不征收营业税。

[筹划思路]

由于会计准则将土地使用权作为无形资产核算，所以当拥有土地使用权一方准备与他人合作建房时，可以考虑以土地使用权出资，与对方合资成立合营公司，双方风险共担、利润共享。税务部门对合营企业以无形资产投资入股的行为不征营业税，只对合营公司将来销售房屋取得的收入按销售不动产征税；对双方分得的房屋作为投资利润，不征营业税。

任务执行

方案一：采取“以物易物”（即土地使用权和房屋所有权相互交换）的方式。

即乙企业通过转让土地使用权而拥有了部分新建房屋的所有权，产生了转让无形资产的应税行为，其营业额为600万元。甲建筑施工企业以转让部分房屋所有权为代价换取部分土地的使用权，发生了销售不动产的应税行为，其营业额为600万元，则：

甲、乙企业分别应缴纳营业税税额＝600×5%＝30（万元）

双方合计总税负＝30+30＝60（万元）

方案二：采取双方成立“合营企业”的方式。

即甲、乙双方分别以货币资金和土地使用权入股成立合营企业，合作建房，房屋建成后，双方采取风险共担、利润共享的分配方式。这样，甲、乙双方均未发生销售不动产和转让土地使用权的行为，均不需要缴纳营业税。对于甲建筑施工企业来说，以货币资金入股成立合营企业，不必缴纳营业税；对于乙企业来说，其向合营企业提供的土地使用权，视为投资，对其也不征营业税。对双方各自分得的房屋作为投资利润进行分配，不征营业税。

任务结论

方案二与方案一相比，甲、乙合营企业在建房环节共少缴纳营业税60万元，因此，应当选择方案二。

任务点评

甲、乙双方若采取成立合营企业的方式，则双方将面临着如何合作经营、如何共担风险、共享利润等长期合作问题，并且要办理一定的手续和需要相关部门审批，必然需要支付一定的费用。若双方根本没有合作的空间，完全是为了建房后自用，就没有必要成立合营企业了。

任务 5.6　个人减少房产转让环节的纳税筹划

任务案例

【例 5-6】甲房地产开发公司欠张某本息共计 500 万元，逾期无力偿还，2013 年甲公司经与张某协商，以本公司一幢住宅作价 600 万元，抵顶所欠张某本息，同时张某再支付甲公司人民币 100 万元作为补价。张某当年将上述住宅又以 600 万元的价格转让给乙公司。本地契税适用税率为 3%。请对其进行税务筹划。

任务准备

[税法依据]

财税〔2011〕12 号规定：个人将购买的不超过 5 年的住房对外销售的，全额计算缴纳营业税；个人将购买的超过 5 年（含 5 年）的非普通住房对外销售的，按其销售额减去购买房屋的价款后的差额计算缴纳营业税；个人将购买的超过 5 年（含 5 年）的普通住房对外销售的，免征营业税。

契税的纳税义务人是境内转移土地、房屋权属，承受的单位和个人。房屋卖卖，以成交价格作为契税的计税依据。

[筹划思路]

由于个人转让 5 年之内购买的住宅需全额缴纳营业税，因此，个人对于先购买住宅后出售或是先得到抵债的住宅后出售的，应在购买或得到抵债的住宅之前寻找买主，将两道流转环节降为一道，可以避免重复纳税。

任务执行

方案一：甲公司将住宅作价 600 万元转让给张某，应按“销售不动产”税目缴纳营业税。张某将该住宅收回后再转让给乙公司，仍需按“销售不动产”，缴纳营业税。

甲公司应纳营业税 = 600×5% = 30（万元）

张某应纳契税 = 600×3% = 18（万元）

张某应纳营业税 = 600×5% = 30（万元）

乙公司应纳契税 = 600×3% = 18（万元）

方案二：张某事先找到买主乙公司，然后由甲公司与乙公司直接签订房屋买卖合同。乙公司向甲公司支付人民币 600 万元，甲公司再用人民币偿还张某 500 万元。

甲公司应纳营业税 = 600×5% = 30（万元）

张某应纳契税 = 0（万元）

张某应纳营业税 = 0（万元）

乙公司应纳契税 = 600×3% = 18（万元）

任务结论

方案二比方案一张某少缴纳营业税 30 万元，少缴纳契税 18 万元，因此，应当选择方案二。

任务点评

减少交易环节是避免重复纳税的重要方法，纳税人应当努力创造条件减少交易环节，从而降低交易税费。

任务 5.7　变转让土地使用权为对外投资的税务筹划①

任务案例

【例 5-7】 甲企业欲转让一土地使用权，就有几家企业愿意以 2 000 万元的价格购买该土地使用权，另外又有一些企业希望与甲企业合作开发这块地。请对其进行税务筹划。

任务准备

[税法依据]

以无形资产（注：现仅有土地使用权尚未实行“营改增”）投资入股，参与接受投资方的利润分配，共同承担投资风险的行为，不征收营业税，在投资后转让其股权的，也不征收营业税。

[筹划思路]

纳税人可变转让无形资产为将无形资产对外投资，参与接受投资方的利润分配，共同承担投资风险，以避免缴纳营业税。

任务执行

方案一：直接转让此土地使用权来换取现金。

应纳营业税 = 2 000×5% = 100（万元）

方案二：以此土地使用权投资于其它企业，并参与接受投资方的利润分配，共同承担投资风险。

此时，不缴纳营业税，在投资后转让该股权，也不缴纳营业税。

任务结论

方案二比方案一甲公司少缴纳营业税 100 万元，因此，应当选择方案二。

---

① 梁文涛．营业税的纳税筹划探讨［J］．财政监督（下半月刊），2010（4）．

任务点评

方案一比较单纯，没有什么风险，缴税之后，可以直接拥有2 000万元，但其税负较重，而且收入是固定的；方案二从税收的角度讲，税负较轻，而且有升值的可能性，但风险也大，未来收益的不确定因素也较多。

任务5.8 娱乐业分离经营的税务筹划

任务案例

【例5-8】 某城市一歌舞厅本月营业收入共100万元，其中包括门票费50万元，台位费、点歌费等30万元，酒水、饮料、茶水、鲜花、小吃等收入20万元（相关成本15万元）。请对其进行税务筹划。

任务准备

[税法依据]

娱乐业的营业额为经营娱乐业收取的全部价款和价外费用，包括门票收费、台位费、点歌费、烟酒、饮料、茶水、鲜花、小吃等收费及经营娱乐业的其他各项收费。娱乐业的营业税率为5%～20%。

[筹划思路]

歌舞厅可将酒水饮料的销售业务单独分离出来，出租给其他单位开办小超市。歌舞厅每月对超市收取小额租金并按服务业的5%的低税率缴纳营业税。

任务执行

由于门票费50万元，台位费、点歌费等30万元，是一定要按娱乐业缴纳营业税的，因此只需比较酒水、饮料、茶水、鲜花、小吃等收入20万元在不同方案下的税负及净收益。

方案一：如果将酒水、饮料、茶水、鲜花、小吃等由歌舞厅经营。

对于酒水、饮料、茶水、鲜花、小吃来说：

应纳营业税＝20×20%＝4（万元）

应纳城建税和教育费附加＝4×(7%＋3%)＝0.4（万元）

应纳企业所得税＝(20－15－4－0.4)×25%＝0.15（万元）

净利润＝20－15－4－0.4－0.15＝0.45（万元）

方案二：假设歌舞厅经营面积中独立分离出一小部分，出租给其他单位，且由其他单位开办小超市经营酒水饮料等，歌舞厅每月收取租金2万元，按服务业缴纳营业税。

对于酒水、饮料、茶水、鲜花、小吃来说：

应纳营业税＝2×5%＝0.1（万元）

应纳城建税和教育费附加＝0.1×(7%＋3%)＝0.01（万元）

应纳企业所得税＝(2－0.1－0.01)×25%＝0.472 5（万元）

净利润＝2－0.1－0.01－0.472 5＝1.417 5（万元）

任务结论

对于酒水、饮料、茶水、鲜花、小吃这一部分业务来说，方案二比方案一歌舞厅多获取净利润 0.967 5 万元（1.417 5 万-0.45 万），因此，应当选择方案二。

任务点评

由其他单位开办小超市经营酒水饮料，其他单位开办的小超市是否按照娱乐业缴纳营业税，需要经税务机关确认，这便降低了方案二的可行性。

任务 5.9　个人选择销售房产时机的税务筹划[①]

任务案例

【例 5-9】 孙某于 2010 年 1 月 1 日购买了一套 100 平方米的普通住宅，该住宅为孙某第 2 套住宅，买价为 650 000 元（包括相关费用），准备于 2015 年 1 月之前对外售出，预计市场价格为 1 000 000 元，请对其进行税务筹划。

任务准备

[税法依据]

财税〔2011〕12 号规定：个人将购买的不超过 5 年的住房对外销售的，全额计算缴纳营业税；个人将购买的超过 5 年（含 5 年）的非普通住房对外销售的，按其销售额减去购买房屋的价款后的差额计算缴纳营业税；个人将购买的超过 5 年（含 5 年）的普通住房对外销售的，免征营业税。个人转让自用达 5 年以上并且是唯一的家庭居住用房取得的所得暂免征收个人所得税。

[筹划思路]

个人在转让住房时，应当把握上述时间性的限定因素，以尽量避免纳税义务。

任务执行

方案一：孙某于 2014 年 12 月对外销售。

应纳营业税 = 1 000 000×5% = 50 000（元）

应纳城建税和教育费附加 = 50 000×(7% +3%) = 5 000（元）

应纳个人所得税 = (1 000 000-650 000-50 000-5 000)×20% = 59000（元）

应纳税合计 = 50 000+5 000+59 000 = 114 000（元）

税后收入 = 1 000 000-650 000-114 000 = 236 000（元）

方案二：孙某于 2015 年 1 月对外销售。

---

① 梁文涛．营业税的税务筹划探讨［J］．财政监督（下半月刊），2010（4）．

应纳营业税＝0（元）

应纳城建税和教育费附加＝0（元）

应纳个人所得税＝(1 000 000－650 000)×20%＝70 000（元）

应纳税合计＝70 000（元）

税后收入＝1 000 000－650 000－70 000＝280 000（元）

任务结论

方案二比方案一少缴税共计 44 000 元（114 000－70 000），多获取税后收入 44 000 元（280 000－236 000），因此，应当选择方案二。

任务点评

选择售房时机是个人出售房产的重要税务筹划思路，但由于目前享受税收优惠的年限定为了 5 年，因此，该筹划思路仅对出售接近 5 年房龄的房产适用。

任务 5.10　营业税起征点的税务筹划

任务案例

【例 5-10】刘某经营一家理发店，其所在地营业税按期纳税的起征点为月营业额 20 000 元。假设刘某平均每月开门营业 25 天，每天平均收入 800 元，月营业额合计为 20 000 元。请对其进行税务筹划。

任务准备

[税法依据]

营业税起征点，是指纳税人营业额合计达到起征点。营业税起征点的适用范围限于个人。营业税起征点的幅度规定如下：① 按期纳税的，为月营业额 5 000 ～ 20 000 元；② 按次纳税的，为每次（日）营业额 300 ～ 500 元。

[筹划思路]

对于涉及起征点的情况，纳税人应当尽量将营业额降低至起征点以下，从而规避营业税纳税义务。

任务执行

方案一：刘某每月营业额达到 20 000 元。

刘某应纳营业税＝20 000×5%＝1 000（元）

税后收入＝20 000－1 000＝19 000（元）

方案二：刘某每月减少营业额 10 元。

刘某每月营业额＝20 000－10＝19 990（元）

小于当地营业税起征点 20 000 元，因此，刘某应纳营业税=0（元）。

税后收入=19 990（元）

任务结论

方案二比方案一少缴纳营业 1 000 元（1 000-0），多获取税后收入 990 元（19 990-19 000），因此，应当选择方案二。

任务点评

起征点的税务筹划仅适用于纳税人营业额刚刚达到或超过起征点的情况，因此，其应用空间较小。若遇到税务机关核定营业额的情况，则其应用空间更小。

本项目关键词

降低原材料价格　避免重复纳税　分包分别核算　合作建房　加大扣除项目　转包合同　转换税目

本项目思考题

1. 如何通过降低原材料价格进行税务筹划？
2. 合作建房主要有哪些方式？选择哪一种可节税？
3. 营业税种下，兼营不同税目应如何进行税务筹划？
4. 个人销售房产应如何进行税务筹划？
5. 土地使用权如何对外投资才能享受免缴营业税的待遇？
6. 如何运用起征点进行税务筹划？

推荐网站

1. http：//www. cnnsr. com. cn　（中国财税专业服务网）
2. http：//www. taxexpert. com. cn　（中国税务专家咨询网）

拓展阅读

房地产出租与联营的税负比较①

企业利用闲置的房地产进行投资，现已成为一种普遍的投资形式。房地产投资，采取不同的投资方式，所涉及的税种不同，所承担的税负也必然不同。企业以房地产投资最常见的方法有两种：出租取得租金收入；以房地产入股联营分得利润。这两种方式所涉税种及税负

① 计金标．税收筹划［M］．3 版．北京：中国人民大学出版社，2010：149．本案例原书中有错误，本书对错误部分修改后将该案例重新进行了整理。

各不相同。现举例分析如下。

假设位于市区的 A 企业有一处空置房产，其原值为 K，如果出租则每年可取得租金收入 X_1，用于联营，则预期每年的联营企业利润中 A 企业所占份额为 X_2，出租和联营的税负分别为 Y_1、Y_2。

(1) 采取出租方式应承担的税负计算如下。

营业税：房屋租赁属服务业，按租金收入的5%征税，则为 $5\% X_1$。

房产税：房产税依照房产租金收入计算缴纳，税率为12%，则房产税税负为 $12\% X_1$。

城市维护建设税：城市维护建设税的税率市区为7%，以其缴纳的营业税税额为计税依据，则城建税税负为 $7\% \times 5\% X_1 = 0.35\% X_1$。

教育费附加：$3\% \times 5\% X_1 = 0.15\% X_1$。

印花税：订阅合同时必须要缴纳印花税，《印花税暂行条例》规定，按租赁金额1‰贴花，因此印花税税负为 $0.1\% X_1$。

所得税：营业税、房产税、城建税、教育费附加、印花税可在税前扣除，租金收入应纳所得税为：$(X_1 - 5\% X_1 - 12\% X_1 - 0.5\% X_1 - 0.1\% X_1) \times 25\% = 20.6\% X_1$。

总体税负 Y_1 = 营业税税负+房产税税负+城建税税负+印花税税负+所得税税负+教育费附加 $= 5\% X_1 + 12\% X_1 + 0.5\% X_1 + 0.1\% X_1 + 20.6\% X_1 = 38.2\% X_1$。

(2) 采取联营方式应承担的税负计算如下。

房产税：房产税依照房产原值一次减除10%～30%的余值计税，税率为1.2%。若减除比例为30%，则房产税为：$K(1-30\%) \times 1.2\% = 0.84\% K$。

土地使用税：此税从量定额征收，各地标准不一，假设该房产使用面积为L平方米，地区单位税额为0.7元/平方米，应纳土地使用税 $= 0.7L$。

所得税：$(X_2 - 0.84\% K - 0.7L) \times 25\%$。

总体税负 Y_2 = 房产税+土地使用税+所得税 $= 0.84\% K + 0.7L + (X_2 - 0.84\% K - 0.7L) \times 25\% = 0.63\% K + 0.525L + 25\% X_2$。

(3) 设企业以房地产出租和联营所承担的税负相等，则：$Y_1 = Y_2$

$$38.2\% X_1 = 0.63\% K + 0.525L + 25\% X_2$$

$$X_2 = 1.528 X_1 - 2.52\% K - 2.1L$$

由于租金收入相对固定，而且在出租之前往往可以商议确定，而联营的收入则因影响因素多，不确定性要更大，所以可以用租金来预测联营收入。如果联营的收入 $X_2 > 1.528 X_1 - 2.52\% K - 2.1L$ 时，该项房产采取联营方式税负轻于采取租赁方式，从税收的角度考虑宜采用联营方式，反之，则采取租赁方式。

当然，企业利用房地产进行投资还涉及其他众多方面，因此必须考虑实际投资前景、投资环境、客户信用及风险等，综合考虑进行决策。

本项目技能训练

职业能力选择

一、单项选择题

1. 自2003年1月1日起，以不动产投资入股，参与接受投资方利润分配，共同承担投资风险的行为，不征收营业税。投资后转让其股权的收入（　　）。

A. 征收营业税　　B. 减半征收营业税

C. 也不征收营业税　　D. 应暂缓征收营业税

2. 下列关于金融保险业务的营业税计税依据的表述中，正确的是（　　）。

A. 金融中间业务的计税依据是佣金的全部收入

B. 一般贷款业务的计税依据为利差收入以及加息和罚息

C. 转让股票的计税依据为卖出股票的全部收入

D. 融资租赁的计税依据为向承租方收取的租金

3. 下列业务中，应当征收营业税而不征收增值税的是（　　）。

A. 典当销售金银　　B. 典当行销售典当物品

C. 邮政部门销售集邮商品　　D. 修理修配劳务

4. 下列各项中，在 2013 年 8 月不属于营业税征收范围的是（　　）。

A. 建筑业　　B. 修理修配业　　C. 娱乐业　　D. 销售不动产

5. 2014 年 9 月，甲建筑公司为乙公司建造厂房，约定由甲建筑公司包工包料。9 月月末厂房竣工验收并交付使用。经核算，该厂房共使用建筑及装饰材料 200 万元，甲建筑公司向乙公司收取包工费 120 万元。甲建筑公司 2014 年 9 月份应纳营业税的营业额为（　　）万元。

A. 120　　B. 200　　C. 320　　D. 220

6. 下列各项业务中，在 2013 年 8 月已经纳入“营改增”的是（　　）。

A. 公路运输　　B. 铁路运输　　C. 建筑业　　D. 邮电通信业

7. 2014 年 9 月，甲音乐茶座门票收入 2 万元，台位费、点歌费等收入 6 万元，茶水、烟酒、饮料收入 15 万元。已知当地娱乐业适用营业税税率为 20%。该音乐茶座 9 月份应缴纳的营业税税额为（　　）万元。

A. 3.4　　B. 3　　C. 4.6　　D. 4.2

8. 甲建筑公司与乙市签订安装工程合同一份，为其铺设通信线路，工程价款共计 500 万元，其中包含由乙市提供的光缆、电缆价值 100 万元，月末线路铺设完工，收回全部价款。则铺设通信线路工程应缴纳的营业税为（　　）。

A. 15 万元　　B. 12 万元　　C. 3 万元　　D. 20 万元

9. 甲乙两企业合作建房，甲提供土地使用权，乙提供资金。正确的是（　　）。

A. “合作经营”方式下，甲需要缴纳营业税

B. “以物易物”方式下，甲不需要缴纳营业税

C. “合作经营”方式下，甲不需要缴纳营业税

D. “以物易物”方式下，甲是否需要缴纳营业税，要看具体情况

10. 纳税人的年货物销售额与非增值税应税劳务营业额的合计数中，在年货物销售额（　　）的情况下缴纳营业税。

A. <50%　　B. =50%　　C. >50%　　D. ≥50%

11. 下列说法正确的是（　　）。

A. 汽车修理应缴纳营业税　　B. 房屋修缮应缴纳营业税

C. 服装缝补应缴纳营业税　　D. 机器修理应缴纳营业税

12. 甲企业将3年前自建的一幢办公楼转让，原值400万元，已提折旧200万元，转让价款600万元。此行为属于转让不动产，营业税的正确处理是（　　）。

A. 不缴纳营业税　　B. 应纳营业税20万元

C. 应纳营业税10万元　　D. 应纳营业税30万元

二、多项选择题

1. 在中国境内提供应税劳务转让无形资产和销售不动产中的“境内”是指（　　）。

A. 提供或接受应税劳务的单位或个人在境内

B. 所转让的无形资产（不含土地使用权）的接收单位或个人在境内

C. 所转让或出租土地使用权的土地在境内

D. 所销售或出租的不动产在境内

2. 下列各项中，应计入营业税计税依据的是（　　）。

A. 建筑工程所使用的建筑材料价款

B. 通信线路工程所使用的电缆、电线等设备价款

C. 修缮工程所耗用的原材料及其他物资和能源动力价款

D. 建筑工程耗用的由建设单位提供的设备价款

3. 下列各项中，一般情况下，应当缴纳营业税的有（　　）。

A. 销售房屋　　B. 转让土地使用权

C. 以房屋投资入股　　D. 以土地使用权投资入股

4. 以下项目中，目前使用5%税率征收营业税的有（　　）。

A. 游戏厅　　B. 销售不动产　　C. 土地受用权　　D. 提供建筑劳务

5. 营业税税务筹划的常用着眼点是（　　）。

A. 纳税人　　B. 营业额　　C. 税率　　D. 起征点

6. 下列经营活动中应征营业税的有（　　）。

A. 某木材厂包料为某单位装饰展厅　　B. 某装修公司包工包料为某单位装饰展厅

C. 某工厂自建　建筑物销售　　D. 某房地产开发公司自建一建筑物销售

7. 甲建筑公司在公司院内建造了一个食堂，计划用于内部使用，则该建筑公司（　　）。

A. 施工及自用期间不缴纳营业税

B. 施工结束后将食堂转让给其他单位的，按销售不动产缴纳营业税

C. 施工结束后将食堂转让给其他单位的，按销售不动产和建筑业缴纳两种营业税

D. 施工、自用及转让均不缴纳营业税

职业能力判断

1. 转让个人居住的普通住宅一律免征营业税。（　　）

2. 纳税人从事安装工程作业，凡所安装的设备价值作为工程产值，其营业额应包括设备的价款。（　　）

3. 营业税是在我国境内提供应税劳务、转让无形资产或销售不动产所取得的营业额为征税对象而征收的一种商品劳务税。（　　）

4. 个人将不动产无偿赠送他人的行为，视同转让不动产，应当缴纳营业税。（　　）

5. 提供建筑业劳务的同时，销售自产货物的行为应当征收营业税。 （　）

6. 建筑安装业务实行分包的，以总承包人为扣缴义务人。 （　）

7. 保险业实行分保险的，初保人也应按全部保费收入为营业额缴纳营业税，分保人不再缴纳营业税。 （　）

8. 自建行为是指纳税人自己建造房屋的行为，纳税人自建自用的房屋不纳营业税，如纳税人（包括个人自建自用住房销售）将自建房屋对外销售，其自建行为应先按建筑业缴纳营业税，再按销售不动产征收营业税。 （　）

9. 在营业税的税目中只有娱乐业是有幅度比例税率。 （　）

10. 销售不动产是指有偿转让不动产所有权的行为，单位将不动产无偿赠送他人，不属于销售不动产行为，因此，不缴纳营业税。 （　）

11. 保险业应按其收到的外汇的当天或当月的最后一天人民银行公布的基准汇价折合营业额。 （　）

项目实训

1. 甲乙双方拟合作建房，甲方提供土地使用权，乙方提供资金。约定房屋建好后双方均分。该房屋的价值共计 4 000 万元。请对其进行税务筹划。

2. 甲公司是一家提供建筑、餐饮、娱乐等多项服务的大型企业。该公司 2014 年 8 月收入如下：

（1）对外施工，取得建筑施工收入 1 000 万元；

（2）经营旅馆，取得客房收入 200 万元，餐饮收入 100 万元；

（3）经营歌舞厅，取得各种收入 100 万元。

要求：（1）不分别核算各兼营项目，计算该公司 2014 年 8 月份应纳营业税税额；

（2）分别核算各兼营项目，计算该公司 2014 年 8 月份应纳营业税税额；

（3）计算两种方法下应纳营业税税额的差额，并说明用哪种方法可以节税。

3. 甲房地产开发公司开发居民小区住宅，预计房款收入为 50 000 万元，同时需代收天然气初装费、有线电视初装费和小区公共设施维修基金等费用共计 10 000 万元。假设不考虑城建税和教育费附加。请对其进行税务筹划。

项目 6

企业所得税的税务筹划

知识目标：

（1）了解选择纳税人身份的税务筹划、加大税前扣除金额的税务筹划的基本方法；

（2）熟悉一般企业转化为小型微利企业的税务筹划、利用小型微利企业低税率政策的税务筹划、业务招待费的税务筹划、招聘残疾人员的税务筹划、企业捐赠的税务筹划的基本方法；

（3）掌握固定资产折旧年限选择的税务筹划、创造条件成为国家重点扶持的高新技术企业的税务筹划、技术转让所得的税务筹划的基本方法。

能力目标：

（1）能够在实际工作中熟练运用具体的税务筹划方法，对企业所得税进行税务筹划；

（2）能够在掌握本项目企业所得税税务筹划案例及方法的基础上，创造性地对企业所得税进行税务筹划。

任务 6.1　选择纳税人身份的税务筹划

任务案例

【例 6-1】 甲企业现有两种运营方式：一是依照外国法律成立但使其实际管理机构在中国境内；二是依照外国法律成立且使其实际管理机构不在中国境内，且在中国境内不设立机构、场所。假设两种方式下每年来源于中国境内的应纳税所得额均为 1 000 万元，且没有来源于中国境外的所得。请对其进行税务筹划。

任务准备

[税法依据]

缴纳企业所得税的企业分为居民企业和非居民企业。其中，居民企业是指依法在中国境内成立，或者依照外国法律成立但实际管理机构在中国境内的企业。非居民企业是指依照外国法律成立且实际管理机构不在中国境内，但在中国境内设立机构、场所的，或者在中国境内未设立机构、场所，但有来源于中国境内所得的企业。

居民企业应当就其来源于中国境内、境外的所得缴纳企业所得税。非居民企业在中国境内设立机构、场所的，应当就其所设机构、场所取得的来源于中国境内的所得，以及发生在中国境外但与其所设机构、场所有实际联系的所得，缴纳企业所得税。非居民企业在中国境内未设立机构、场所的，或者虽设立机构、场所但取得的所得与其所设机构、场所没有实际联系的，应当就其来源于中国境内的所得缴纳企业所得税，即预提所得税。

企业所得税基本税率为 25%，适用于居民企业和在中国境内设有机构、场所且所得与机构、场所有关联的非居民企业；低税率为 20%，适用于在中国境内未设立机构、场所的，或者虽设立机构、场所但取得的所得与其所设机构、场所没有实际联系的非居民企业（但实际征税时适用 10% 的税率）。

[筹划思路]

居民企业或非居民企业在不同的情况下适用企业所得税税率是不同的，企业可以通过选择不同的企业运营方式来适用低税率，从而降低企业所得税税负。

任务执行

方案一：依照外国法律成立但使其实际管理机构在中国境内，即成为居民纳税义务人的一种。

应纳企业所得税 = 1 000×25% = 250（万元）

方案二：依照外国法律成立且实际管理机构不在中国境内，且在中国境内不设立机构、场所，即成为非居民纳税义务人的一种。

应纳企业所得税 = 1 000×10% = 100（万元）

任务结论

方案二比方案一少缴纳企业所得税 150 万元（250 万−100 万），因此，应当选择方案二。

任务点评

依照外国法律成立且实际管理机构不在中国境内，且在中国境内不设立机构、场所，虽然会降低企业所得税税率，但必然会降低来源于中国境内的所得，企业应当权衡利弊，综合考虑，最终选择合适的运营方式。

任务 6.2　一般企业转化为小型微利企业的税务筹划[①]

任务案例

【例 6−2】甲商业企业共有两个相对独立的门市部，预计 2015 年年度应纳税所得额为 50 万元，假设没有纳税调整项目，即税前利润正好等于应纳税所得额。而这两个门市部税前利润以及相应的应纳税所得额都为 25 万元，从业人数 70 人，资产总额 900 万元。请对其

① 梁文涛. 新企业所得税法下的税务筹划［J］. 财会月刊：会计（中），2009（8）.

进行税务筹划。

任务准备

[税法依据]

企业所得税税率统一为25%，小型微利企业为20%。小型微利企业，是指从事国家非限制和禁止行业，并符合下列条件的企业：① 工业企业，年度应纳税所得额不超过30万元，从业人数不超过100人，资产总额不超过3 000万元；② 其他企业，年度应纳税所得额不超过30万元，从业人数不超过80人，资产总额不超过1 000万元。

[筹划思路]

企业可以根据自身经营规模和盈利水平的预测，将有限的盈利水平控制在限额以下，从而成为小型微利企业，以期适用较低的税率。另外，将大企业分立为小型微利企业，也可达到适用低税率的目的。

任务执行

方案一：维持原状。

应纳企业所得税 = 50×25% = 12.5（万元）

方案二：将甲商业企业按照门市部分立为两个独立的企业A和B。

A企业应纳企业所得税 = 25×20% = 5（万元）

B企业应纳企业所得税 = 25×20% = 5（万元）

企业集团应纳企业所得税总额 = 5+5 = 10（万元）

任务结论

方案二比方案一少缴纳企业所得税2.5万元（12.5万－10万），因此，应当选择方案二。

任务点评

甲商业企业按照门市部分立为两个独立的企业，必然要耗费一定的费用，也有可能会影响正常的经营，也不利于今后规模的扩大。因此，还需权衡利弊。

任务6.3 加大税前扣除金额的税务筹划[①]

任务案例

【例6-3】 甲企业预计2015年销售（营业）收入为12 000万元，预计广告费为600万元，业务宣传费为400万元，业务招待费为200万元，其他可税前扣除的支出为8 000万

① 梁文涛. 新企业所得税法下的纳税筹划［J］. 财会月刊：会计（中），2009（8）.

元。请对其进行税务筹划。

任务准备

[税法依据]

企业所得税法统一规定内外资企业的广告费和业务宣传费支出不超过当年销售（营业）收入15%的部分，可以据实扣除，超过比例的部分可结转到以后年度扣除。

企业发生的与生产经营活动有关的业务招待费，按照发生额的60%扣除，且扣除总额全年最高不得超过当年销售（营业）收入的5‰。

[筹划思路]

企业应将业务招待费的60%控制在当年销售（营业）收入的5‰之内，以充分使用业务招待费的限额，同时又可以减少纳税调整事项。在不影响经营的前提下，一般可以通过在调低业务招待费的同时，调高广告费和业务宣传费来进行。

任务执行

方案一：保持原状。

广告费和业务宣传费支出的扣除限额＝12 000×15%＝1 800（万元），广告费和业务宣传费支出的实际发生额＝600+400＝1 000（万元），可据实扣除。

业务招待费的扣除限额＝12 000×5‰＝60（万元）

业务招待费的60%＝200×60%＝120（万元），业务招待费发生额为200万元，需调增应纳税所得额140万元（200万−60万）。

应纳企业所得税＝(12 000−600−400−200+140−8 000)×25%＝735（万元）

税后净利润＝12 000−600−400−200−8 000−735＝2 065（万元）

方案二：在不影响经营的前提下，调减业务招待费至100万元，同时调增广告费至700万元。

广告费和业务宣传费支出的扣除限额＝12 000×15%＝1 800（万元），广告费和业务宣传费支出的实际发生额＝700+400＝1 100（万元），可据实扣除。

业务招待费的扣除限额＝12 000×5‰＝60（万元）

业务招待费的60%＝100×60%＝60（万元），需调增应纳税所得额40万元（100万−60万）。

应纳企业所得税＝(12 000−700−400−100+40−8 000)×25%＝710（万元）

税后净利润＝12 000−700−400−100−8 000−710＝2 090（万元）

任务结论

方案二比方案一少缴纳企业所得税25万元（735万−710万），多获取净利润25万元（2 090万−2 065万），因此，应当选择方案二。

任务点评

有些情况下，调减业务招待费的同时调增广告费，会影响经营业绩，这便限制了这种方法的运用。

任务 6.4 固定资产折旧年限选择的税务筹划

任务案例

【例 6-4】甲企业 2014 年 12 月购入价值为 300 万元（不含增值税价）的电子设备，残值率为 5%，估计可以使用 3 ～ 5 年，按税法规定，最低可以采用 3 年折旧，按照直线折旧法计提折旧。假设该企业处于盈利期间，从 2015 年起，5 年内每年年末扣除折旧前的利润为 1 000 万元，且没有企业所得税纳税调整项目。假设折现率为 10%，请对其进行税务筹划。

任务准备

[税法依据]

除国务院财政、税务主管部门另有规定外，固定资产计算折旧的最低年限如下：① 房屋、建筑物，为 20 年；② 飞机、火车、轮船、机器、机械和其他生产设备，为 10 年；③ 与生产经营活动有关的器具、工具、家具等，为 5 年；④ 飞机、火车、轮船以外的运输工具，为 4 年；⑤ 电子设备，为 3 年。

[筹划思路]

折旧作为非付现成本，具有抵减企业所得税的作用。也就是说，折旧年数越短，则年折旧额就越大，从而使得利润越低，应纳所得税额也就越小。因此在盈利期间，企业应尽量按照上述规定的最低年限对固定资产进行折旧；反之，在减免税期间，则应尽量采用较长的折旧年数对固定资产进行折旧。

任务执行

方案一：按 5 年计提折旧。

这 5 年每年折旧额 = 300×(1-5%)÷5 = 57（万元）

这 5 年每年应纳企业所得税 = (1 000-57)×25% = 235.75（万元）

这 5 年企业所得税支出折合到 2012 年年初的现值为：

$235.75\times(P/A,10\%,5)=235.75\times3.790\,8=893.68$（万元）

方案二：按 3 年计提折旧。

前 3 年每年折旧额 = 300×(1-5%)÷3 = 95（万元）

前 3 年每年应纳企业所得税 = (1 000-95)×25% = 226.25（万元）

后 2 年每年应纳企业所得税 = 1 000×25% = 250（万元）

这 5 年企业所得税支出折合到 2012 年年初的现值为：

$$226.25\times(P/A,10\%,3)+250\times[(P/A,10\%,5)-(P/A,10\%,3)]$$
$$=226.25\times2.486\,9+250\times(3.790\,8-2.486\,9)=852.64\text{（万元）}$$

任务结论

方案二比方案一企业所得税支出现值共少 41.04 万元（893.68 万-852.64 万），因此，应当选择方案二。

任务点评

由于未来盈利或亏损具有一定的不确定性，因此，限制了此类筹划方法的运用。

任务6.5 利用小型微利企业低税率政策的税务筹划[①]

任务案例

【例6-5】甲工业企业资产总额2 900万元，有职工80人。该企业在2014年12月前预计2014年全年将实现应纳税所得额为30.1万元。请对其进行税务筹划。

任务准备

［税法依据］

企业所得税法规定，企业所得税税率为25%，考虑到许多利润水平较低的小型企业的实际情况，对符合条件的小型微利企业，减按20%的税率征收企业所得税。小型微利企业，是指从事国家非限制和禁止行业，并符合下列条件的企业：① 工业企业，年度应纳税所得额不超过30万元，从业人数不超过100人，资产总额不超过3 000万元；② 其他企业，年度应纳税所得额不超过30万元，从业人数不超过80人，资产总额不超过1 000万元。

［筹划思路］

企业所得税税率的差异，为纳税人提供了充分的筹划空间，在纳税人可以预测到应纳税所得额刚好超过临界点30万元时，可以事先增加一些合理的费用支出，从而使得应纳税所得额不超过30万元，从而减轻纳税人的税收负担。

任务执行

方案一：不做任何调整。

2014年应纳企业所得税 = 30.1×25% = 7.525（万元）

方案二：在2014年12月31日前安排支付一笔0.2万元的费用。

2014年应纳税所得额 = 30.1−0.2 = 29.9（万元）

2014年应纳企业所得税 = 29.9×20% = 5.98（万元）

任务结论

方案二比方案一少缴纳企业所得税1.545万元（7.525万−5.98万），因此，应当选择方案二。

任务点评

现实中，应纳税所得额正好在30万元左右的情况毕竟是少数，但本案例提供的税务筹

① 梁文涛．企业所得税节税技巧［J］．注册税务师，2011（6）．

划思路值得借鉴。

任务6.6　业务招待费的税务筹划[①]

任务案例

【例6-6】预计2015年甲企业销售（营业）收入为10 000万元，请对业务招待费进行税务筹划。

任务准备

[税法依据]

企业发生的与生产经营活动有关的业务招待费支出，按照发生额的60%扣除，但最高不得超过当年销售（营业）收入的5‰。

[筹划思路]

假设企业年销售（营业）收入为X，年业务招待费为Y，当$Y×60\% =X×5‰$时，$Y=X×0.833\%$。具体来说有三种情况：一是若业务招待费正好是销售（营业）收入的0.833%时，企业才能充分利用上述政策；二是若业务招待费大于销售（营业）收入的0.833%时，企业要承受更高的税负；三是若业务招待费小于销售（营业）收入的0.833%时，与第二种情况相比企业不会增加更多的税负，与第一种情况相比企业未能充分利用上述政策，但企业若业务招待费支出本来很低，则这种情况为最佳。

根据上述公式，$Y=X×0.833\% =10\ 000×0.833\% =83.3$（万元），也就是说，业务招待费支出最佳状态是正好83.3万元，其次是低于83.3万元，若高于83.3万元则超过83.3万元的部分要承受更高的税负。具体验证如表6-1所示。

表6-1　五种方案下各种项目的比较　　万元

项目＼方案	方案一	方案二	方案三	方案四	方案五
业务招待费	50	83.3	100	200	300
业务招待费的60%	50×60% =30	83.3×60% =50	100×60% =60	200×60% =120	300×60% =180
销售收入的5‰	50	50	50	50	50
孰低	30	50	50	50	50
纳税调整增加额	50-30=20	83.3-50=33.3	100-50=50	200-50=150	300-50=250
企业所得税增加额	20×25% =5	33.3×25% =8.33	50×25% =12.5	150×25% =37.5	250×25% =62.5
企业所得税增加额/业务招待费	10%	10%	12.5%	18.75%	20.83%

① 梁文涛．对业务招待费税务筹划的思考［J］．财会通讯：综合（中），2010（6）．

任务执行

方案一：如果企业实际发生业务招待费 50 万元<83.3 万元，即小于销售（营业）收入的 0.833%。

则一方面，业务招待费的 60%（即 50×60%=30 万元）可以扣除；另一方面，扣除限额为销售（营业）收入的 5‰=10 000×5‰=50 万元，根据孰低原则，只能按照 30 万元税前扣除，纳税调整增加额=50-30=20 万元，计算缴纳企业所得税=20×25%=5 万元，即实际消费 50 万元则要付出的代价=50+5=55 万元，实际消费换算成 100 元则要付出 110 元的代价。

方案二：如果企业实际发生业务招待费 83.3 万元，即等于销售（营业）收入的 0.833%。

则一方面，业务招待费的 60%（即 83.3×60%=50 万元）可以扣除；另一方面，扣除限额为销售（营业）收入的 5‰=10 000×5‰=50 万元，正好等于业务招待费的 60%，则纳税调整增加额=83.3-50=33.3 万元，计算缴纳企业所得税=33.3×25%=8.33 万元，即实际消费 83.3 万元则要付出的代价=83.3+8.33=91.625 万元，实际消费换算成 100 元则要付出 110 元的代价。

方案三：如果企业实际发生业务招待费 100 万元>83.3 万元，即大于销售（营业）收入的 0.833%。

则一方面，业务招待费的 60%（即 100×60%=60 万元）可以扣除；另一方面，扣除限额为销售（营业）收入的 5‰=10 000×5‰=50 万元，根据孰低原则，只能按照 50 万元税前扣除，纳税调整增加额=100-50=50 万元，计算缴纳企业所得税=50×25%=12.5 万元，即实际消费 100 万元则要付出的代价=100+12.5=112.5 万元。

方案四：如果企业实际发生业务招待费 200 万元>83.3 万元，即大于销售（营业）收入的 0.833%。

则一方面，业务招待费的 60%（即 200×60%=120 万元）可以扣除；另一方面，扣除限额为销售（营业）收入的 5‰=10 000×5‰=50 万元，根据孰低原则，只能按照 50 万元税前扣除，纳税调整增加额=200-50=150 万元，计算缴纳企业所得税=150×25%=37.5 万元，即实际消费 200 万元则要付出的代价=200+37.5=237.5 万元，实际消费换算成 100 元则要付出 118.75 元的代价。

方案五：如果企业实际发生业务招待费 300 万元>83.3 万元，即大于销售（营业）收入的 0.833%。

则一方面，业务招待费的 60%（即 300×60%=180 万元）可以扣除；另一方面，扣除限额为销售（营业）收入的 5‰=10 000×5‰=50 万元，根据孰低原则，只能按照 50 万元税前扣除，纳税调整增加额=300-50=250 万元，计算缴纳企业所得税=250×25%=62.5 万元，即实际消费 300 万元则要付出的代价=300+62.5=362.5 万元，实际消费换算成 100 元则要付出 120.83 元的代价。

任务结论

当销售（营业）收入为 10 000 万元时，业务招待费支出最佳状态是正好 83.3 万元，其次是低于 83.3 万元，若高于 83.3 万元则超过 83.3 万元的部分要承受更高的税负。

任务点评

然而，有些时候，为了提高经营业绩，不得不使业务招待费支出高于 83.3 万元。企业应当在增加的业绩和降低的税负之间进行权衡，以作出合理的决策。

任务 6.7 创造条件成为国家重点扶持的高新技术企业的税务筹划

任务案例

【例 6-7】某企业成立于 2009 年，2015 年该企业具备成为国家需要重点扶持的高新技术企业的其他 5 个条件，只是第 3 个条件未满足，即具有大学专科以上学历的科技人员有 40 人，占企业当年职工总数（100 人）的 30% 以上，其中研发人员 9 人，占企业当年职工总数不足 10%。本企业 2015 年预计应纳税额为 600 万元。请对其进行税务筹划。

任务准备

[税法依据]

国家需要重点扶持的高新技术企业的认定须同时满足以下条件。（一）在中国境内（不含港、澳、台地区）注册的企业，近三年内通过自主研发、受让、受赠、并购等方式，或通过 5 年以上的独占许可方式，对其主要产品（服务）的核心技术拥有自主知识产权。（二）产品（服务）属于《国家重点支持的高新技术领域》规定的范围（包括电子信息技术、生物与新医药技术、航空航天技术、新材料技术、高技术服务业、新能源及节能技术、资源与环境技术、高新技术改造传统产业 8 大领域）。（三）具有大学专科以上学历的科技人员占企业当年职工总数的 30% 以上，其中研发人员占企业当年职工总数的 10% 以上。（四）企业为获得科学技术（不包括人文、社会科学）新知识，创造性运用科学技术新知识，或实质性改进技术、产品（服务）而持续进行了研究开发活动，且近三个会计年度的研究开发费用总额占销售收入总额的比例符合如下要求：（1）最近一年销售收入小于 5 000 万元的企业，比例不低于 6%；（2）最近一年销售收入在 5 000 万元至 20 000 万元的企业，比例不低于 4%；（3）最近一年销售收入在 20 000 万元以上的企业，比例不低于 3%，其中，企业在中国境内发生的研究开发费用总额占全部研究开发费用总额的比例不低于 60%。企业注册成立时间不足三年的，按实际经营年限计算。（五）高新技术产品（服务）收入占企业当年总收入的 60% 以上。（六）企业研究开发组织管理水平、科技成果转化能力、自主知识产权数量、销售与总资产成长性等指标符合《高新技术企业认定管理工作指引》（另行制定）的要求。

[筹划思路]

国家需要重点扶持的高新技术企业需同时满足 6 个条件。当企业满足其中某几个条件时，可以通过努力使自身满足全部条件，以便成为国家需要重点扶持的高新技术企业，从而获取税收上的优惠。

任务执行

方案一：保持企业原状，不能成为国家需要重点扶持的高新技术企业。

则　　　　　　　　应纳企业所得税 = 600×25% = 150（万元）

方案二：创造条件成为国家需要重点扶持的高新技术企业。通过分析发现该企业仅仅不满足研发人员比例条件。这样企业可以通过招聘再增加 2 名研发人员，从而符合研发人员占企业当年职工总数的 10% 以上的条件。由此可申请成为国家需要重点扶持的高新技术企业。

则　　　　　　　　应纳企业所得税 = 600×15% = 90（万元）

任务结论

方案二比方案一少缴纳企业所得税 60 万元（150 万−90 万），因此，应当选择方案二。

任务点评

创造条件满足税收优惠政策的要求，是企业税务筹划的一个重要方法，不仅没有纳税风险，而且通过享受税收优惠政策，会给企业带来节税收益。

任务 6.8　技术转让所得的税务筹划

任务案例

【例 6-8】 甲企业 2014 年 12 月 15 日以 1 600 万元的价款转让某技术，其技术转让成本和相关税费为 600 万元，则技术转让所得为 1 000 万元（1 600 万−600 万），请对其进行税务筹划。

任务准备

[税法依据]

一个纳税年度内，居民企业技术转让所得不超过 500 万元的部分，免征企业所得税；超过 500 万元的部分，减半征收企业所得税。其中，技术转让所得 = 技术转让收入−技术转让成本−相关税费。

以分期收款方式销售货物按照合同约定的收款日期确认收入的实现。

[筹划思路]

对于预计当年度技术转让所得超过 500 万元的情况，我们可以采取递延技术转让所得的方式。具体操作方法如下：通过采用分期收款方式，将超过 500 万元的这部分所得分摊到以后年度，从而可以完全享受免征企业所得税的优惠。

任务执行

方案一：2014 年 12 月 15 日签订直接收款的技术转让合同。

2014 年纳税所得额 = 1 600 − 600 − 500 = 500（万元）

2014 年应纳企业所得税 = 500×25%×0.5 = 62.5（万元）

方案二：签订分期收款合同，合同约定 2014 年 12 月 15 日收取 800 万元，2015 年 1 月 15 日再收取 800 万元，则 600 万元的技术转让成本与相关税费也相应地在两个年度均分。

则 2014 年应纳税所得额 = 800 − 300 − 500 = 0（万元）

2014 年应纳企业所得税 = 0（万元）

2015 年应纳税所得额 = 800 − 300 − 500 = 0（万元）

2015 年应纳企业所得税 = 0（万元）

任务结论

方案二比方案一少缴纳企业所得税 62.5 万元，因此，应当选择方案二。

任务点评

分期确认转让技术收入的好处在于将技术转让所得分摊在不同的年度，在各年度分别充分享受税收优惠政策，避免一个年度享受不完的情况产生。

任务 6.9 招聘残疾人员的税务筹划

任务案例

【例 6-9】某企业因生产规模的扩大，需招聘 20 名新员工，新增加的 20 名员工每年需要支付 30 万元工资，2015 年该企业预计实现未扣除工资前的应纳税所得额为 200 万元。请对其进行税务筹划。

任务准备

[税法依据]

企业在安置残疾人员及国家鼓励安置的其他就业人员时所支付的工资，可以在计算应纳税所得额时加计 100% 扣除。

[筹划思路]

企业应当充分利用支付残疾人员工资税前加计扣除的优惠政策，降低企业所得税税负。

任务执行

方案一：招聘 20 名身体健全作为新员工。

企业应纳企业所得税 = (200 − 30)×25% = 42.5（万元）

方案二：在不影响企业正常生产经营的情况下，招聘 20 名残疾人员作为新员工。

$$企业应纳企业所得税=(200-30\times2)\times25\%=35\text{（万元）}$$

任务结论

方案二比方案一少缴纳企业所得税 7.5 万元（42.5 万-35 万），因此，应当选择方案二。

任务点评

企业可在不影响企业正常生产经营的前提下，招聘部分残疾人员，这样，一方面，可以关爱社会弱势群体；另一方面，可以加大企业所得税税前扣除金额，进而降低企业所得税税负。

任务 6.10　企业捐赠的税务筹划[①]

任务案例

【例 6-10】甲企业 2015 年度计划向灾区捐赠 400 万元，2015 年预计全年实现会计利润总额为 2 000 万元（已扣除上述捐赠 400 万元），假设除此以外无其他纳税调整项目。请对其进行税务筹划。

任务准备

[税法依据]

纳税人直接向受赠人的捐赠不允许在计算应纳税所得额时扣除。

企业发生的公益性捐赠支出，在年度利润总额 12% 以内的部分，准予在计算应纳税所得额时扣除。年度利润总额是企业依照国家统一会计制度的规定计算的年度会计利润。其中，公益性捐赠，是指企业通过公益性社会团体或者县级以上人民政府及其部门，用于《中华人民共和国公益事业捐赠法》规定的公益事业的捐赠。

[筹划思路]

因此企业在选择捐赠方式时，应当首先选择公益性捐赠；其次选择直接向受赠人进行捐赠。

任务执行

方案一：直接向受赠人进行捐赠。

则捐赠不允许在计算应纳税所得额时扣除：

$$应纳企业所得税=(2\,000+400)\times25\%=600\text{（万元）}$$

方案二：通过公益性社会团体进行捐赠。

---

① 梁文涛. 企业向灾区捐赠的税务筹划［J］. 财会月刊：会计（上），2009（7）.

则捐赠支出在年度利润总额12%以内的部分，准予在计算应纳税所得额时扣除：

捐赠支出的扣除限额=2 000×12%=240（万元）

应纳企业所得税=(2 000+400-240)×25%=540（万元）

任务结论

方案二比方案一少缴纳企业所得税60万元（600万-540万），因此，应当选择方案二。

任务点评

有些时候，通过公益性社会团体进行捐赠，容易出现捐赠对象错位、捐赠不及时，甚至捐赠资金被挪用的情况，因此影响了捐赠效果。

本项目关键词

纳税人身份　税率　小型微利企业　税前扣除项目　固定资产折旧年限　业务招待费　广告费　技术转让所得　企业捐赠

本项目思考题

1. 如何利用降低适用税率法对企业所得税进行税务筹划？
2. 广告费、业务宣传费、业务招待费过多地超支，应如何进行税务筹划？
3. 如何利用小型微利企业低税率进行税务筹划？
4. 怎样创造条件成为国家重点扶持的高新技术企业？
5. 简述选择固定资产折旧年限的税务筹划思路。
6. 如何运用加大税前扣除金额进行税务筹划？

推荐网站

1. http：//www. ctax. org. cn　（中国税务网）
2. http：//www. chinatax. gov. cn　（国家税务总局）

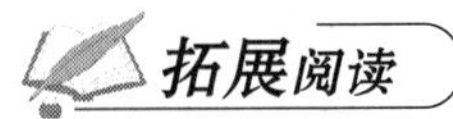

拓展阅读

利息资本化好还是费用化好？[①]

一、案例基本情况

深圳某工业企业，2007年使用了一笔10 000万元银行流动资金贷款建设厂房。企业财务部门为尽快发挥利息的抵税作用，在贷款时拟申请流动资金贷款，并拟将全部贷款利息费用化。以加大当年费用这一做法是否正确？税务上是否有利？

① 李明俊，李柳田．企业领导者如何“税”得香［M］．北京：企业管理出版社，2010：142-143.

二、税务筹划思路

考虑到2008年中国所得税制大改革，深圳特区的税率分5年，由15%上调到25%，所以，我们建议在资金用途上改为项目贷款，并适当推迟厂房竣工结算的时间，目的是希望将贷款利息资本化。

三、筹划方案分析

根据《国务院关于实施企业所得税过渡优惠政策的通知》，自2008年1月1日起，原享受低税率优惠政策的企业，在新税法施行后5年内逐步过渡到法定税率。其中享受企业所得税15%税率的企业，2008年按18%税率执行，2009年按20%税率执行，2010年按22%税率执行，2011年按24%税率执行，2012年按25%税率执行；原执行24%税率的企业，2008年起按25%税率执行。

如将利息全部费用化，利息抵税适用的是低税率15%，如将利息资本化，利息以资产折旧的形式在以后几年的时间抵扣，则适用过渡性税率。假设以上银行贷款年利率6%，一年利息600万元。如果银行利息全部费用化，2007年可以抵企业所得税金额：600×15%＝90万元；如果银行利息资本化，一共可以抵企业所得税金额（残值按0，折旧期按20年计算）：30×18%＋30×20%＋30×22%＋30×24%＋30×25%×16＝145.2（万元）。资本化比费用化多抵税金额：145.2－90＝55.2（万元），当然，这中间还应考虑时间价值。

四、法律依据

（1）《中华人民共和国企业所得税法》；

（2）《中华人民共和国企业所得税法实施条例》；

（3）《国务院关于实施企业所得税过渡优惠政策的通知》。

本项目技能训练

职业能力选择

一、单项选择题

1. 下列各项收入中，需计入应纳税所得额计算缴纳企业所得税的有（　　）。

A. 国债利息收入

B. 存款利息收入

C. 财政拨款

D. 符合条件的居民企业之间的股息、红利等权益性收益

2. 2015年A集团公司总部实现商品销售收入6 000万元，股权转让收入800万元，债务重组收益200万元，发生的收入相配比的成本费用总额6 500万元，其中业务招待费支出80万元。假定不存在其他纳税调整事项，2015年度该企业应缴纳企业所得税（　　）万元。

A. 543　　B. 201.4　　C. 506.5　　D. 136.5

3. A商场位于县城（增值税一般纳税人），2015年10月1—7日期间进行优惠活动，将一部分进货价为200元/件（取得了增值税专用发票）、原价450元/件（商品折扣价款与销售价款开具在同一张发票）的服装，以9折折扣销售，该商场暂不涉及其他业务，该商场销售一件商品应缴纳企业所得税（　　）元。（以上价格均为不含税价格，企业所得税税率

为25%，增值税税率为17%）

A. 34.85　　B. 2.788　　C. 3.417　　D. 50.553

4. 企业取得的（　　）利息收入免征企业所得税。

A. 国债　　B. 国家重点建设债券

C. 金融债券　　D. 外国政府债券

5. 不能达到节税目的租金支出的税务筹划是（　　）。

A. 使租金支出费用最大化

B. 合理分配跨期间费用

C. 取得合法凭证

D. 在支出水平相等的情况下，以融资租赁方式承租

6. 下列不属于企业所得税纳税人的是（　　）。

A. 国有企业　　B. 外商投资企业　　C. 私营企业　　D. 个人独资企业

7. 依据《企业所得税法》的有关规定，非居民企业向我国境内企业单独转让邮电、通信等软件，或者随同销售邮电、通信等软件，转让这些设备使用的软件所取得的软件使用费，实际征收时可按（　　）。

A. 25%的税率征收所得税　　B. 20%的税率征收所得税

C. 15%的税率征收所得税　　D. 10%的税率征收所得税

8. 下列项目收入中，不需要计入应纳税所得额的有（　　）。

A. 企业债券利息收入　　B. 居民企业之间股息收益

C. 非货币性交易收入　　D. 接受捐赠的实物资产价值

9. 下列税金在计算企业应纳税所得额时，不得从收入总额中扣除的是（　　）。

A. 土地增值税　　B. 消费税　　C. 增值税　　D. 营业税

10. 甲制药厂2015年销售收入3 000万元，转让技术使用权收入200万元，广告费支出600万元，业务宣传费40万元，则计算应纳税所得额时调整所得（　　）。

A. 调增应纳税所得额160万元　　B. 调增应纳税所得额190万元

C. 调减应纳税所得额160万元　　D. 调减应纳税所得额190万元

11. 甲企业2015年度利润总额为40万元，未调整捐赠前的所得额为50万元。当年“营业外支出”账户中列支了通过当地教育部门向农村义务教育的捐赠6万元。该企业2015年应缴纳的企业所得税为（　　）。

A. 12.5万元　　B. 12.8万元　　C. 13.45万元　　D. 16.25万元

二、多项选择题

1. 下列各项中，不得计算折旧或摊销在企业所得税税前扣除的有（　　）。

A. 外购商标权　　B. 自创商誉

C. 单独估价作为固定资产入账的土地　　D. 盘盈的固定资产

2. 根据企业所得税相关规定，固定资产大修理支出需同时符合的条件有（　　）。

A. 修理后固定资产被用于新的或不同的用途

B. 修理后固定资产的使用年限延长1年以上

C. 修理后固定资产的使用年限延长2年以上

D. 修理支出达到取得固定资产时计税基础的50%以上

3. 下列各项中，在计算企业所得税时，允许在应纳税所得额中据实扣除的有（　　）。

A. 企业依照国务院有关主管部门规定为职工缴纳的基本保险

B. 合理的工资、薪金支出

C. 公益性捐赠支出

D. 企业的广告费和业务宣传费

4. 根据《企业所得税法》的规定，下列各项中，不属于企业所得税纳税人的是（　　）。

A. 股份有限公司　　B. 合伙企业　　C. 联营企业　　D. 个人独资企业

5. 根据企业所得税法的规定，下列项目中，属于不征税收入的有（　　）。

A. 财政拨款

B. 国债利息收入

C. 金融债券利息收入

D. 依法收取并纳入财政管理的行政事业性收费、政府性基金

6. 根据企业所得税法的规定，在计算企业所得税应纳税所得额时，可以计入存货成本后税前扣除的税金包括（　　）。

A. 消费税　　B. 关税

C. 资源税　　D. 不能从销项税额中抵扣的增值税进项税额

7. 企业下列项目的所得免征企业所得税（　　）。

A. 坚果的种植　　B. 农产品初加工　　C. 林木的培育　　D. 花卉的种植

8. 下列固定资产不得计算折旧扣除（　　）。

A. 企业购置的尚未投入使用的设备

B. 以融资租赁方式租入的固定资产

C. 已足额提取折旧仍继续使用的固定资产

D. 以经营租赁方式租入的固定资产

9. 企业所得税法所说的关联企业，是指与企业有特殊经济关系的公司、企业和其他经济组织。特殊经济关系包括（　　）。

A. 在资金方面存在直接或间接的拥有或者控制

B. 在经营方面存在直接或间接的拥有或者控制

C. 在购销方面存在直接或间接的拥有或者控制

D. 直接或间接地同为第三者所拥有或者控制

职业能力判断

1. 特许权使用费收入以实际取得收入的日期确认收入的实现。（　　）

2. 居民企业和中国境内设有机构、场所且所得与机构、场所有关联的非居民企业适用税率为25%。（　　）

3. 自行开发的支出已在计算应纳税所得额时扣除的无形资产，不得计算摊销费用扣除。（　　）

4. 国家重点扶持的高新技术企业减按15%税率征收企业所得税。（　　）

5. 企业所得税按年计征，分月或者分季预缴，年终汇算清缴，多退少补。自年度终了

之日起4个月内，向税务机关报送年度企业所得税纳税申报表，并汇算清缴，结清应缴应退税款。（ ）

6. 小型微利企业减按20%的所得税税率征收企业所得税。（ ）

7. 企业发生的公益性捐赠支出，在年度应纳税所得额12%以内的部分，准予在计算应纳税所得额时扣除。（ ）

8. 企业与其关联方之间的业务往来，不符合独立交易原则而减少企业或者其关联方应纳税收入或者所得额的，税务机关有权按照合理方法调整。（ ）

9. 企业所得税法规定，企业实际发生的工资支出均可在所得税前扣除。（ ）

10. 在计算企业所得税时，企业以买一赠一等方式组合销售本企业商品的，不属于捐赠，应将总的销售金额按各项商品的公允价值的比例来分摊确认各项的销售收入。（ ）

11. 按照企业所得税法规定，超支的广告费、业务宣传费、职工教育经费可结转下年继续，在以后年度扣除。（ ）

项目实训

1. 甲企业2015年的会计利润预计为100万元（扣除捐赠后的利润额），计划通过公益性组织捐赠8万元，直接向受赠单位捐赠4万元。不考虑其他纳税调整因素，计算该企业当年应缴纳的企业所得税。请对其进行税务筹划。

2. 甲企业2015年度的计划销售额为2 000万元。请根据企业所得税中对业务招待费的规定，计算当年允许税前扣除的业务招待费的最高限额所对应的业务招待费发生额。

3. 甲企业计划2015年度的业务招待费支出为150万元，业务宣传费支出为120万元，广告费支出为480万元。该企业2015年度的预计销售额8 000万元。请对其进行税务筹划。

4. 甲公司欲在外地设立乙公司，预计2015年乙公司亏损100万元，甲企业自身盈利200万元。假设没有纳税调整项目。请问乙公司应当选择作为甲公司的子公司还是分公司？

5. 甲商业企业资产总额900万元，有职工70人。该企业预计2015年全年实现应纳税所得额为30.2万元。请对其进行税务筹划。

项目 7

个人所得税的税务筹划

知识目标：

（1）了解选择纳税人身份的税务筹划、稿酬所得的税务筹划、偶然所得临界点的税务筹划的基本方法；

（2）熟悉费用转移的税务筹划、财产租赁所得中选择装修时机的税务筹划、个人捐赠的税务筹划的基本方法；

（3）掌握工资平均发放的税务筹划、选择成立个人独资企业或合伙企业，规避企业所得税的税务筹划、跨月安排劳务报酬所得的税务筹划、不同类型所得相互转换的税务筹划的基本方法。

能力目标：

（1）能够在实际工作中熟练运用具体的税务筹划方法，对个人所得税进行税务筹划；

（2）能够在掌握本项目个人所得税税务筹划案例及方法的基础上，创造性地对个人所得税进行税务筹划。

任务 7.1　选择纳税人身份的税务筹划

任务案例

【例 7-1】 汤姆、杰克、史密斯三位先生均为美国公民，且共同就职于美国某公司。因工作原因，汤姆和杰克于 2013 年 12 月 10 日被美国总公司派往中国的分公司工作。紧接着，2014 年 2 月 5 日，史密斯也被派往中国工作。2014 年度，因工作需要，三人均回国述职一段时间。汤姆于 2014 年 6 月至 7 月回国 2 个月，杰克和史密斯于 2014 年 8 月回国 27 天。2014 年 12 月 31 日，发放年终工资、薪金。汤姆取得中国分公司支付的工资、薪金 20 万元，美国总公司支付的工资、薪金 2 万美元；杰克和史密斯均取得中国分公司支付的 22 万元和美国总公司支付的 2 万美元。请对其进行税务筹划。

任务准备

[税法依据]

居民纳税义务人负有无限纳税义务。其所取得的应纳税所得，无论是来源于中国境内还是中国境外任何地方，都要在中国缴纳个人所得税。根据《个人所得税法》规定，居民纳税义务人是指在中国境内有住所，或者无住所而在中国境内居住满一年的个人。所谓在境内居住满一年，是指在一个纳税年度（即1月1日起至12月31日止）内，在中国境内居住满365日。在计算居住天数时，对临时离境应视同在华居住，不扣减其在华居住的天数。这里所说的临时离境，是指在一个纳税年度内，一次不超过30日或者多次累计不超过90日的离境。非居民纳税义务人，是指不符合居民纳税义务人判断标准（条件）的纳税义务人，非居民纳税义务人承担有限责任纳税义务，即仅就其来源于中国境内的所得，向中国缴纳个人所得税。根据《个人所得税法》规定，非居民纳税义务人是“在中国境内无住所又不居住或者无住所而在境内居住不满1年的个人”。

[筹划思路]

外籍个人到我国工作时，应充分利用我国所规定居民纳税义务人的条件，避免成为我国的居民纳税义务人，从而减轻个人所得税税负。

任务执行

方案一：按上述时间段确定工作停留时间。

汤姆2014年度一次性出境两个月，明显超过30天的标准，故为非居民纳税义务人。

史密斯于2014年2月5日才来中国，在一个纳税年度内（1月1日至12月31日）居住未满1年，因而也是非居民纳税义务人。

杰克在2014纳税年度1月1日至12月31日期间，除临时离境27天外，其余时间全在中国，居住满一年，因而属于居民纳税义务人。

因此，汤姆和史密斯仅就中国分公司支付的所得纳税，而杰克对来源于两国公司的全部所得均要纳税。

方案二：假设杰克在回国述职时，多停留3天以上。

则杰克达到一次离境超过30天的条件，成为非居民纳税义务人，可以仅就其来源于中国分公司的所得缴纳个人所得税。

任务结论

方案二与方案一相比，杰克在中国可以不用缴纳来源于美国公司工资、薪金所得的个人所得税，因此，应当选择方案二。

任务点评

通过增加临时离境的天数，尽量满足成为非居民纳税义务人的条件，是避免成为居民纳税义务人税务筹划的重点。

任务7.2 工资平均发放的税务筹划①

任务案例

【例7-2】甲公司采取按每月的绩效与薪酬挂钩的方式为其员工发放工资。该公司员工李某2014年度全年每月工资如下（单位：元）：6 000、3 500、4 500、1 500、2 000、2 500、3 000、3 500、3 000、500、4 000、8 000。请对其进行税务筹划。

任务准备

[税法依据]

2011年6月30日第十一届全国人民代表大会常务委员会第二十一次会议决定对《中华人民共和国个人所得税法》作如下修改：第三条第一项修改为工资、薪金所得，适用超额累进税率，税率为3%至45%（税率表见表7-1）；第六条第一款第一项修改为工资、薪金所得，以每月收入额减除费用3 500元后的余额，为应纳税所得额。

表7-1 2011年9月1日起个人所得税税率及速算扣除数

级数	含税级距	税率/%	速算扣除数
1	不超过1 500元的	3	0
2	超过1 500元至4 500元的部分	10	105
3	超过4 500元至9 000元的部分	20	555
4	超过9 000元至35 000元的部分	25	1 005
5	超过35 000元至55 000元的部分	30	2 755
6	超过55 000元至80 000元的部分	35	5 505
7	超过80 000元的部分	45	13 505

[筹划思路]

工资、薪金收入适用七级超额累进税率，如果纳税人的每月工资、薪金不均衡，某些月份薪酬非常高，就要适用较高的税率，而另外的月份薪酬很低，适用的税率也较低，甚至没有超过免征额，不用缴税。在这种情况下，纳税人的实际税负将会超过其应该承担的税负。若纳税人每月工资变化幅度较大，若采用平均发放工资的方式，一般情况下都可少缴个人所得税。这样既降低了个人所得税税负，又没有税务筹划风险。

任务执行

方案一：按上述方式发放薪酬。

① 梁文涛．新税法下工资薪金个人所得税的税务筹划［J］．财会月刊：会计，2011（10上）．

2014 年度应纳个人所得税税额＝[(6 000－3 500)×10%－105]＋0＋[(4 500－3 500)×3%]＋0＋0＋0＋0＋0＋0＋0＋[(4 000－3 500)×3%]＋[(8 000－3 500)×10%－105]
＝535（元）

方案二：先按年估计总工资额，然后按月平均发放，最后一个月多退少补。

则每月发放工资＝(6 000＋3 500＋4 500＋1 500＋2 000＋2 500＋3 000＋3 500＋3 000＋500＋4 000＋8 000)÷12＝3 500（元）

由于每月发放工资未超过免征额 3 500 元，因此，2014 年度应纳个人所得税税额＝0（元）。

任务结论

方案二比方案一少缴纳个人所得税 535 元（535－0），因此，应当选择方案二。

任务点评

纳税人每月工资变化幅度较大，若采用平均发放的方式，一般情况下都可少缴个人所得税。既降低了税负，又没有税务筹划风险。

任务 7.3 选择成立个人独资企业或合伙企业，规避企业所得税的税务筹划①

任务案例

【例 7–3】孙某等 4 人准备于 2015 年欲成立一家皮鞋商场，每年利润总额为 1 000 000 元，且无纳税调整项目。请对其进行税务筹划。

任务准备

[税法依据]

具有法人资格的企业（股份有限公司、有限责任公司）需要缴纳 25% 的企业所得税，个人股东从股份有限公司和有限责任公司取得的税后利润需要缴纳个人所得税。不具有法人资格的企业（个人独资企业、合伙企业）不需缴纳企业所得税，投资者就其从个人独资企业和合伙企业中取得的利润按照“个体工商户生产经营所得”缴纳个人所得税。

新《中华人民共和国个人所得税法》对个体工商户的生产、经营所得部分作如下修改：第三条第二项修改为：“个体工商户的生产、经营所得和对企事业单位的承包经营、承租经营所得，适用百分之五至百分之三十五的超额累进税率。”税率表见表 7–2。

---

① 梁文涛，任娟娟．新《个人所得税法》的税收筹划［J］．注册税务师，2011（10）．

表 7-2 个体工商户的生产、经营所得和对企事业单位的承包经营、承租经营所得项目税率表

级　数	全月应纳税所得额	税率/%	速算扣除数
1	不超过 15 000 元的	5	0
2	超过 15 000 元至 30 000 元的部分	10	750
3	超过 30 000 元至 60 000 元的部分	20	9 750
4	超过 60 000 元至 100 000 元的部分	30	14 750
5	超过 100 000 元的部分	35	19 750

[筹划思路]

企业可以在不影响正常生产经营的情况下，选择成立个人独资企业或合伙企业而非成立股份有限公司、有限责任公司，以规避企业所得税，降低整体税负。

任务执行

方案一：选择成立有限责任公司且税后利润全部分配给股东。

则既缴纳企业所得税，又缴纳个人所得税，则：

有限责任公司应缴纳企业所得税＝1 000 000×25%＝250 000（元）

4 位股东应缴纳个人所得税总额＝[（1 000 000−250 000）÷4]×20%×4＝150 000（元）

应纳税额合计＝250 000+150 000＝400 000（元）

4 位股东的税后收益＝1 000 000−250 000−150 000＝600 000（元）

方案二：选择成立合伙企业。

则只需缴纳个人所得税：

4 位股东应缴纳个人所得税总额＝[（1 000 000÷4）×35%−14 750]×4＝291 000（元），

应纳税额合计＝291 000（元）

4 位股东的税后收益＝1 000 000−291 000＝709 000（元）

任务结论

方案二比方案一 4 位股东少缴税共计 109 000 元（400 000−291 000），多获取税后收益共计 109 000 元（709 000−600 000），因此，应当选择方案二。

任务点评

应当注意的是，成立合伙企业不利于企业融资及扩大规模来做大做强，且合伙企业责任一般为无限责任，经营风险较大。投资者应当权衡利弊，选择合适的组织形式。

任务7.4 跨月安排劳务报酬所得的税务筹划[①]

任务案例

【例7-4】张某为国内知名税务筹划专家，2015年应邀到某上市公司进行税务筹划培训。双方约定：2015年5月份和6月份共培训4次，但每月至少培训一次，每次取得报酬20 000元，该报酬当月即可取得。请对其进行税务筹划。

任务准备

[税法依据]

劳务报酬所得一次收入畸高，是指个人一次取得劳务报酬，其应纳税所得额超过2万元。对前款应纳税所得额超过2万元至5万元的部分，依照税法规定计算应纳税额后再按照应纳税额加征五成；超过5万元的部分，加征十成。

劳务报酬所得，属于一次性收入的，以取得该项收入为一次；属于同一项目连续性收入的，以一个月内取得的收入为一次。（劳务报酬所得个人所得税税率表见表7-3）

[筹划思路]

由于劳务报酬所得适用20%的超额累进税率，但对一次性收入畸高时，实行加成征收，即相当于适用20%、30%、40%的超额累进税率，因此合理降低每次收入额便有可能降低个人所得税税负。而由于属于同一事项连续取得收入的，以一个月取得的收入为一次，因此纳税人可以通过跨月安排提供劳务的时间，合理合法地将应税收入在不同月份进行分摊，从而降低每次收入额，进而减轻了个人所得税税负。

表7-3 劳务报酬所得个人所得税税率表

级数	含税级距	税率/%	速算扣除数
1	不超过20 000元的	20	0
2	超过20 000元至50 000元的部分	30	2 000
3	超过50 000元的部分	40	7 000

任务执行

方案一：2015年5月份培训一次，6月份培训3次。

5月份应纳个人所得税=20 000×(1-20%)×20%=3 200（元）

6月份应纳个人所得税=20 000×3×(1-20%)×30%-2 000=12 400（元）

纳税合计额=3 200+12 400=15 600（元）

---

① 梁文涛，任娟娟．新《个人所得税法》的税收筹划［J］．注册税务师，2011（10）．

方案二：2015 年 5 月份培训 2 次，6 月份培训 2 次。

5 月份应纳个人所得税 = 20 000×2×(1−20%)×30% −2 000 = 7 600（元）

6 月份应纳个人所得税 = 20 000×2×(1−20%)×30% −2 000 = 7 600（元）

纳税合计额 = 7 600+7 600 = 15 200（元）

方案三：张某与该上市公司进一步协商，2015 年 5、6、7、8 月份每月各培训一次，共计 4 次。

5 月份应纳个人所得税 = 20 000×(1−20%)×20% = 3 200（元）

6 月份应纳个人所得税 = 20 000×(1−20%)×20% = 3 200（元）

7 月份应纳个人所得税 = 20 000×(1−20%)×20% = 3 200（元）

8 月份应纳个人所得税 = 20 000×(1−20%)×20% = 3 200（元）

纳税合计额 = 3 200+3 200+3 200+3 200 = 12 800（元）

任务结论

方案三比方案一少缴纳个人所得税 2 800 元（15 600−12 800），方案三比方案二少缴纳个人所得税 2 400 元（15 200−12 800）。因此，应当选择方案三。

任务点评

方案三中张某分 4 个月培训的要求未必能够得到该上市公司的同意，若得不到该上市公司的同意，则应选择方案二。

任务 7.5　费用转移的税务筹划

任务案例

【例 7−5】 北京的税务筹划专家张某受聘到深圳讲课，为期 7 天，深圳一方支付报酬 70 000 元，但有关交通费、食宿费等由张某自理，张某共开支 10 000 元。请对其进行税务筹划。

任务准备

[税法依据]

劳务报酬所得应纳税所得额应按以下方式确定：实行定额或定率扣除，即每次收入 <4 000 元的，定额扣 800 元；每次收入 >4 000 元的，定率扣 20%。劳务报酬所得税率的确定：比例税率 20%；对一次取得的劳务报酬所得的应纳税所得额 20 000 元以上的部分要加成征收，即 20 000 元至 50 000 元的部分，税率为 30%；50 000 元以上的部分，税率为 40%。

[筹划思路]

纳税人在提供劳务时，一般情况下，接受劳务的单位只是定额地支付劳务报酬，纳税人的交通费、食宿费自己承担。但是，纳税人也可以和接受劳务单位进行协商，由对方提供食宿和交通费，然后通过适当降低劳务报酬的方法对接受劳务单位进行补偿。这样做，接受劳务单位没有损失，纳税人的实际收入也没有减少，但由于劳务报酬（名义收入）降低了，于是可以少缴个人所得税。

任务执行

方案一：交通费、食宿费等由张某自理。

张某应纳个人所得税=70 000×(1-20%)×40%-7 000=15 400（元）

张某净收入=70 000-10 000-15 400=44 600（元）

方案二：交通费、食宿费由深圳一方承担，相应减少劳务报酬至60 000元。

张某应纳个人所得税=60 000×(1-20%)×30%-2 000=12 400（元）

张某净收入=60 000-12 400=47 600（元）

任务结论

方案二比方案一少缴纳个人所得税3 000元（15 400-12 400），多获取净收入3 000元（47 600-44 600），因此，应当选择方案二。

任务点评

通过将费用由单位承担而降低报酬，从而降低了计税依据，进而降低了个人所得税税负，是较好的节税思路。

任务7.6　稿酬所得的税务筹划

任务案例

【例7-6】张某为我国税务筹划实操专家，现准备出版一本关于税务筹划的著作，此著作由5个部分组成，预计稿酬所得15 000元。请对其进行税务筹划。

任务准备

[税法依据]

个人以图书、报刊方式出版、发表同一作品，不论出版单位是预付还是分笔支付稿酬，或者加印该作品再付稿酬，均应合并稿酬所得，按一次计征个人所得税；但对于不同的作品，则分开计征个人所得税。

[筹划思路]

如果一本书可以分成几个部分，以系列丛书的形式出版，则该作品将被认定为几个单独的作品，分开计征个人所得税，在有些情况下，有可能降低稿酬的个人所得税税负。

任务执行

方案一：张某以一本书的形式出版。

应纳个人所得税额=15 000×(1−20%)×20%×(1−30%)=1 680（元）

方案二：在可行的情况下，张某按照此书的 5 个部分分别出版 5 本系列丛书。

每本稿酬=15 000÷5=3 000（元）

每本应纳个人所得税额−(3 000−800)×20%×(1−30%)=308（元）

5 本共应纳个人所得税额=308×5=1 540（元）

任务结论

方案二比方案一少缴纳个人所得税 140 元（1 680−1 540），因此，应当选择方案二。

任务点评

将原书分解成一套系列著作的前提是该种发行方式不会对发行量有太大的影响，甚至能够增加发行量。如果该种分解发行方式导致著作的销量或者学术价值大受影响，则这种方式将得不偿失。同时，该种发行方式应保证分解后每本书的稿酬均小于 4 000 元，使得实际扣除标准大于 20%。

任务 7.7 不同类型所得相互转换的税务筹划①

任务案例

【例 7−7】 王某 2014 年欲到甲企业打工，约定年收入为 42 000 元（按月平均发放），王某可选择与甲企业签署劳务合同或雇佣合同。请对其进行税务筹划（假设无论确定何种用工关系，对企业和个人的其他方面不产生影响）。

任务准备

[税法依据]

工资、薪金所得适用的是 3%～45% 的七级超额累进税率；劳务报酬所得适用的是 20% 的比例税率，对一次收入畸高的，实行加成征收。

[筹划思路]

由于费用扣除金额、税率、计算方式都不同，因此相同数额的收入，是按工资、薪金还是所得征税，还是按劳务报酬所得征税，其应纳税额是不一样的。而工资、薪金收入与劳务报酬收入都是劳动所得，两者最大的区别在于提供劳动的个人是否与接受其劳动的单位或个人签订了存在雇佣关系的劳动合同。这就给纳税人带来了很大的筹划空间。

任务执行

方案一：签署劳务合同，确立劳务关系。

① 梁文涛，彭新媛．新税制下工资个人所得税的变化及节税技巧［J］．企业管理，2011（10）．

则按劳务报酬计算缴纳个人所得税：

王某每月应纳个人所得税＝(42 000÷12－800)×20%＝540（元）

王某全年应纳个人所得税总额＝540×12＝6 480（元）

方案二：签署雇佣合同，确立雇佣关系。

则按工资、薪金计算缴纳个人所得税：

王某每月收入＝42 000÷12＝3 500（元）

由于未超过免征额 3 500 元，因此不需缴纳个人所得税。

任务结论

方案二比方案一少缴纳个人所得税 6 480 元（6 480－0），因此，应当选择方案二。

任务点评

签署雇佣合同，原则上须由单位为员工缴纳社会保险，而签署劳务合同不涉及五险一金问题，可通过缴纳商业保险来代替。

任务 7.8 财产租赁所得中选择装修时机的税务筹划①

任务案例

【例 7-8】 张某在市区有一套闲置的住房，2013 年 12 月份张某打算于 2014 年 1 月将此房屋租给他人，租期为 36 个月。张某的房屋出租收入为每月 10 000 元。由于该房子年久失修，已经有多处漏水，需要进行修理，预计花费 24 000 元，工期为 5 天左右。请对其进行税务筹划。

任务准备

[税法依据]

劳务报酬所得、稿酬所得、特许权使用费所得、财产租赁所得，每次收入不超过 4 000 元的，减除费用 800 元；4 000 元以上的，减除 20% 的费用，其余额为应纳税所得额。

财产租赁所得，以一个月内取得的收入为一次。

在确定财产租赁所得的应纳税所得额时，纳税人在出租财产过程中缴纳的税金和教育费附加，可持完税（缴款）凭证，从其财产租赁收入中扣除。对于被出租财产实际开支的修缮费用，如纳税人能够提供有效、准确凭证，证明确实由该纳税人实际负担的，在计征个人所得税时，准予从财产租赁收入中扣除。允许扣除的修缮费用以每次 800 元为限，一次扣除不完的，准予在下一次继续扣除，直到扣完为止。

---

① 梁文涛，任娟娟．新《个人所得税法》的税收筹划［J］．注册税务师，2011（10）．

自 2008 年 3 月 1 日起，对个人出租住房取得的所得减按 10% 的税率征收个人所得税；对个人出租、承租住房签订的租赁合同，免征印花税；对个人出租住房，不区分用途，在 3% 税率的基础上减半征收营业税，按 4% 的税率征收房产税，免征城镇土地使用税；对企事业单位、社会团体以及其他组织按市场价格向个人出租用于居住的住房，减按 4% 的税率征收房产税。

[筹划思路]

纳税人出租闲置的房屋，如将房屋修缮工作安排在签订租赁合同的当月或以后，则修缮费用与该出租房屋直接相关，可持有效凭证从当月财产租赁所得中进行扣除，从而降低了应纳税所得额，进而减轻了个人所得税税负。

任务执行

方案一：张某 2013 年 12 月份维修房屋后，于 2014 年 1 月份对外出租。

应纳个人所得税 = [10 000−10 000×4% −10 000×3% ÷2×(1+7% +3%)]×10% ×36
= 33 966（元）

张某净收入 = 10 000×36−24 000−33 966 = 302 034（元）

方案二：张某于 2014 年 1 月份即对外出租的当月对房屋进行维修。

张某前 30 个月每月可以扣除修缮费用 800 元。

前 30 个月应纳个人所得税 = [10 000−10 000×4% −10 000×3% ÷2×(1+7% +3%)−800]×10% ×30 = 25 905（元）

最后 6 个月应纳个人所得税 = [10 000−10 000×4% −10 000×3% ÷2×(1+7% +3%)]×10% ×6 = 5 661（元）

纳税合计额 = 25 905+5 661 = 31 566（元）

张某净收入 = 10 000×36−24 000−31 566 = 304 434（元）

任务结论

方案二比方案一少缴纳个人所得税 2 400 元（33 966−31 566），多获取净收入 2 400 元（304 434−302 034），因此，应当选择方案二。

任务点评

应当注意的是，选择在出租房屋后进行维修，需得到承租方的同意，或给予承租方一定的补偿。

任务 7.9　偶然所得临界点的税务筹划

任务案例

【例 7−9】发行体育彩票和社会福利有奖募捐的单位在设立奖项时，有两种方案：一是只设置一等奖，每个 11 000 元，共 5 个；二是设置一等奖，每个 10 000 元，共 5 个，二等奖每个 1 000 元，共 5 个。请对其进行税务筹划。

任务准备

[税法依据]

偶然所得是个人得奖、中奖、中彩以及其他偶然性质的所得，对偶然所得统一按照20%的比例税率缴纳个人所得税。对个人购买福利彩票、赈灾彩票、体育彩票，一次中奖收入在1万元以下的（含1万元）暂免征收个人所得税；超过1万元的，全额征收个人所得税。

[筹划思路]

发行体育彩票和社会福利有奖募捐的单位在设立奖项时，应当考虑税收政策的规定，尽量避免刚刚超过1万元的情况出现。

任务执行

方案一：只设置一等奖每个11 000元，共5个。

应纳个人所得税共计=11 000×20%×5=11 000（元）

税后收入=11 000×5-11 000=44 000（元）

方案二：设置一等奖每个10 000元，共5个，二等奖每个1 000元，共5个。

不缴纳个人所得税。

税后收入=10 000×5+1 000×5=55 000（元）

任务结论

方案二比方案一少缴纳个人所得税11 000元（11 000-0），多获取税后收入11 000元（11 000-0），因此，应当选择方案二。

任务点评

只有当奖金超出10 000元达到一定数额时，获奖者才不会感到“吃亏”。下面通过设立方程式求解均衡点。

设奖金为X，则有：$X(1-20\%)\geqslant 10\ 000$

解得　$X\geqslant 12\ 500$（元）

也就是说，区间（10 000，12 500）是非有效区，如果奖金设在这个区间，税后收入反而会低于10 000元。因此，发行体育彩票和社会福利有奖募捐的单位在设立奖项时，应当考虑税收政策的规定，要么小于或等于10 000元，要么超过12 500元。

任务7.10　个人捐赠的税务筹划[①]

任务案例

【例7-10】李某是某市公务员，每月工资薪金收入5 000元。2015年1月份，李某准备

① 梁文涛．个人捐赠税务筹划探讨［J］．财会通讯：综合（中），2010（8）．

捐赠 1 200 元给灾区。请对其进行税务筹划。

任务准备

[税法依据]

个人不通过公益性社会团体和国家有关部门，而是直接向受灾对象的捐赠，捐赠额不能在个人所得税前扣除。

个人将其所得通过中国境内的社会团体、国家机关向教育和其他社会公益事业以及遭受严重自然灾害地区、贫困地区的捐赠，捐赠额未超过纳税人申报的应纳税所得额 30% 的部分，可以从其应纳税所得额中扣除。超出 30% 的部分则不计算在内，扣除时按 30% 计算。

[筹划思路]

个人应当首先选择通过非营利性的社会团体和政府部门进行公益性捐赠，其次选择直接向受灾对象的捐赠。

任务执行

方案一：直接捐赠 1 200 元给灾区。

由于直接捐赠不得税前扣除，因此李某 1 月份应纳个人所得税 =(5 000-3 500)×3% = 45（元）。

方案二：通过国家机关捐赠 1 200 元给灾区。

由于允许在个人所得税税前扣除的捐赠限额 =(5 000-3 500)×30% = 450（元）。李某实际捐赠额（1 200 元）大于捐赠限额（450 元），只能按捐赠限额税前扣除。

因此李某 1 月份应纳个人所得税 =(5 000-3 500-450)×3% = 31.5（元）。

任务结论

方案二比方案一少缴纳个人所得税 13.5 元（45-31.5），因此，应当选择方案二。

任务点评

有些时候，通过红十字会、公益性社会团体进行捐赠，容易出现捐赠对象错位、捐赠不及时，甚至捐赠资金被挪用的情况，可能会影响捐赠效果。

本项目关键词

纳税人身份　平均发放工资　跨月安排劳务报酬　费用转移稿酬所得　偶然所得临界点　个人捐赠

本项目思考题

1. 如何通过选择纳税人身份进行税务筹划？
2. 什么情况下应当选择平均发放工资来进行税务筹划？
3. 如何跨月安排劳务所得？

4. 费用转移法在劳务报酬所得的税务筹划中是怎样运用的？
5. 如何利用工资、薪金所得与劳务报酬所得之间的转换进行税务筹划？
6. 简述财产租赁所得中选择装修时机的税务筹划思路。
7. 发行彩票和社会福利有奖募捐的单位在设立奖项金额时，应当考虑什么问题？

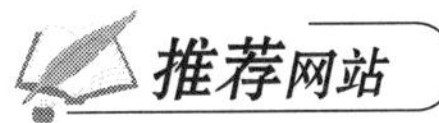

1. http://www.suntax.com.cn （中国阳光财税网）
2. http://www.cctax.org.cn （中国财税管理咨询网）

新税制下工资个人所得税的变化及节税技巧[①]

2011年6月30日第11届全国人民代表大会常务委员会第21次会议决定对《中华人民共和国个人所得税法》作出修改，如何应对新变化来降低工资薪金个人所得税税负？

一、新政策下工资薪金个人所得税的变化

2011年6月30日第11届全国人民代表大会常务委员会第21次会议决定对《中华人民共和国个人所得税法》作如下修改：工资薪金所得，适用税率从2011年9月1日起由9级超额累进税率变为7级超额累进税率，税率由5%～45%变为3%～45%（见表1）；免征额从2011年9月1日起由每月2 000元变为3 500元。

表1 新旧政策下工资薪金个人所得税税率及速算扣除数一览表

9月1日以后工资薪金个人所得税税率及速算扣除数				9月1日以前工资薪金个人所得税税率及速算扣除数			
级数	含税级距	税率/%	速算扣除数	级数	含税级距	税率/%	速算扣除数
1	不超过1 500元的	3	0	1	不超过500元的	5	0
2	超过1 500元至4 500元的部分	10	105	2	超过500元至2 000元的部分	10	25
3	超过4 500元至9 000元的部分	20	555	3	超过2 000元至5 000元的部分	15	125
4	超过9 000元至35 000元的部分	25	1 005	4	超过5 000元至20 000元的部分	20	375
5	超过35 000元至55 000元的部分	30	2 755	5	超过20 000元至40 000元的部分	25	1 375
6	超过55 000元至80 000元的部分	35	5 505	6	超过40 000元至60 000元的部分	30	3 375
7	超过80 000元的部分	45	13 505	7	超过60 000元至80 000元的部分	35	6 375
				8	超过80 000元至100 000元的部分	40	10 375
				9	超过100 000元的部分	45	15 375

二、新旧政策下不同工资薪金收入之间税负的比较

1. 工资在2 000元/月以下的人群

原政策下，由于免征额为2 000元，因此，不缴纳个人所得税；新政策下，由于免征额

① 梁文涛，彭新媛．新税制下工资个人所得税的变化及节税技巧［J］．企业管理，2011（10）．

为 3 500 元，因此，也不缴纳个人所得税。

2. 工资在 2 000 ～ 3 500 元/月的人群

若某人月工资为 3 500 元/月，原政策下，需要缴纳个人所得税 =（3 500－2 000）×10%－25＝125（元）。新政策下，不需要缴纳个人所得税。

3. 工资在 3 500 ～ 38 600 元/月的人群

若某人月工资为 5 000 元/月，原政策下，需要缴纳个人所得税 =（5 000－2 000）×15%－125＝325（元）。新政策下需要缴纳个人所得税 =（5 000－3 500）×3% ＝45（元）。新政策比原政策少缴纳个人所得税 280 元（325－45）。

若某人月工资为 10 000 元/月，原政策下，需要缴纳个人所得税 =（10 000－2 000）×20%－375＝1 225（元）。新政策下需要缴纳个人所得税 =（10 000－3 500）×20%－555＝745（元）。

新政策比原政策少缴纳个人所得税 480 元（1 225－745）。

若某人月工资为 38 600 元/月，原政策下，需要缴纳个人所得税 =（38 600－2 000）×25%－1 375＝7 775（元）。新政策下需要缴纳个人所得税 =（38 600－3 500）×30%－2 755＝7 775（元）。新政策与原政策缴纳的个人所得税相等。

4. 工资在 38 600 元/月以上的人群

若某人月工资为 50 000 元/月，原政策下需要缴纳个人所得税 =（50 000－2 000）×30%－3 375＝11 025（元）。新政策下需要缴纳个人所得税 =（50 000－3 500）×30%－2 755＝11 195（元）。新政策比原政策多缴纳个人所得税 170 元（11 195－11 025）。

通过比较发现，月工资薪金 38 600 元是新旧政策下工资薪金个人所得税的临界点。月工资薪金在 38 600 元以下的，在新政策下会少缴税；月工资薪金在 38 600 元以上的，在新政策下会多缴税。

三、新政策下工资薪金个人所得税的节税技巧

1. 均衡发放工资的税务筹划

相关依据：从 2011 年 9 月 1 日起，工资薪金所得，适用 7 级超额累进税率，税率为 3% ～ 45%，以每月收入额减除 3 500 元后的余额，为应纳税所得额。

筹划思路：工资薪金收入适用 7 级超额累进税率，如果纳税人每月的工资薪金发放不均衡，有些月份的工资薪金较高，则适用较高的税率；而有些月份的工资薪金较低，则适用的税率也较低，甚至有可能没有超过免征额 3 500 元，不用缴纳个人所得税。因此，对于纳税人每月工资变化幅度较大的情况，若采用均衡发放工资的方式，则往往可降低个人所得税税负。

案例分析：某企业 2012 年 1 月发放给李某工资 2 000 元，2012 年 2 月份发放给李某工资 5 000 元。请对此进行税务筹划。

方案一：1 月发放 2 000 元，2 月发放 5 000 元，2 个月共发放 7 000 元。

应纳个人所得税＝0+（5 000－3 500）×3% ＝45（元）

方案二：1 月发放 3 500 元，2 月发放 3 500 元，2 个月共发放 7 000 元。

由于两个月均未超过免征额 3 500 元，因此不用缴纳个人所得税。

由此可见，方案二比方案一共节税 45 元，因此，应当选择方案二。若企业有 1 000 名类似的员工，则可平均节税 45 000 元。

2. 工资与劳务报酬转换的税务筹划

相关依据：工资薪金所得适用的是3%～45%的七级超额累进税率，按每月收入扣除3 500元作为应纳税所得额；劳务报酬所得适用的是20%的比例税率，对一次收入畸高的，实行加成征收，若每次收入额不超过4 000元，则按扣除800元后的余额作为应纳税所得额；若每次收入额超过4 000元，则按其收入额扣除20%作为应纳税所得额。

筹划思路：由于免征额、税率、计算方式都不同，因此相同数额的收入，是按工资薪金征税，还是按劳务报酬征税，其应纳个人所得税是不一样的。而工资薪金所得与劳务报酬所得，最大的区别在于劳动者是否与用人单位签订了体现雇佣关系的劳动合同，这就为纳税人选择工资薪金还是劳务报酬计税提供了机会。

案例分析：孙某2012年欲到某企业打工，约定年收入为48 000元（按月平均发放），孙某可选择与该企业签订劳务合同或劳动合同。假设无论确定何种用工关系，对企业和个人的其他方面不产生影响，请对其进行税务筹划。

方案一：双方签署劳务合同，确立劳务关系。

则按劳务报酬计算缴纳个人所得税：

孙某每月应纳个人所得税=[(48 000÷12)-800]×20%=640（元）

孙某全年应纳个人所得税总额=640×12=7 680（元）

方案二：双方签订劳动合同，确立雇佣关系。

则按工资薪金计算缴纳个人所得税：

孙某每月收入=48 000÷12=4 000（元）

孙某每月应纳个人所得税税额=(4 000-3 500)×3%=15（元）

孙某全年应纳个人所得税总额=15×12=180（元）

由此可见，方案二比方案一少缴税7 500元（7 680-180），因此，应当选择方案二。

本项目技能训练

职业能力选择

一、单项选择题

1. 作家A和B共同出版了一本书，一次取得稿酬10 000元，A分得了7 000元稿酬，B分得3 000元稿酬；写作期间发生复印、资料费计2 000元，A、B分别负担1 600元和400元，作家A和B共纳个人所得税（　　）元。

A. 1 092　　B. 678　　C. 1 000　　D. 3 000

2. 扣缴义务人所扣个人所得税税款缴入国库的期限是（　　）。

A. 次月1—5日内　　B. 次月1—10日内

C. 次月1—15日内　　D. 次月1—7日内

3. 2015年1月，李某出版小说一本取得稿酬100 000元，从中拿出30 000元通过国家机关捐赠给受灾地区。李某10月份应缴纳个人所得税（　　）。

A. 8 560元　　B. 10 000元　　C. 7 000元　　D. 7 840元

4. 张某2015年2月份取得稿酬20 000元，讲课费3 000元，已知稿酬所得适用个人所得税税率为20%，并按应纳税额减征30%，劳务报酬所得适用个人所得税税率为20%，则张某应纳个人所得税额为（　　）元。

A. 2 680　　B. 2 980　　C. 3 640　　D. 4 600

5. 年所得在12万元以上的纳税人，在年度终了后（　　）个月内到主管税务机关办理纳税申报。

A. 2　　B. 3　　C. 4　　D. 5

6. 按稿酬所得计算应纳个人所得税时可享受应纳税额减征（　　）的税收优惠政策。

A. 20%　　B. 24%　　C. 27%　　D. 30%

7. 薪酬设计指纳税人在税法及相关法律允许的范围内，通过对（　　）的统筹策划，达到降低个人所得税和相关公司所得税税负的经济行为。

A. 战略管理和财务管理　　B. 人力资源管理和财务管理

C. 绩效管理和财务管理　　D. 激励管理和财务管理

8. 下列项目中，不构成工资薪金所得的项目是（　　）。

A. 加班费　　B. 特殊工种补助　　C. 独生子女补贴　　D. 奖金

9. 根据个人所得税的规定，下列（　　）一次收入畸高的，可以实行加成征收。

A. 稿酬所得　　B. 利息、股息、红利所得

C. 劳务报酬所得　　D. 偶然所得

二、多项选择题

1. 下列个人所得中，在计算应纳税所得额时，按定额与定率相结合的方法扣除费用的有（　　）。

A. 劳务报酬所得　　B. 特许权使用费所得

C. 企事业单位的承包、承租经营所得　　D. 稿酬所得

2. 下列个人收入，按照“特许权使用费所得”项目缴纳个人所得税的有（　　）。

A. 作家的小说出版而取得的收入

B. 作家公开拍卖自己的文字作品手稿复印件的收入

C. 个人转让商标权使用权取得的收入

D. 个人因从事彩票代销业务取得的所得

3. 下列应税项目中，按每一纳税年度的收入总额来确定应纳税所得额的是（　　）。

A. 财产转让所得　　B. 承包承租经营所得

C. 个体工商户的生产经营所得　　D. 财产租赁所得

4. 下列项目中，属于劳务报酬所得的是（　　）。

A. 个人艺术品展卖取得的报酬

B. 提供著作的版权而取得的报酬

C. 将国外的作品翻译出版取得的报酬

D. 专家学者受出版社委托进行审稿取得的报酬

5. 下列各项中，以取得的收入为应纳税所得额直接计征个人所得税的有（　　）。

A. 红利所得　　B. 偶然所得　　C. 股息所得　　D. 特许权使用费所得

6. 根据个人所得税法律制度的规定，下列各项中，不属于工资、薪金所得项目的是（　　）。

A. 劳动分红

B. 托儿补助费

C. 独生子女补贴

D. 执行公务员工资制度未纳入基本工资总额的补贴、津贴差额和家属成员的副食补贴

7. 五级超额累进税率不适用于（　　）。

A. 个体生产经营所得　　B. 工资、薪金所得

C. 劳务报酬所得　　D. 财产租赁所得

8. 工资支出的节税途径有（　　）。

A. 提高职工生活水平，减少名义工资收入

B. 在限额内允许提取的职工福利费一定要全部提取

C. 将员工年终奖金变为员工红利

D. 每月均匀发放工资

9. 某退休职工 2014 年 10 月份取得的下列所得，不需缴纳个人所得税的有（　　）。

A. 退休工资 20 000 元　　B. 股票红利 900 元

C. 咨询费 800 元　　D. 私营企业顾问费 1 000 元

10. 下列个人所得中，在计算个人所得税时，不得减除费用的是（　　）。

A. 劳务报酬所得　　B. 偶然所得

C. 工资薪金所得　　D. 利息、股息、红利所得

职业能力判断

1. 对个人按市场价格出租居民住房适用个人所得税税率为 10%。（　　）

2. 个人审稿取得的收入按稿酬所得计税。（　　）

3. 特许权使用费所得和劳务报酬所得都是采用定额和定率扣除费用的办法。（　　）

4. 属于同一事项连续取得收入的，以每天取得的收入为一次。（　　）

5. 对个人购买福利彩票、赈灾彩票和体育彩票，一次中奖收入在 1 万元以下（含 1 万元）的暂免征收个人所得税；超过 1 万元的，按差额征收个人所得税。（　　）

6. 个人独资企业和个人合伙企业投资者也为个人所得税的纳税义务人。（　　）

7. 自 2008 年 10 月 9 日起，对储蓄存款利息所得暂免征收个人所得税。（　　）

8. 个人将其所得通过中国境内非营利的社会团体、国家机关向教育、公益事业和遭受严重自然灾害地区、贫困地区的捐赠，捐赠额不超过应纳税所得额的 30% 的部分，可以从其应纳税所得额中扣除。（　　）

9. 个人购买国债和国家发行的金融债券所取得的利息，免征个人所得税；企业购买国债和国家发行的金融债券所取得的利息，也免征企业所得税。（　　）

10. 个人转让自用达 5 年以上，并且是唯一的家庭生活用房取得的所得，暂免征收个人所得税。（　　）

11. 个人所得税法对不同项目所得，规定了不同的税率形式，其中对工资、薪金所得和个体工商户的生产经营所得采取了超额累进税率，对其他所得项目则一律采取比例税率。（　　）

项目实训

1. 张教授经常应邀给全国各地的企业讲授税务筹划。2015 年 2 月，广州的一家公司和深圳的另一家公司同时邀请张教授前往讲课，讲课时间均为 5 天，但由于时间相互冲突，张

教授只能选择其一。广州的公司提出给张教授支付讲课报酬为5万元，交通、食宿费用自理；深圳的公司只支付给张教授4.5万元，但是负责支付张教授的交通、食宿费用，总计5 000元。张教授粗略计算一下，若去广州讲课，自己安排交通、食宿，很容易节省，总计大约4 500元，所以去广州讲课似乎比去深圳合适。请你帮张教授计算一下，到底去哪家公司讲课更合适？

2. 演员刘某与演出经纪公司签订一项合同，由该经纪公司安排刘某分别在3月5日、3月15日和3月25日参加三场不相关联的晚会演出，每场演出刘某可取得劳务费25 000元，共计75 000元。分别按以下情况计算刘某应纳个人所得税，并从中选择一种最佳的纳税方式：（1）合并为一次纳税；（2）分为三次纳税。

3. 王某和李某于2015年2月分别因购买体育彩票而中奖，王某获得奖金11 000元，李某获得奖金10 000元，试问两者谁获益多？

4. 甲公司采取将每月的绩效与薪酬挂钩的方式为其员工发放工资。假定该公司员工刘某2014年每月工资如下（单位：元）：4 000、4 500、3 000、2 000、3 000、2 000、4 000、4 000、2 500、1 000、4 000、7 000。请对其进行税务筹划。

5. 张某2014年为甲公司提供经纪服务，若与甲公司签订的是劳务合同，则张某预计每月可取得佣金20 000元；若与甲公司签订的是雇佣合同，则张某预计每月可取得工资薪金也为20 000元。请对其进行税务筹划。

项目 8

其他税种的税务筹划

知识目标：

（1）了解城市维护建设税的税务筹划、城镇土地使用税的税务筹划、车船税的税务筹划、车辆购置税的税务筹划的基本方法；

（2）熟悉关税的税务筹划、资源税的税务筹划、契税的税务筹划的基本方法；

（3）掌握土地增值税的税务筹划、房产税的税务筹划、印花税的税务筹划的基本方法。

能力目标：

（1）能够在实际工作中熟练运用具体的税务筹划方法，对城市维护建设税、城镇土地使用税、车船税、车辆购置税、关税、资源税、契税、土地增值税、房产税、印花税进行税务筹划；

（2）能够在掌握本项目城市维护建设税、城镇土地使用税、车船税、车辆购置税、关税、资源税、契税、土地增值税、房产税、印花税税务筹划案例及方法的基础上，创造性地对城市维护建设税、城镇土地使用税、车船税、车辆购置税、关税、资源税、契税、土地增值税、房产税、印花税进行税务筹划。

任务 8.1　关税的税务筹划

8.1.1　进口货物完税价格的税务筹划①

任务案例

【例 8-1】甲企业欲从境外引进钢结构产品自动生产线，可选择从英国或美国进口。若从美国进口，境外成交价格（FOB）1 700 万元。该生产线运抵我国输入地点起卸前的运费和保险费 100 万元，另支付由买方负担的经纪费 10 万元，买方负担的包装材料和包装劳务费 50 万元，与生产线有关的境外开发设计费用 50 万元。若从英国进口，境外成交价格（FOB）1 600 万元。该生产线运抵我国输入地点起卸前的运费和保险费 120 万元，另支付由买方负担的经纪费 10 万元，买方负担的包装材料和包装劳务费 30 万元，与生产线有关的境

---

①　梁文涛. 关税的税务筹划探讨［J］. 财政监督：财会版，2009（11）.

外开发设计费用100万元。关税税率均为30%，请对其进行税务筹划。

任务准备

[税法依据]

进口货物的完税价格由海关以货物的成交价格为基础审查确定，并应当包括该货物运抵中华人民共和国境内输入地点起卸前的运输及其相关费用、保险费。成交价格是指买方为购买该货物，并按有关规定调整后的实付或应付价格。下列费用，如能与该货物实付或者应付价格区分，不得计入完税价格：① 厂房、机械、设备等货物进口后的基建、安装、装配、维修和技术服务的费用；② 货物运抵境内输入地点之后的运输费用；③ 进口关税及其他国内税；④ 为在境内复制进口货物而支付的费用；⑤ 境内外技术培训与境外考察费用。

[筹划思路]

关税纳税人进口货物时，应当选择同类货物中成交价格比较低或运输、保险费等相对低的货物，以降低完税价格，从而降低进口关税。

任务执行

方案一：若从美国进口。

关税完税价格＝1 700+100+10+50+50＝1 910（万元）

应纳关税＝1 910×30%＝573（万元）

应纳增值税＝(1 910+573)×17%＝422.11（万元）

方案二：若从英国进口。

关税完税价格＝1 600+120+10+30+100＝1 860（万元）

应纳关税＝1 860×30%＝558（万元）

应纳增值税＝(1 860+558)×17%＝411.06（万元）

任务结论

方案二比方案一少缴纳关税15万元（573万－558万），少缴纳增值税11.05万元（422.11万－411.06万），因此，应当选择方案二。

任务点评

进口货物时，不能仅仅考虑关税税负，还应考虑货物质量、售后服务等多种因素，以便作出合理的进口方案。

8.1.2 稀缺商品估定完税价格的税务筹划[①]

任务案例

【例8-2】日本A企业刚刚开发了一种最新高新技术产品，尚未形成确定的市场价格，

① 梁文涛. 关税的税务筹划探讨［J］. 财政监督：财会版，2009（11）.

但我国甲企业预计其未来的市场价格将远远高于目前市场上的类似产品价格，预计未来的市场价格将达到100万元。最终，甲企业以80万元的价格与日本A企业成交，而其类似产品的市场价格仅为50万元。假设关税税率为30%，请对其进行税务筹划。

任务准备

［税法依据］

进口货物的价格不符合成交价格条件或者成交价格不能确定的，由海关估定。海关一般按以下次序对完税价格进行估定：相同货物成交价格估价方法、类似货物成交价格估价方法、倒扣价格估价方法、计算价格估价方法及其他合理估价方法。

［筹划思路］

对于一般进口货物，国内、国外市场均有参考价格，其税务筹划的空间不大，但对于稀缺商品，如高新技术、特种资源、新产品等，由于这些产品没有确定的市场价格，而其预期的市场价格一般要远远高于市场类似产品的价格，也就为进口完税价格的申报留下了较大的税务筹划空间，企业可以用市场类似产品的价格来进行申报，从而通过降低完税价格来降低关税。

任务执行

方案一：甲企业以80万元作为关税完税价格申报。

$$应纳关税=80\times30\%=24（万元）$$

方案二：甲企业以50万元作为关税完税价格申报。

由于类似产品的市场价格仅为50万元，海关工作人员一般会认为50万元为合理的完税价格，于是便征税放行。

$$应纳关税=50\times30\%=15（万元）$$

任务结论

方案二比方案一少缴纳关税9万元（24万-15万），因此，应当选择方案二。

任务点评

本方案属于典型的避税筹划方案，企业最好不要用，以规避未来被税务机关进行纳税调整或处罚的危险。

8.1.3　选择进口零部件或产成品的税务筹划①

任务案例

【例8-3】德国汽车生产企业A在中国设立自己的汽车销售公司B，由汽车销售公司B从德国汽车生产企业A进口100辆小轿车，每辆小轿车的完税价格为20万元，假定适用进口环节的关税率为60%，消费税率为5%，增值税率为17%。如果德国汽车生产企业A在中

① 梁文涛．关税的税务筹划探讨［J］．财政监督：财会版，2009（11）．

国设立自己的汽车组装兼销售公司 C，并将原来进口整装汽车的方式改为进口散装汽车零部件。公司 C 以每辆汽车的全套零部件 15 万元的价格从德国汽车生产企业 A 进口，这样，散装零部件进口环节关税税率降为 30%。请对其进行税务筹划。

任务准备

[税法依据]

根据《海关进出口税则》中的第三部分中各种进口商品的税率表，可以看出，一般情况下，原材料、零部件与成品的关税税率相比，原材料和零部件的关税税率最低，半成品次之，产成品的税率最高。

[筹划思路]

企业在条件允许的情况下，可以考虑先进口原材料和零部件，然后进行加工生产成自己所需的产成品，从而降低关税税负。

任务执行

方案一：德国汽车生产企业 A 在中国设立自己的汽车销售公司 B，中国汽车销售公司 B 从德国汽车生产企业 A 进口 100 辆小轿车。

中国汽车销售公司 B 应纳关税 = 20×100×60% = 1 200（万元）

应纳消费税 =（20×100+1 200）÷（1−5%）×5% = 168.42（万元）

应纳增值税 =（20×100+1 200+168.42）×17% = 572.63（万元）

应纳税额合计 = 1 200+168.42+572.63 = 1 941.05（万元）

方案二：德国汽车生产企业 A 在中国设立自己的汽车组装兼销售公司 C，中国汽车组装兼销售公司 C 从德国汽车生产企业 A 进口 100 辆小轿车的全套零部件。

中国汽车组装兼销售公司 C 应纳关税 = 15×100×30% = 450（万元）

这种情况下，进口环节不需缴纳消费税，

应纳增值税 =（15×100+450）×17% = 331.5（万元）

应纳税额合计 = 450+331.5 = 781.5（万元）

任务结论

进口环节方案二比方案一共少缴税 1 159.55 万元（1 941.05 万−781.5 万），其中少缴纳关税 750 万元（1 200 万−450 万），因此，应当选择方案二。

任务点评

虽然消费税和增值税的一部分在以后生产环节需要补缴，但这样延缓了纳税时间，充分利用了资金的时间价值，而仅从关税的减少额而言，本案例中方案二使得该企业至少可少缴税 750 万元（1 200 万−450 万）。

8.1.4 选购国外礼品的税务筹划[1]

任务案例

【例 8-4】假定王先生在国外欲购买礼物送给他儿子，根据自己儿子的需要，王先生可以选择购买通过镜头取景的照相机，其价格为 9 000 元，进口关税税率为 25%；也可以选择购买机械指示式的贵金属电子手表，其价格也 9 000 元，进口关税税率为 11%。请对其进行税务筹划。

任务准备

[税法依据]

关税的征税对象是准允进出境的货物和物品。其中，货物是指贸易性商品；物品是非贸易性商品，包括入境旅客随身携带的行李和物品、个人邮递物品、各种运输工具上的服务人员携带进口的日用物品、馈赠物品及以其他方式进入境内的个人物品。对物品征收的进口税包括关税、代征的国内增值税和消费税。纳税人是入境行李物品的携带人和进口邮件的收件人。

[筹划思路]

我国税法对烟、酒、化妆品、金银及其制品、包金饰品、纺织品和制成品、电器用具、手表、照相机、录像机、汽车等关税税率的规定差异很大。若某人想在国外购买礼物然后回国馈赠亲朋，可以选择购买税率较低的外国商品，以达到降低进口关税的目的。

任务执行

方案一：购买通过镜头取景的照相机作为礼物。

$$应纳关税=9\ 000\times25\%=2\ 250（元）$$

方案二：购买机械指示式的贵金属电子手表作为礼物。

$$应纳关税=9\ 000\times11\%=990（元）$$

任务结论

方案二比方案一少缴纳关税 1 260 元（2 250−990），因此，应当选择方案二。

任务点评

购买礼品不能单纯地从关税税负大小上去考虑，还应考虑到个人的爱好、需要等很多方面。

---

① 梁文涛，关税的税务筹划探讨［J］. 财政监督：财会版，2009（11）.

任务 8.2 城市维护建设税的税务筹划

8.2.1 企业选址的税务筹划

任务案例

【例 8-5】甲企业在设立选址时有两个地方可以选择：一是设在市区，二是设在县城，假设无论选择哪种方案，都不会影响其经济效益，且当期流转税合计为 100 万元。请对其进行税务筹划。

任务准备

[税法依据]

纳税人所在地在市区的，城建税税率为 7%；在县城、镇的，税率为 5%；不在市区、县城或镇的税率为 1%。

[筹划思路]

由于不同的地区，规定了不同的城建税税率，因此企业可以根据自身的情况，在不影响经济效益的前提下，选择城建税适用税率低的区域设立企业，这样不仅可以少缴城建税，还能降低房产税与城镇土地使用税的税负。

任务执行

方案一：设在市区。

应纳城建税 = 100×7% = 7（万元）

方案二：设在县城。

应纳城建税 = 100×5% = 5（万元）

任务结论

方案二比方案一甲公司少缴纳城建税 2 万元（7 万-5 万），因此，应当选择方案二。

任务点评

将企业设在县城，在有些情况下，有可能影响企业的生产经营业绩。企业不能只是单纯地考虑城建税税负因素来对企业进行选址。

8.2.2 选择委托加工方式的税务筹划

任务案例

【例 8-6】甲公司 2014 年拟委托加工一批化妆品，由受托加工单位代收代缴消费税 500 万元。现有两个受托单位可以选择：一是设在市区的乙公司，二是设在县城的丙公司。请对其进行税务筹划。

任务准备

[税法依据]

对由受托方代征代扣“三税”的单位和个人，由受托方按其所在地适用的税率代收代缴城市维护建设税。

[筹划思路]

纳税人在进行委托时，可以选择城建税税率比自己低的地区的受托单位来进行委托。

任务执行

方案一：选择设在市区的乙公司作为受托方。

应纳城建税 = 500×7% = 35（万元）

方案二：选择设在县城的丙公司作为受托方。

应纳城建税 = 500×5% = 25（万元）

任务结论

方案二比方案一甲公司少缴纳城建税 10 万元（35 万-25 万），因此，应当选择方案二。

任务点评

企业不能只考虑受托方的地址，还应考虑受托方的信誉、加工质量等各种因素。

8.2.3 降低城建税计税依据的税务筹划

任务案例

【例 8-7】 甲企业为增值税一般纳税人，2015 年该企业实际缴纳增值税 100 万元，当地适用的城建税税率为 7%。请对其进行税务筹划。

任务准备

[税法依据]

城市维护建设税的计税依据是纳税人实际缴纳的增值税、消费税、营业税税额之和。

[筹划思路]

企业可以通过合理合法的手段降低应纳增值税、消费税、营业税等税额，从而可以减少城建税的计税依据，进而可以降低企业税负。

任务执行

方案一：实际缴纳增值税 100 万元。

甲企业应纳城建税 = 100×7% = 7（万元）

方案二：通过合理的手段将实际缴纳增值税减少至 90 万元。

甲企业应纳城建税 = 90×7% = 6.3（万元）

任务结论

方案二比方案一甲公司少缴纳城建税 0.7 万元（7 万 - 0.3 万），因此，应当选择方案二。

任务点评

做好增值税、消费税、营业税税务筹划，自然会节省城建税税负，因此，做好增值税、消费税、营业税的税务筹划十分重要。

任务 8.3　资源税的税务筹划

8.3.1　分开核算的税务筹划

任务案例

【例 8-8】 甲矿业开采企业 2015 年 1 月份共开采销售原油 100 万元，开采销售天然气 50 万元。原油适用税率为其销售额的 8%，天然气适用税率为其销售额的 5%。请对其进行税务筹划。

任务准备

[税法依据]

国务院这次修改的《中华人民共和国资源税暂行条例》，除重点调整了原油、天然气资源税的计征办法（由原来的从量计征改为从价计征）和税率外，还调整了焦煤和稀土矿的资源税税额标准。从 2011 年 11 月 1 日起，修改后的条例规定，原油、天然气税率均为销售额的 5% ～ 10%。

纳税人开采或者生产不同税目应税产品的，应当分别核算不同税目应税产品的销售额或销售数量；未分别核算或者不能准确提供不同税目应税产品的销售额或者销售数量的，从高适用税率。

[筹划思路]

纳税人一方面应当分清应税项目与减、免税项目，单独核算销售额或销售数量；另一方面，应当分别核算不同税目不同税率应税产品的销售额或销售数量，选择各自的适用税率，以便避免从高计税，达到少缴税的目的。

任务执行

方案一：甲企业未将原油、天然气分别核算。

应纳资源税 = (100+50)×8% = 12（万元）

方案二：甲企业将原油、天然气分别核算。

$$应纳资源税 = 100×8\% +50×5\% = 10.5（万元）$$

任务结论

方案二比方案一甲矿业开采企业少缴纳资源税1.5万元（12万−10.5万），因此，应当选择分别核算。

任务点评

分别核算会增加一部分核算支出，但相对于省下的税来说，一般情况下是值得的。

8.3.2 利用“折算比”的税务筹划

任务案例

【例8-9】甲煤矿于2014年12月使用自己生产的原煤加工洗煤30 000吨，税务机关按照同行业平均水平确定的综合回收率为40%，原煤适用单位税额为2元/吨。假设甲煤矿的实际综合回收率为30%，请对其进行税务筹划。

任务准备

[税法依据]

纳税人不能准确提供应税产品销售数量或移送使用数量的，以应税产品的产量或主管税务机关确定的折算比换算成的数量为课税数量。税务机关确定折算比一般是按照同行业的平均水平确定的。可以通过折算比换算成的数量为课税数量的资源主要有以下几种。① 煤炭。对于连续加工前无法正确计算原煤移送使用量的，可按加工产品的综合回收率，将加工产品实际销量和自用量折算成原煤数量作为课税数量。② 金属和非金属矿产品原矿。无法准确掌握纳税人移送使用原矿数量的，可将其精矿按选矿比折算成原矿数量作为课税数量。

[筹划思路]

如果企业加工技术相对落后、企业综合回收率或选矿比低于同行业的综合水平时，可以不提供应税产品销售数量或移送使用数量，这样税务机关在根据同行业企业的平均综合回收率折算出来的应税产品数量，将会少于实际数量，从而降低资源税税负；反之，如果企业加工技术相对先进、企业综合回收率或选矿比高于同行业的综合水平时，则应当准确进行财务核算，向税务机关提供准确的应税产品销售数量或移送数量，从而避免不必要的税收负担。

任务执行

方案一：甲煤矿提供原煤的移送数量，即按实际综合回收率30%计算。

$$应纳资源税 = (30\ 000÷30\%)×2 = 200\ 000（元）$$

方案二：甲煤矿不提供原煤的移送数量，则按税务机关确定的综合回收率40%计算。

$$应纳资源税=(30\ 000\div 40\%)\times 2=150\ 000\ (元)$$

任务结论

方案二比方案一少缴纳资源税 50 000 元（200 000−150 000），因此，应当选择方案二。

任务点评

本方案属于避税筹划，原则上不应当使用，以防范税务筹划风险。

任务 8.4　土地增值税的税务筹划

8.4.1　利用税收优惠政策的税务筹划

任务案例

【例 8−10】 甲房地产开发企业开发的一批商品房，计划销售价格总额为 5 000 万元，按税法规定计算的可扣除项目金额为 4 000 万元。请对其进行税务筹划。

任务准备

[税法依据]

纳税人建造普通标准住宅出售，增值额未超过扣除项目金额的 20% 时（即增值率未超过 20% 时），免缴土地增值税；增值额超过扣除项目金额的 20% 时，应就其全部增值额按规定缴纳土地增值税。

[筹划思路]

纳税人建造住宅出售的，应考虑增值额增加带来的效益和放弃起征点的优惠而增加的税收负担间的关系，避免增值率稍高于起征点而多纳税款。也就是说，在普通住宅增值率略高于 20% 时，可通过适当减少销售收入或加大扣除项目金额的方式使增值率控制在 20% 以内。

任务执行

方案一：销售价格总额 5 000 万元，可扣除项目金额为 4 000 万元。

$$增值额=5\ 000-4\ 000=1\ 000\ (万元)$$

$$增值率=1\ 000\div 4\ 000=25\%$$

由于增值率为 25%，超过 20%，所以不能享受免征土地增值税的优惠政策。

经查表，适用 30% 的税率，则：

$$应纳土地增值税=1\ 000\times 30\%=300\ (万元)$$

方案二：销售价格总额降为 4 800 万元，且使得可扣除项目金额仍保持为 4 000 万元。

$$增值额=4\ 800-4\ 000=800\ (万元)$$

增值率＝800÷4 000＝20%

此时，免缴土地增值税。

任务结论

方案二比方案一甲公司少缴纳土地增值税300万元，因此，应当选择方案二。

任务点评

一方面，虽然减少了销售收入200万元（5 000万－4 800万），但由于少缴了土地增值税300万元，因此总体上仍然减少支出100万元（300万－200万）；另一方面，通过降低销售价格，会扩大销售，实在是一举两得。

8.4.2 房地产开发费用扣除方法选择的税务筹划

任务案例

【例8-11】 甲房地产公司2013年5月开发一处房地产，为取得土地使用权支付的金额为1 200万元，房地产开发成本为1 500万元，财务费用中按转让房地产项目计算分摊利息的利息支出为250万元，不超过商业银行同类同期贷款利率。假设该项目所在省政府规定计征土地增值税时，房地产开发费用扣除比例按国家规定允许的最高比例执行。请对其进行税务筹划。

任务准备

[税法依据]

房地产开发费用是指与房地产开发项目有关的销售费用、管理费用和财务费用。当纳税人能够按转让房地产项目计算分摊利息支出，并能提供金融机构贷款证明的，其最多允许扣除的房地产开发费用＝利息＋(取得土地使用权所支付的金额＋房地产开发成本)×5%以内；纳税人不能按转让房地产项目计算分摊利息支出或不能提供金融机构贷款证明的，其最多允许扣除的房地产开发费用＝(取得土地使用权所支付的金额＋房地产开发成本)×10%以内。

[筹划思路]

通过比较两种计算方法下，房地产开发费用的大小，选择使得房地产开发费用较大的方法，从而降低增值额，进而降低土地增值税税负。

任务执行

方案一：不按转让房地产项目计算分摊利息支出或不提供金融机构贷款证明。

允许扣除的房地产开发费用＝(取得土地使用权所支付的金额＋房地产开发成本)×10%

＝(1 200＋1 500)×10%＝270（万元）

方案二：按转让房地产项目计算分摊利息支出，并提供金融机构贷款证明。

允许扣除的房地产开发费用＝利息＋(取得土地使用权所支付的金额＋房地产开发成本)×5%

=250+(1 200+1 500)×5% =385（万元）

任务结论

方案二比方案一甲公司多扣除房地产开发费用 115 万元（385 万−270 万），因此，应当选择方案二。

任务点评

如果企业进行房地产开发主要依靠负债筹资，利息支出较高，可考虑分摊利息并提供金融机构证明，据实扣除并加扣其他开发费用。如果企业进行房地产开发主要依靠权益资本筹资，利息支出较少，则可考虑不计算应分摊的利息，这样可以多扣除房地产开发费用。

8. 4. 3　分开与合并核算方式选择的税务筹划

任务案例

【例 8−12】甲房地产开发公司 2013 年商品房销售收入为 20 000 万元，其中普通住宅销售额为 12 000 万元，豪华住宅销售额为 8 000 万元。税法规定的可扣除项目金额共为 15 000 万元，其中普通住宅可扣除项目金额为 10 000 万元，豪华住宅可扣除项目金额为 5 000 万元。请对其进行税务筹划。

任务准备

[税法依据]

纳税人建造普通标准住宅出售，增值额未超过扣除项目金额的 20% 时（即增值率未超过 20% 时），免缴土地增值税；增值额超过扣除项目金额的 20% 时，应就其全部增值额按规定缴纳土地增值税。对于纳税人既建造普通标准住宅，又建造其他房地产开发项目的，应分别核算增值额。不分别核算增值额或不能准确核算增值额的，其建造的普通标准住宅不能适用这一免税规定。

[筹划思路]

如果将普通标准住宅和豪华住宅进行合并核算，就可能降低豪华住宅的适用税率，从而降低该部分房地产的税负，但同时又有可能会提高普通标准住宅的适用税率，从而增加这部分房地产的税负。企业应当通过具体测算分开核算与合并核算的各自应纳土地增值税税额，从而选择低税负的核算方法，以达到节税的目的。

任务执行

方案一：不分开核算增值额。

增值率=(20 000−15 000)÷15 000=33. 3%，适用 30% 的税率。

应纳土地增值税=(20 000−15 000)×30% =1 500（万元）

方案二：分开核算增值额。

普通住宅增值率=(12 000−10 000)÷10 000=20%，免缴土地增值税。

豪华住宅增值率=(8 000−5 000)÷5 000=60%，适用40%的税率。

应纳土地增值税=(8 000−5 000)×40%−5 000×5%=950（万元）

普通住宅和豪华住宅应纳土地增值税合计=950（万元）

任务结论

方案二比方案一甲公司少缴纳土地增值税550万元（1 500万−950万），因此，应当选择方案二。

任务点评

分别核算会增加一部分核算支出，但相对于省下的税来说，是非常值得的。

任务8.5 城镇土地使用税的税务筹划

8.5.1 企业选址的税务筹划

任务案例

【例8−13】甲公司欲投资建厂，需占用土地10万 m^2。现有两种方案可供选择：一是在某中等城市的城区，当地土地使用税为20元/m^2；二是在某小城市的城区，当地土地使用税为8元/m^2。假设该厂不论建在哪里都不会影响企业生产经营。请对其进行税务筹划。

任务准备

[税法依据]

凡在城市、县城、建制镇、工矿区范围内使用土地的单位和个人，为城镇土地使用税的纳税义务人。城镇土地使用税采取的是有幅度的差别定额税率，税额最低（0.6元）与最高（30元）相差50倍。

[筹划思路]

企业可以结合自身生产经营的需要，从以下几方面进行考虑：一是将公司设置在城市、县城、建制镇、工矿区以外的农村；二是由于税法允许经济落后地区土地使用税的适用税额标准可以适当降低，经济发达地区土地使用税的适用税额标准可以适当提高，因此可将企业设立在经济落后地区；三是在同一省份内的大中小城市以及县城和工矿区之中选择税率低的地区设立企业；四是在同一城市、县城和工矿区之内的不同等级的土地之中选择税率低的土地设立企业。

任务执行

方案一：在某中等城市的城区建厂。

应纳城镇土地使用税=10×20=200（万元）

方案二：在某小城市的城区建厂。

应纳城镇土地使用税 = 10×8 = 80（万元）

任务结论

方案二比方案一甲公司少缴纳城镇土地使用税 120 万元（200 万−80 万），因此，应当选择方案二。

任务点评

将企业设在县城，在有些情况下，有可能影响企业的生产经营业绩。企业不能只是单纯地考虑城镇土地使用税税负因素来对企业进行选址。

8.5.2 分别核算的税务筹划

任务案例

【例 8−14】 某市甲企业 2013 年全年实际占地共计 100 000 m^2。其中，厂房占地 80 000 m^2，办公楼占地 8 000 m^2，医务室占地 2 000 m^2，幼儿园占地 3 000 m^2，厂区内道路及绿化占地 7 000 m^2。当地城镇土地使用税税额 4 元/m^2，请对其进行税务筹划。

任务准备

[税法依据]

企业办的学校、医院、托儿所、幼儿园，其用地能与企业其他用地明确区分的，可以比照由国家财政部门拨付事业经费的单位自用的土地，免征土地使用税。对企业厂区（包括生产、办公及生活区）以内的绿化用地，应照章征收土地使用税；厂区以外的公共绿化用地和向社会开放的公园用地，暂免征收土地使用税。

[筹划思路]

企业办的学校、医院、托儿所、幼儿园，其用地应尽量与企业其他用地明确区分，以享受免征城镇土地使用税的优惠。

任务执行

方案一：各种用地未作明确区分，未分别核算各自面积。

应纳城镇土地使用税 = 100 000×4 = 40（万元）

方案二：各种用地进行了明确区分，分别核算各自面积。这样，医务室、幼儿园占地不必缴纳城镇土地使用税。

应纳城镇土地使用税 =（100 000−2 000−3 000）×4 = 38（万元）

任务结论

方案二比方案一甲公司少缴纳城镇土地使用税 2 万元（40 万−38 万），因此，应当选择方案二。

任务点评

分别核算会增加一部分核算支出，但相对于省下的城镇土地使用税来说，一般情况下是值得的。

任务 8.6　房产税的税务筹划

8.6.1　降低房产原值的税务筹划①

任务案例

【例 8-15】甲企业位于某市市区，企业除厂房、办公用房外，还包括厂区围墙、烟囱、水塔、变电站、游泳池、停车场等建筑物，总计工程造价 10 亿元，除厂房、办公用房外的建筑设施工程造价 2 亿元。假设当地政府规定的扣除比例为 30%，请对其进行税务筹划。

任务准备

[税法依据]

房产税在城市、县城、建制镇和工矿区征收，不包括农村。房产是以房屋形态表现的财产。房屋则是指有屋面和围护结构（有墙或两边有柱），能够遮风避雨，可供人们在其中生产、工作、学习、娱乐、居住或储藏物资的场所。独立于房屋之外的建筑物，如围墙、烟囱、水塔、变电站、油池油柜、酒窖菜窖、酒精池、糖蜜池、室外游泳池、玻璃暖房、砖瓦石灰窑及各种油气罐等，则不属于房产。与房屋不可分离的附属设施，属于房产。

[筹划思路]

如果将除厂房、办公用房以外的建筑物，如停车场、游泳池等都建成露天的，并且把这些独立建筑物的造价同厂房、办公用房的造价分开，在会计账簿中单独核算，则这部分建筑物的造价不计入房产原值，不缴纳房产税。

任务执行

方案一：将所有建筑物都作为房产计入房产原值。

$$应纳房产税=100\ 000\times(1-30\%)\times1.2\%=840\ （万元）$$

方案二：将游泳池、停车场等都建成露天的，并且把这些独立建筑物的造价同厂房、办公用房的造价分开，在会计账簿中单独核算。

则这部分建筑物的造价不计入房产原值，不缴纳房产税。

$$应纳房产税=(100\ 000-20\ 000)\times(1-30\%)\times1.2\%=672\ （万元）$$

---

① 梁文涛．房产税的税务筹划案例分析［J］．商业会计，2010（3）．

任务结论

方案二比方案一甲公司少缴纳房产税 168 万元（840 万-672 万），因此，应当选择方案二。

任务点评

将停车场、游泳池等都建成露天的，并且把这些独立建筑物的造价同厂房、办公用房的造价分开，可以降低房产税的计税依据，从而降低房产税税负，但将停车场、游泳池等建成露天的，有时未必适合企业的需要。

8.6.2 降低租金收入的税务筹划①

任务案例

【例 8-16】 甲公司拥有一写字楼，配套设施齐全，对外出租。当年的全年租金共为 3 000 万元，其中含代收的物业管理费 300 万元，水电费为 500 万元。请对其进行税务筹划。

任务准备

[税法依据]

房产出租的，房产税采用从租计征方式，以租金收入作为计税依据，按 12% 税率计征。

[筹划思路]

对于出租方的代收项目收入，应当与实际租金收入分开核算，分开签订合同，从而降低从租计征的计税依据。

任务执行

方案一：甲公司与承租方签订租赁合同，合同中的租金共为 3 000 万元。

$$应纳房产税=3\ 000\times12\%=360\ (万元)$$

方案二：将各项收入分别由各相关方签订合同，如物业管理费由承租方与物业公司签订合同，水电费按照承租人实际耗用的数量和规定的价格标准结算、代收代缴。

$$应纳房产税=(3\ 000-300-500)\times12\%=264\ (万元)$$

任务结论

方案二比方案一甲公司少缴纳房产税 96 万元（360 万-264 万），因此，应当选择方案二。

任务点评

物业管理费由承租方与物业公司签订合同，水电费按照承租人实际耗用的数量和规定的价格标准结算、代收代缴可降低从租计征的计税依据，进而降低房产税税负。

---

① 梁文涛. 房产税的税务筹划案例分析 [J]. 商业会计，2010 (3).

8.6.3 修理房屋的税务筹划[①]

任务案例

【例8-17】2014年甲公司决定将已有办公楼对其进行大修理，该办公楼的账面价值是300万元，使用年限为20年，已使用15年，修理后可使该房产延长使用年限至10年，现有两个方案可供选择：方案一，对房屋进行修理，自2014年1月1日开始，所耗用的时间为5个月，领用生产用原材料100万元，进项税额为17万元，人工费10万元；方案二，耗用相同的成本，自2014年1月1日开始，所耗用的时间为7个月。假设当地房产原值减除比例为30%。请对其进行税务筹划。

任务准备

[税法依据]

纳税人因房屋大修导致连续停用半年以上的，在房屋大修理期间免征房产税，免征额由纳税人在申报缴纳房产税时自行计算扣除，并在申报表附表或备注栏中作相应说明。纳税人对原有房屋进行改建、扩建的，要相应增加房屋的原值。

[筹划思路]

纳税人对房屋的修理，应尽量使房屋停用半年以上，这样可以获取大修理期免征房产税的税收优惠。

任务执行

方案一：对房屋进行修理，自2014年1月1日开始，所耗用的时间为5个月。

1—5月应纳房产税合计=300×(1-30%)×5/12=87.5（万元）

6—12月应纳房产税合计=(300+100+17+10)×(1-30%)×7/12=174.36（万元）

全年应纳房产税=87.5+174.36=261.86（万元）

方案二：对房屋进行修理，自2014年1月1日开始，所耗用的时间为7个月。

1—7月免征房产税，

8—12月应纳房产税合计=(300+100+17+10)×(1-30%)×5/12=124.54（万元）

任务结论

方案二比方案一少缴纳房产税137.32万元（261.86万-124.54万），因此，应当选择方案二。

任务点评

企业在修理房产时，应当创造条件充分运用相关税收优惠政策，以获取最大的节税利益。

---

① 梁文涛．房产税的纳税筹划技巧［J］．财会月刊（下），2013（11）．

任务 8.7 车船税的税务筹划

8.7.1 利用临界点进行税务筹划

任务案例

【例 8-18】 甲企业欲购买一艘船，现有两艘船可供选择：一艘船的净吨位为 2 100 吨，另一艘船的净吨位为 2 000 吨。请对其进行税务筹划。

任务准备

[税法依据]

船舶具体适用税额为：① 净吨位小于或者等于 200 吨的，每吨 3 元；② 净吨位 201 吨至 2 000 吨的，每吨 4 元；③ 净吨位 2 001 吨至 10 000 吨的，每吨 5 元；④ 净吨位 10 001 吨及其以上的，每吨 6 元。

[筹划思路]

车船税的税率实质上是一种全额累进的定额税率，即船舶的单位税额达到哪一个等级，即全部按相应的单位税额征税，而净吨位等级越大，适用的单位税额也越大。对于这种形式的税率，纳税人应当充分利用临界点，避免在稍高于各级的临界点处购买船舶，否则会出现税额大幅增长的现象。

任务执行

方案一：购买净吨位为 2 100 吨的船，适用税额为 5 元/吨。

$$应纳车船税 = 2\ 010 \times 5 = 10\ 050（元）$$

方案二：购买净吨位为 2 000 吨的船，适用税额为 4 元/吨。

$$应纳车船税 = 2\ 000 \times 4 = 8\ 000（元）$$

任务结论

方案二比方案一甲公司少缴纳车船税 2 050 元（10 050－8 000），因此，应当选择方案二。

任务点评

本案例下，虽然净吨位只相差 10 吨，但每年产生了 2 050 元的纳税差异。在船只的净吨位少 10 吨的情况下，若不影响企业的经营，选择购买净吨位为 2 000 吨的船是大有益处的。企业应当考虑变化后某种吨位的船只所带来的收益变化和因吨位发生变化所引起的税负变化之间的关系，然后选择最佳吨位的船只。

8.7.2 计税依据的税务筹划

任务案例

【例8-19】 甲企业2012年需要购置20辆乘用汽车，汽车市场上有这样两种乘用汽车可供选择：排气量为2.5升的乘用汽车和排气量为2.6升的乘用汽车。该地区乘用汽车的车船税税率为：排气量2.0升以上至2.5升（含）的，每辆900元；排气量2.5升以上至3.0升（含）的，每辆1800元。请对其进行税务筹划。

任务准备

[税法依据]

山东省政府公布《山东省实施〈中华人民共和国车船税法〉办法》（以下简称办法）。新办法自2012年1月1日起施行。其中规定乘用车〔按发动机汽缸容量（排气量）分档〕具体适用税额为：（1）1.0升（含）以下的，每辆240元；（2）1.0升以上至1.6升（含）的，每辆360元；（3）1.6升以上至2.0升（含）的，每辆420元；（4）2.0升以上至2.5升（含）的，每辆900元；（5）2.5升以上至3.0升（含）的，每辆1 800元；（6）3.0升以上至4.0升（含）的，每辆3 000元；（7）4.0升以上的，每辆4 500元。

[筹划思路]

企业购买车辆时，应尽量购买排气量小的乘用车，以降低适用税额，从而降低税负。

任务执行

方案一：购买20辆排气量为2.5升的乘用汽车。

$$应纳车船税=20\times900=18\ 000（元）$$

方案二：购买20辆排气量为2.6升的乘用汽车。

$$应纳车船税=20\times1\ 800=36\ 000（元）$$

任务结论

方案一比方案二甲公司少缴纳车船税18 000元（36 000−18 000），因此，应当选择方案一。

任务点评

企业在不影响正常生产经营的情况下，购置排气量比较小的乘用汽车，一方面可以有利于环境保护，另一方面可以节省税负，实在是一举两得。

任务 8.8 车辆购置税的税务筹划

8.8.1 降低计税依据的税务筹划

任务案例

【例 8-20】 甲企业从乙汽车公司购买一辆轿车自用，支付车款 234 000 元（含增值税，销售方适用增值税税率为 17%）。另外，支付临时牌照费 200 元，随车购买工具用具 3 000 元，代收保险金 350 元，车辆装饰费 15 170 元。各项款项由汽车销售公司开具发票。请对其进行税务筹划。

任务准备

[税法依据]

纳税人购买自用的应税车辆的计税价格为纳税人购买应税车辆而支付给销售者的全部价款和价外费用（不包括增值税税款）。价外费用是指销售方价外向购买方收取的基金、集资费、返还利润、补贴、违约金（延期付款利息）和手续费、包装费、储存费、优质费、运输装卸费、保管费、代收款项、代垫款项以及其他各种性质的价外收费。需要注意以下问题。

（1）代收款项应区别对待。凡使用代收单位的票据收取的款项，应视为代收单位的价外费用，应并入计算征收车辆购置税；凡使用委托方的票据收取受托方只履行代收义务或收取手续费的款项，不应并入计征车辆购置税，按其他税收政策规定征税。

（2）购买者随车购买的工具或零件应作为购车款的一部分，并入计税价格征收车辆购置税，但如果不同时间或销售方式不同，则不应并入计征车辆购置税。

（3）支付的车辆装饰费应作为价外费用，并入计征车辆购置税，但如果不同时间或收款方式不同，则不并入计税价格。

[筹划思路]

纳税人通过将各项费用由有关单位（企业）另行开具票据，尽量不将价外费用并入计税价格，从而降低车辆购置税税负。

任务执行

方案一：各项款项由汽车销售公司开具发票。

车辆购置税计税价格 =（234 000+200+3 000+350+15 170）÷（1+17%）= 216 000（元）

应纳车辆购置税 = 216 000×10% = 21 600（元）

方案二：各项费用由相关单位另行开具了票据。

车辆购置税计税价格 = 234 000÷（1+17%）= 200 000（元）

应纳车辆购置税 = 200 000×10% = 20 000（元）

任务结论

方案二比方案一甲公司少缴纳车辆购置税 1 600 元（21 600−20 000），因此，应当选择方案二。

任务点评

各项费用由相关单位另行开具了票据，可降低车辆购置税的计税依据，从而降低车辆购置税税负。

8.8.2 选择汽车经销商的增值税纳税人身份进行税务筹划

任务案例

【例 8−21】 张某欲购买一辆轿车自用，现有两个汽车经销商可供选择：一是从作为小规模纳税人的车辆经销商乙公司处购买，车款 58 500 元（含增值税，销售方适用增值税征收率为 3%）；二是从作为一般纳税人的车辆经销商丙公司处购买，车款 58 500 元（含增值税，销售方适用增值税税率为 17%）。请对其进行税务筹划。

任务准备

[税法依据]

纳税人购买自用的应税车辆的计税价格，为纳税人购买应税车辆而支付给销售者的全部价款和价外费用（不包括增值税税款）。纳税人销售货物不含增值税的销售额的计算公式为：销售额 = 含税销售额÷(1+增值税税率或征收率)。

[筹划思路]

对车辆经销商为消费者开具的机动车销售统一发票，凡经销商不能提供增值税一般纳税人证明的，对车辆购置税的纳税人一律按 3% 的征收率换算车辆购置税计税依据；对经销商能提供增值税一般纳税人证明的，对车辆购置税的纳税人按 17% 增值税率换算车辆购置税计税依据。因此在车辆购置价格相同的情况下，消费者应从作为一般纳税人的车辆经销商处购买，以降低车辆购置税税负。

任务执行

方案一：从作为小规模纳税人的车辆经销商乙公司处购买。

$$应纳车辆购置税 = [58\ 500÷(1+3\%)]×10\% = 5\ 679.61（元）$$

方案二：从作为一般纳税人的车辆经销商丙公司处购买。

$$应纳车辆购置税 = [58\ 500÷(1+17\%)]×10\% = 5\ 000（元）$$

任务结论

方案二比方案一张某少缴纳车辆购置税 679.61 元（5 679.61−5 000），因此，应当选择方案二。

任务点评

选择车辆经销商的增值税纳税人身份，不能单纯地以车辆购置税的税负大小为标准，还应考虑到售后服务、企业形象等各方面因素。

任务 8.9 印花税的税务筹划

8.9.1 分开记载经济事项的税务筹划

任务案例

【例 8-22】甲铝合金门窗生产企业受乙建筑安装公司委托，负责加工一批铝合金门窗，加工所需原材料由甲铝合金门窗生产企业提供，甲铝合金门窗生产企业共收取加工费及原材料费共计 300 万元，其中甲铝合金门窗生产企业提供的原材料价值为 200 万元，收取的加工费为 100 万元。请对其进行税务筹划。

任务准备

[税法依据]

对于由受托方提供原材料的加工、定做合同，凡在合同中分别记载加工费金额和原材料金额的，应分别按“加工承揽合同”“购销合同”计税，即加工费金额按加工承揽合同适用 0.5‰税率计税，原材料金额按购销合同适用 0.3‰税率计税，两项税额相加数，即为合同应贴印花；若合同中未分别记载，则从高适用税率，即全部金额依照加工承揽合同适用 0.5‰税率计税贴花。

[筹划思路]

在合同中将受托方所提供的加工费金额与原材料金额分开记载，便能够达到节税的目的。

任务执行

方案一：合同记载甲铝合金门窗生产企业共收取加工费及原材料费共计 300 万元。

甲铝合金门窗生产企业应贴花 = 300×0.5‰ = 1 500（元）

方案二：合同记载甲铝合金门窗生产企业收取原材料价款为 200 万元，收取的加工费为 100 万元。

甲铝合金门窗生产企业应贴花 = 200×0.3‰+100×0.5‰ = 1 100（元）

任务结论

方案二比方案一甲企业少贴花 400 元（1 500−1 100），因此，应当选择方案二。

任务点评

在合同中将受托方所提供的加工费金额与原材料金额分开记载，使得加工费金额按加工承揽合同适用0.5‰税率计税，原材料金额按购销合同适用0.3‰税率计税，从而达到节税的目的。

8.9.2 采取保守金额进行税务筹划

任务案例

【例8-23】甲和乙在订立合同之初认为履行合同金额为2 000万元，且在合同中记载了履行金额2 000万元，而实际最终结算时发现只履行1 000万元。适用印花税税率为1‰。请对其进行税务筹划。

任务准备

[税法依据]

已贴花的凭证，修改后所载金额增加的，其增加部分应当补贴印花税票；减少部分不退印花税。

[筹划思路]

在合同设计时，双方当事人就应充分地考虑到以后经济交往中可能会遇到的种种情况，根据这些可能的情况，确定比较合理、比较保守的金额。

任务执行

方案一：将合同金额确定为2 000万元。

甲和乙共需贴花=2 000×1‰×2=4（万元）

方案二：将合同金额确定为1 000万元，实际履行过程中若增加了履行金额则就增加部分补贴印花税票。

甲和乙共需贴花=1 000×1‰×2=2（万元）

任务结论

方案二比方案一甲和乙共少贴花2万元（4万-2万），因此，应当选择方案二。

任务点评

将合同金额保守记载，可降低印花税计税依据，从而降低印花税税负。但过低记载合同金额，有可能会导致未来最终结算金额升高后出现不必要的经济纠纷。

8.9.3 利用借款方式进行税务筹划

任务案例

【例8-24】甲企业欲借款20 000万元，现有两处借款方可供选择：一是从乙商业银行借款，二是从关系较好的丙企业借款，假设借款年利率都为5%，其他借款条件都一样。请对其进行税务筹划。

任务准备

[税法依据]

银行及其他金融机构与借款人（不包括同业拆借）所签订的合同，以及只填开借据并且作为合同使用而取得银行借款的借据，应按照“借款合同”税目，按借款金额0.05‰的税率贴花，而企业之间的借款合同不属于印花税的征税范围，不用贴花。

[筹划思路]

对企业来说，在贷款利率相同或差异较小时，与从金融机构借款相比，从其他企业借款可以降低印花税税负。

任务执行

方案一：从乙商业银行借款。

甲企业需贴花＝20 000×0.05‰＝1（万元）

方案二：从丙企业借款。

甲企业不需贴花。

任务结论

方案二比方案一甲企业少贴花1万元，因此，应当选择方案二。

任务点评

由于从其他企业借款的利率一般大于从商业银行借款，因此不能单纯只考虑印花税税负因素。

8.9.4 利用分期租赁进行税务筹划

任务案例

【例8-25】甲企业从乙租赁公司租入生产用设备一台，双方于2014年1月1日签订了租赁合同，合同规定，该设备租期10年，每年租金100万元，10年共1 000万元。请对其进行税务筹划。

任务准备

[税法依据]

应纳税凭证应当于书立或者领受时贴花。也就是说，经济当事人在书立合同之时，其纳税义务便已经发生，便应当按照规定贴花。

[筹划思路]

若对某设备的租赁不具有稀缺性，即可随时在市场上租赁到，企业在与出租方签订租赁合同时，可以分期签订，既可以规避设备在短期内被淘汰的风险，又可以使得印花税分期缴纳，充分利用了资金的时间价值。

任务执行

方案一：双方于2014年1月1日签订了租期为10年的租赁合同。

2011年1月1日，双方分别缴纳印花税=1 000×1‰=1（万元）。

方案二：双方于2014年1月1日签订了租期为1年的租赁合同，以后连续9年的每年1月1日都签订租期为1年的租赁合同。

2014年1月1日，双方分别缴纳印花税=100×1‰=0.1（万元）。

以后连续9年的每年1月1日，双方分别缴纳印花税=100×1‰=0.1（万元）。

这样便充分地利用于资金的时间价值。

任务结论

方案二比方案一甲企业和乙租赁公司于2014年分别少贴花0.9万元（1万-0.1万），因此，应当选择方案二。

任务点评

通过分次签订合同，使得双方分10年缴纳印花税，虽然缴纳印花税总额是不变的，但延缓了纳税时间，利用了资金的时间价值。

任务8.10 契税的税务筹划

8.10.1 房屋不等价交换的税务筹划

任务案例

【例8-26】 甲公司以价值1 000万元的办公楼来与乙公司价值1 200万元的厂房进行交换。甲向乙支付差价200万。假设乙公司打算出资200万对换入的办公楼进行装修。并且甲获悉乙公司未来的装修打算，且本地契税适用税率为5%。请对其进行税务筹划。

任务准备

[税法依据]

房屋产权相互交换，双方交换价值相等，免纳契税，办理免征契税手续。其价值不相等的，按超出部分由支付差价方缴纳契税。

[筹划思路]

当双方交换不等价的房屋时，如果能通过一定的手段尽量降低双方交换房屋的差价，这时以差价为计税依据计算出来的应纳契税就会降低。

任务执行

方案一：甲乙进行产权交换，且甲向乙支付差价 200 万元。

甲应纳契税 = 200×5% = 10（万元）

方案二：甲公司在与乙公司交换之前，由甲公司先对自己的办公楼按乙公司的要求进行装修，装修费用为 200 万元。

此时办公楼的价值变为 1 200 万元，双方交换属于等价交换，因此不必交纳契税。

任务结论

方案二比方案一甲公司少缴纳契税 10 万元，因此，应当选择方案二。

任务点评

甲公司先对办公楼按乙公司的要求进行装修，未必能得到乙公司的同意，从而限制了此种筹划方案的实施。

8.10.2 减少涉税环节的税务筹划

任务案例

【例 8-27】甲、乙、丙为三方当事人，甲和丙均拥有一套价值 100 万元的房屋，乙欲购买甲的房屋，甲打算购买丙的房屋后出售其原有房屋。假设甲、乙、丙三方都知道各自的购房或售房供求信息，且本地契税适用税率为 5%。请对其进行税务筹划。

任务准备

[**税法依据**]

契税的纳税义务人，是境内转移土地、房屋权属承受的单位和个人。房屋产权相互交换，双方交换价值相等，免缴契税。

[**筹划思路**]

由于每发生一次土地、房屋权属转移，权属承受方就要发生一次契税的纳税行为，因此，若是可能，通过减少权属转移环节，可达到降低契税税负的目的。

任务执行

方案一：乙购买甲的房屋，甲购买丙的房屋后出售其原有房屋。

乙购买甲的房屋时，乙应纳契税 = 100×5% = 5（万元）

甲购买丙的房屋时，甲应纳契税 = 100×5% = 5（万元）

方案二：先由甲和丙交换房屋后，再由丙将房屋出售给乙。

甲和丙交换房屋所有权为等价交换，没有价格差别，不用缴纳契税，

丙将房屋出售给乙时，乙应纳契税 = 100×5% = 5（万元）。

任务结论

方案二比方案一总体少缴纳契税5万元（10万-5万），因此，应当选择方案二。

任务点评

现实中甲、乙、丙为三方当事人的上述行为出现的可能性较小，但这种筹划方案至少给出了一种思路。

8.10.3 利用隐性赠与进行税务筹划

任务案例

【例8-28】 张某向其表弟赠送一套住房，该套住房价值100万元。本地契税的适用税率是3%。请对其进行税务筹划。

任务准备

［税法依据］

契税的征税对象是境内转移土地、房屋权属。具体包括土地使用权的出让、转让及房屋的买卖、赠与、交换。

［筹划思路］

在赠与房屋的行为中，可通过隐性赠与等方式，如通过不办理产权转移手续的方式，来达到避免缴纳契税的目的。

任务执行

方案一：张某与其表弟办理产权转移手续。

$$张某的表弟应纳契税=100\times3\%=3（万元）$$

方案二：张某与其表弟不办理产权转移手续。

张某的表弟不必缴纳契税。

任务结论

方案二比方案一少缴纳契税3万元，因此，应当选择方案二。

任务点评

由于方案二双方未办理产权转移手续，因此，此套住房在法律上仍属于张某的。

本项目关键词

进口货物完税价格　委托加工　“折算比”　分开与合并核算　企业选址　降低房产原值　临界点　增值税纳税人身份　保守金额　房屋不等价交换

本项目思考题

1. 简述进口货物完税价格的税务筹划思路。
2. 城建税如何利用选址进行税务筹划?
3. 如何利用“折算比”对资源税进行税务筹划?
4. 如何利用税收优惠政策对土地增值税进行税务筹划?
5. 如何利用选址对城镇土地使用税进行税务筹划?
6. 如何利用降低计税依据对房产税进行税务筹划?
7. 如何利用临界点对车船税进行税务筹划?
8. 如何利用选择汽车经销商的增值税纳税人身份对车辆购置税进行税务筹划?
9. 如何利用模糊金额法对印花税进行税务筹划?
10. 房屋不等价交换时如何对契税进行税务筹划?

推荐网站

1. http://www.fec.com.cn （中国财经网）
2. http://www.ctax-cn.com （中国税务资讯信息网）

拓展阅读

机构分立法[①]

《财政部、国家税务总局关于营业税若干政策问题的通知》（财税〔2003〕16号文件）中关于营业税计税营业额的税前减除，引起了房地产业销售方式的变化；可以设想，这种销售方式的变化，还会引起房地产企业治理结构的变化，有条件的房地产公司可以把销售部门分立出去，组建销售公司。通过设立销售公司，能够加强对营销业务的管理，按照财税〔2003〕16号文件的规定，不会重复缴纳营业税，同时，还可以将土地增值税的增值额一分为二，从而降低增值额和增值率。由于设立销售公司，增加了一个企业所得税的纳税人，多了一道销售环节，从而增加了广告费、业务宣传费、业务招待费等费用的税前扣除额，减少了应纳税所得额，降低了企业所得税的税负。《国家税务总局关于房地产开发企业所得税预缴问题的通知》（国税函〔2008〕299号文件）规定：“房地产开发企业按当年实际利润据实分季（或月）预缴企业所得税的，对开发、建造的住宅、商业用房以及其他建筑物、附着物、配套设施等开发产品，在未完工前采取预售方式销售取得的预售收入，按照规定的预计利润率分季（或月）计算出预计利润额，计入利润总额预缴，待开发产品完工、结算计税成本后，按照实际利润再行调整。”但是，文件中并没要求房地产销售公司预缴所得税。从这点讲，如果设立销售公司，由销售公司预收售楼款，然后把款项借给房地产开发企业使用，可以递延缴纳企业所得税。

① 刘玉章. 土地增值税清算大成［M］. 2版. 北京：机械工业出版社，2010：77.

《房地产开发经营业务企业所得税处理办法》（国税发〔2009〕31号文件）只是变预计利润率为计税毛利率，计算方法并没有实质性改变，文件规定："从事房地产开发经营业务的企业销售未完工开发产品的计税毛利率由各省、自治区、直辖市国家税务局、地方税务局按下列规定进行确定：

（1）开发项目位于省、自治区、直辖市和计划单列市人民政府所在地城市城区和郊区的，不得低于15%；

（2）开发项目位于地及地级市城区及郊区的，不得低于10%；

（3）开发项目位于其他地区的，不得低于5%；

（4）属于经济适用房、限价房和危改房的，不得低于3%。"

【例题】兴凯房地产公司建造一幢商业中心，可售面积为10 000 m^2，开发成本为2 100万元，预计售价为5 000万元。有两种销售方式可供选择，第一种是兴凯房地产公司自行销售；第二种是另设销售公司，兴凯公司委托销售公司代销。计算采取哪种销售方式时土地增值税税负较低。

【案例分析】

方案一：兴凯公司自行销售时。

（1）扣除项目=2 100×130%+5 000×5.5%=3 005（万元）

（2）增值额=5 000−3 005=1 995（万元）

（3）增值率=1 995÷3 005=66.39%

适用税率40%，速算扣除系数为5%：

（4）应缴土地增值税税额=1 995×40%−3 005×5%=798−150.25=647.75（万元）

方案二：成立销售公司，兴凯公司按4 000万元把商业中心委托给销售公司，采用视同买断方式代销，售价5 000万元。

兴凯公司应纳土地增值税计算：

（1）扣除项目=2 100×130%+4 000×5.5%=2 950（万元）

（2）增值额=4 000−2 950=1 050（万元）

（3）增值率=1 050÷2 950=35.59%

适用税率30%，速算扣除系数为0：

土地增值税税额=1 050×30%−0=315（万元）

销售公司应纳土地增值税税额为：

[5 000−(4 000+1 000×5.5%)]×30%=283.50（万元）

两家公司缴纳的土地增值税合计为598.50万元（315万+283.50万），降低49.25万元（647.75万−589.50万）。

结论 采取机构分立法可以降低土地增值税税额。但是，这种方法受到一定条件的限制。首先，用销售公司开具的发票购房人能否办理产权证；其次，房地产开发公司采用视同买断方式委托代销，房地产公司将发票开给销售公司，当地是否征收契税。如果这两点无法解决，这种方式就受到限制。

本项目技能训练

职业能力选择

一、单项选择题

1. 下列各项中，对于关税纳税义务人说法正确的是（　　）。

A. 小李从境外邮寄化妆品给小张，并委托小张交给小赵，小赵为关税纳税义务人

B. 张三委托李四从境外购买一台数码相机，并由李四带回境内给张三，张三为关税纳税义务人

C. 甲公司以邮寄方式向美国乙公司出口一批货物，甲公司为关税纳税义务人

D. 小王给日本的好友小丁邮寄了一份礼品，小丁为关税纳税人

2. A 公司销售一幢已使用过的厂房，取得收入 200 万元，厂房原价 150 万元，已提折旧 80 万元。经房地产评估机构评估，该厂房重置成本价为 300 万元，成新度折扣率为六成，销售时缴纳相关税费 8 万元，该公司销售厂房应缴纳土地增值税（　　）万元。

A. 10　　B. 5　　C. 3.6　　D. 6.8

3. A 是一家船舶公司，该公司拥有 3 艘净吨位都是 2 500 吨的自用机动船，已知机动船净吨位 2 001 ～ 10 000 吨的税额为 5 元/吨。该公司当年应缴纳车船税（　　）元。

A. 25 000 元　　B. 3 500 元　　C. 4 000　　D. 37 500

4. 根据《房产税暂行条例》的规定，不征收房产税的地区是（　　）。

A. 县城　　B. 农村　　C. 建制镇　　D. 城市

5. 甲企业一幢房产原值 600 000 元，已知房产税税率为 1.2%，当地规定的房产税扣除比例为 20%，该房产年度应缴纳的房产税税额为（　　）元。

A. 9 360　　B. 7 200　　C. 5 040　　D. 5 760

6. 2015 年 2 月，甲企业与乙企业签订了一份合同，由甲向乙提供货物并运输到乙指定的地点，合同标的金额为 400 万元，其中包括货款和货物运输费用。货物买卖合同适用的印花税率为 0.3‰，货物运输合同适用的印花税率为 0.5‰。根据印花税法律制度的规定，甲企业应纳印花税额是（　　）万元。

A. 0.2　　B. 0.12　　C. 0.09　　D. 0.06

7. 甲有面积为 120 m^2 的住宅一套，价值 70 万元；乙有面积为 100 m^2 的住宅一套，价值 50 万元。两人进行房屋交换，差价部分乙以现金补偿林某。已知契税适用税率为 3%，则乙应缴纳的契税税额为（　　）万元。

A. 1.5　　B. 2.1　　C. 0.6　　D. 0.72

8. 甲企业本期以自产液体盐 50 000 吨和外购液体盐 8 000 吨（每吨已缴纳资源税 5 元）加工固体盐 12 000 吨对外销售，取得销售收入 600 万元。已知固体盐税额为每吨 30 元，该企业本期应缴纳（　　）资源税。

A. 36 万元　　B. 61 万元　　C. 25 万元　　D. 32 万元

9. 甲房地产公司转让商品楼收入 5 000 万元，计算土地增值额准允扣除项目金额 4 000 万元，则适用税率为（　　）。

A. 30%　　B. 40%　　C. 50%　　D. 60%

10. 张某2015年1月份，从某汽车有限公司购买一辆小汽车供自己使用，支付了含增值税税款在内的款项234 000元，另支付代收临时牌照费1 190元、代收保险费1 000元，支付工具件和零配件价款3 000元，车辆装饰费3 000元。所支付的款项均由该汽车有限公司开具“机动车销售统一发票”和有关票据。则张某应纳车辆购置税为（　　）元。

A. 20 700　　B. 24 219　　C. 20 000　　D. 23 000

11. 甲企业一辆载货汽车自重吨位为12.2吨，该地区载货汽车每吨税额为80元，则该企业这辆载货汽车每年应纳车船税为（　　）。

A. 960元　　B. 1 000元　　C. 1 040元　　D. 976元

12. 对国有控股公司以部分资产投资组建新公司，且该国有控股公司占新公司股份（　　）以上的，对新公司承受该国有控股公司土地、房屋权属免征契税。

A. 50%　　B. 70%　　C. 85%　　D. 95%

13. 土地增值税的税率形式是（　　）。

A. 全额累进税率　　B. 超额累进税率

C. 超倍累进税率　　D. 超率累进税率

二、多项选择题

1. 下列各项目，按照5元定额缴纳贴花的有（　　）。

A. 工商营业执照　　B. 商标注册证

C. 营业许可证　　D. 土地使用证

2. 单位或个人购置下列车辆应纳车辆购置税的有（　　）。

A. 有轨电车　　B. 外国驻华使馆自用车辆

C. 大客车　　D. 摩托车

3. 从租计征房产税的纳税人，适用的税率为（　　）。

A. 4%　　B. 12%　　C. 1.2%　　D. 3%

4. 根据关税法律制度的规定，下列各项中，应计入进口货物关税完税价格的有（　　）。

A. 由买方负担的购货佣金

B. 由买方负担的经纪费

C. 进口货物运抵境内输入地点起卸之后的运输及其相关费用、保险费

D. 由买方负担的与该货物视为一体的容器费用

5. 某铜矿2015年3月销售铜精矿5 000吨（选矿比为20%），每吨不含税售价1 800元，当地铜矿石资源税每吨1.2元，应纳资源税和增值税税额为（　　）。

A. 资源税0.6万元　　B. 资源税3万元

C. 增值税117万元　　D. 增值税153万元

6. 根据资源税法律制度的规定，下列各项中属于资源税征税范围的是（　　）。

A. 天然气　　B. 地下水　　C. 原油　　D. 液体盐

7. 下列各项中，规定了比例税率和定额税率两种税率形式的税种有（　　）。

A. 印花税　　B. 消费税　　C. 房产税　　D. 营业税

8. 以下可以作为房产税征税对象的有（　　）。

A. 工业企业的厂房　　B. 商业企业的仓库

C. 工业企业的厂区围墙　　D. 露天游泳池

职业能力判断

1. 纳税人新征用的耕地，自批准征用之月起满一年时，缴纳城镇土地使用税。（　）

2. 纳税人违反“三税”有关规定而加收滞纳金和罚款，应当征收城市维护建设税。（　）

3. 车船税的纳税义务发生时间，为车船管理部门核发的车船登记证书或者行驶证中记载日期的次月。（　）

4. 契税的纳税人是在我国境内转让土地、房屋权属的单位和个人。（　）

5. 载有两个或两个以上应适用不同税率经济事项的同一凭证，如分别记载金额的，应分别计算应纳税额，相加后按合计税额贴花；如未分别记载金额的，按税率高的计算贴花。（　）

6. 受托方代扣代缴“三税”的纳税人，按受托方所在地适用税率计算代扣代缴的城建税。（　）

7. 代扣代缴、代收代缴“三税”的单位和个人，同时也是城市维护建设税的代扣代缴、代收代缴义务人，其城建税的纳税地点在代扣代收地。（　）

8. 纳税人开采或生产应税产品自用的，以生产数量为资源税的课税数量。（　）

9. 纳税人建造普通标准住宅出售，增值额未超过扣除项目金额 20% 的，免征土地增值税；如果超过 20% 的，应就其全部增值额按规定计税。（　）

10. 城镇土地使用税的征税范围是城市、县城、建制镇和工矿区内属于国家所有和集体所有的土地。（　）

11. 企业办的学校、医院、托儿所、幼儿园，其用地能与企业其他用地明确区分的，免征城镇土地使用税。（　）

12. 车船税法及其实施条例涉及的整备质量、净吨位、艇身长度等计税单位，有尾数的一律按照含尾数的计税单位据实计算车船税应纳税额。计算得出的应纳税额小数点后超过两位的可四舍五入保留两位小数。（　）

13. 城建税的征税范围不包括农村。（　）

14. 纳税人新征用的耕地，自批准使用之日起满一年时开始缴纳土地使用税。（　）

项目实训

1. 甲煤矿企业 2015 年 3 月与铁路部门签订运输合同，记载运输费及保管费共计 500 万元，由于该合同中涉及货物运输合同和仓储保管合同两个税目，而且二者税率不同，前者为 0.5‰，后者为 1‰，根据规定，未分别记载金额的，按税率高的计税贴花，即按 1‰税率计算应贴印花，其应纳税额 = 5 000 000×1‰ = 5 000（元）。若分开记载，则运输费 300 万元，保管费 200 万元。请对其进行税务筹划。

2. 甲外贸进出口企业主要从事销售某进口洗衣机，年销售量为 10 000 台，每台国内的销售价格为 8 000 元，进口关税完税价格为 5 000 元，假定适用进口环节的关税税率为 25%，增值税税率 17%。现在该企业管理层提出一改革方案：在取得该品牌洗衣机厂商的同意和技术协作的前提下，先进口该品牌洗衣机的电路板和发动机，电路板和发动机的进口关税完税价格为整机关税完税价格的 60%，假定适用进口环节的关税税率为 20%。然后，委托国内技术先进的企业加工其他配件，并完成整机组装，所发生的加工费为整机关税完税价格的50%，进口电路板和发动机及加工劳务的增值税税率为17%。请从税务筹划的角度分析该管理层议案是否可行。

3. 甲矿产企业2014年10月份开采销售煤炭10 000吨，其中开采销售焦煤4 000吨，开采销售其他煤炭6 000吨。当地规定，焦煤单位税额为每吨10元，其他煤炭单位税额为每吨3元。请对其进行税务筹划。

4. 甲房地产企业欲开发一片花园式小区，除住宅、商店、幼儿园外，还包括围墙、水塔、停车场、露天凉亭、游泳池等建筑物，总计造价为12亿元。问：若将这些附属设施全部计入房产原值，企业应缴纳多少房产税？如果除住宅、商店、幼儿园外的建筑物的造价为1亿元左右，假设当地的房产原值扣除比例为30%，问企业如何进行税务筹划？

5. 某房地产开发公司专门从事普通住宅商品房开发。2007年3月2日，该公司出售普通住宅一幢，总面积91 000 m^2。该房屋支付土地出让金2 000万元，房地产开发成本8 800万元，利息支出为1 000万元，其中40万元为银行罚息（不能按收入项目准确分摊）。假设城建税税率为7%，印花税税率为0.5‰、教育费附加征收率为3%。当地省级人民政府规定允许扣除的其他房地产开发费用的扣除比例为10%。企业营销部门在制订售房方案时，拟订了两个方案。方案一，销售价格为平均售价2 000元/m^2；方案二，销售价格为平均售价1 978元/m^2。问题：（1）分别计算各方案中该公司应纳土地增值税；（2）比较分析哪个方案对房地产公司更为有利，并计算两个方案实现的所得税前利润差额。（2008注册税务师《税务代理实务》真题）

6. 甲商业零售企业现有5栋闲置库房，房产原值总共为2 000万元，企业经研究提出以下两种利用方案：一是出租方案，将闲置库房出租收取租赁费，年租金收入为200万元；二是仓储方案，配备保管人员将库房改为仓库，为客户提供仓储服务，收取仓储费，年仓储收入也为200万元，但需每年支付给保管人员2万元。当地的房产原值的扣除比例为30%。企业选择哪种方案更节税？

7. 有A、B、C三位经济当事人，A和C均拥有一套价值60万元的房屋，B想购买A的房屋，A也想购买C的房屋后出售自己的房屋。假设当地契税税率为3%，请对其进行税务筹划。

第 3 篇

纳税人不同环节下的税务筹划

- 项目 9　企业签订合同中的税务筹划
- 项目 10　企业创建设立中的税务筹划
- 项目 11　企业投资融资中的税务筹划
- 项目 12　企业生产经营中的税务筹划
- 项目 13　企业合并分立中的税务筹划

项目 9

企业签订合同中的税务筹划

知识目标:

（1）了解避免陷入合同税收陷阱的税务筹划的基本方法；

（2）熟悉改变合同性质的税务筹划的基本方法；

（3）掌握增加合同个数的税务筹划、签订分期收款合同的税务筹划的基本方法。

能力目标:

（1）能够在实际工作中熟练运用具体的税务筹划方法，对企业签订合同中的涉税事项进行税务筹划；

（2）能够在掌握本项目企业签订合同税务筹划案例及方法的基础上，创造性地对企业签订合同中的涉税事项进行税务筹划。

任务 9.1　增加合同个数的税务筹划①

任务案例

【例 9-1】甲某企业将其闲置的厂房及可随意移动的附属设备和配套设施（如沙发、办公桌、机器设备等）整体出租，租金共 400 万元（其中厂房分摊 300 万元，可随意移动的附属设备和配套设施分摊 100 万元）。请对其进行税务筹划。

任务准备

[税法依据]

《国家税务总局关于进一步明确房屋附属设备和配套设施计征房产税有关问题的通知》（国税发〔2005〕173 号）规定：1. 为了维持和增加房屋的使用功能或使房屋满足设计要求，凡以房屋为载体，不可随意移动的附属设备和配套设施，如给排水、采暖、消防、中央空调、电气及智能化楼宇设备等，无论在会计核算中是否单独记账与核算，都应计入房产原

① 梁文涛．经济合同签订的相关纳税筹划［J］．财会月刊：会计（中），2011（11）．

值，计征房产税。2. 对于更换房屋附属设备和配套设施的，在将其价值计入房产原值时，可扣减原来相应设备和设施的价值；对附属设备和配套设施中易损坏、需要经常更换的零配件，更新后不再计入房产原值。

［筹划过程］

房产税的计征对象为房产，包括不可随意移动的附属设备和配套设施，但可以不包括可随意移动的附属设备和配套设施。如果把房屋租赁中可随意移动的附属设备和配套设施（如沙发、办公桌、机器设备等）单独计价、出租，则这部分可随意移动的附属设备和配套设施的租金收入就不计缴房产税，只计缴营业税。

任务执行

方案一：采用整体出租的方式，签订一份租赁合同，则可随意移动的附属设备和配套设施被视为房屋整体的一部分，因此，可随意移动的附属设备和配套设施租金也并入房产税的计税依据。

应纳房产税＝(300+100)×12%＝48（万元）

应纳营业税＝(300+100)×5%＝20（万元）

合计应纳税额＝48+20＝68（万元）

方案二：采取分别签订合同的方式，即分别签订出租厂房和可随意移动的附属设备和配套设施两份合同，则可随意移动的附属设备和配套设施不作为房屋的一部分，因此可随意移动的附属设备和配套设施租金不计入房产税的计税依据。

应纳房产税＝300×12%＝36（万元）

应纳营业税＝(300+100)×5%＝20（万元）

合计应纳税额＝36+20＝56（万元）

任务结论

方案二比方案一少缴税 12 万元（68 万-56 万），因此，应当选择方案二。

任务点评

通过签订两份合同分别出租，降低了房产税的计税依据，从而降低了房产税税负。

任务 9.2 减少合同参与人数的税务筹划[①]

任务案例

【例 9-2】甲、乙、丙、丁 4 人签订合同，乙、丙、丁 3 人基本利益一致，合同总金额为 1 000 万元，适用印花税税率为 0.5‰。请对其进行税务筹划。

① 梁文涛．经济合同签订的相关纳税筹划［J］．财会月刊：会计（中），2011（11）．

任务准备

[税法依据]

对于同一凭证，如果由两方或两方以上当事人签订并各执一份的，各方均为纳税人，应当由各方就所持凭证的各自金额贴花。所谓当事人，是指对凭证有直接权利义务关系的单位和个人，不包括担保人、证人、鉴定人。

[筹划思路]

应当在不影响合同效力的前提下，尽量减少书立使用各种凭证的参与人数，使更少的人缴纳印花税，使当事人的总体税负下降，从而达到少缴税款的目的。

任务执行

方案一：甲、乙、丙、丁 4 人签订合同。

$$各方共需贴花=1\ 000\times 0.5‰\times 4=2\ （万元）$$

方案二：由于乙、丙、丁 3 人基本利益一致，可以任意选派乙作为代表，让其和甲签订合同。

$$各方共需贴花=1\ 000\times 0.5‰\times 2=1\ （万元）$$

任务结论

方案二比方案一各方共少贴花 1 万元（2 万−1 万），因此，应当选择方案二。

任务点评

本案例的前提是乙、丙、丁 3 人基本利益一致，以至于减少合同签订的参与人数后不影响合同的效力和各方利益。但乙、丙、丁 3 人基本利益不一致的情况，或是作为代表的乙方以后若出现违约情况，则不适合这种筹划思路。

任务 9.3　避免陷入合同税收陷阱的税务筹划[①]

任务案例

【例 9-3】 甲保健品公司采用直销方式推销产品，由业务员为其推销，其业务员并非企业雇用的员工，而是一些兼职人员，所签合同并非劳动合同，而是业务或劳务合同。合同中有如下条款："业务员从公司的提货价必须要与卖给客户的零售价一致，然后根据销售额的 5% 从公司获取提成。"本年度该保健品公司直销收入总额为 10 000 万元，进项税为 500 万元。请对其进行税务筹划。

---

① 梁文涛．经济合同签订的相关纳税筹划［J］．财会月刊：会计（中），2011（11）．

任务准备

[税法依据]

一般纳税人应纳增值税=销项税-进项税=不含税销售额×17%（13%）-不含税购进额×17%（13%）=不含税增值额×17%（13%）

小规模纳税人应纳增值税=不含税销售额×3%

关于直销企业增值税销售额确定有关问题的公告（国家税务总局公告2013年第5号）规定：根据《中华人民共和国增值税暂行条例》及其实施细则规定，现将直销企业采取直销方式销售货物增值税销售额确定有关问题公告如下：一、直销企业先将货物销售给直销员，直销员再将货物销售给消费者的，直销企业的销售额为其向直销员收取的全部价款和价外费用。直销员将货物销售给消费者时，应按照现行规定缴纳增值税。二、直销企业通过直销员向消费者销售货物，直接向消费者收取货款，直销企业的销售额为其向消费者收取的全部价款和价外费用。本公告自2013年3月1日起施行。此前已发生但尚未处理的事项可按本公告规定执行。

[筹划思路]

一般纳税人销售货物，只要其采购时取得专用发票，按增值额来缴纳增值税；但小规模纳税人的增值税纳税义务与增值额无关，仅与销售额有关。因此，应当尽量避免小规模纳税人从一般纳税人处购买货物的情况，在个人（小规模纳税人）为企业（一般纳税人）的直销业务中，应当避免企业先将产品卖给个人，个人再对外销售的合同条款。

任务执行

方案一：仍采用原合同的条款。

须分为两道销售环节，第一道是公司将商品按照提货价卖给业务员，应纳增值税=10 000×17%-500=1 200（万元）；第二道是业务员将商品按照零售价卖给客户，应纳增值税=10 000×3%=300（万元）。（当然，这300万元的增值税，业务员不可能去缴，只能由公司代缴。）

方案二：修改合同条款为："业务员替公司，以公司的名义去销售，按照公司统一定价卖给客户，然后根据销售额的5%从公司获取提成。"

则只有一道销售环节，即公司销售给客户。应纳增值税=10 000×17%-500=1 200（万元）。

任务结论

方案二比方案一少缴纳增值税300万元（1 200万+300万-1 200万），因此，应当选择方案二。

任务点评

聘请财税专业人士审查合同，避免不必要的税收风险，成为企业签订合同时越来越需要注意的问题。

任务9.4 签订分期收款合同的税务筹划[①]

任务案例

【例9-4】甲商业企业有一笔不含税售价为1 000万元的销售业务，款项无法一次性收回，第一年可收回400万元，第二年可收回300万元，第三年可收回300万元。与此业务相关的可抵扣购进金额为400万元，假设不考虑其他相关费用。请对其进行税务筹划。

任务准备

[税法依据]

企业所得税法规定，以分期收款方式销售货物的，按照合同约定的收款日期确认收入的实现；增值税暂行条例规定，采取赊销和分期收款方式销售货物，为书面合同约定的收款日期的当天，无书面合同的或者书面合同没有约定收款日期的，为货物发出的当天。

[筹划思路]

对于企业销售业务大、全款无法一次性收回的情况，若签订了普通销售合同，而非签订分期收款合同，则在第一年度应当全部确认收入，全额纳税；若签订分期收款合同，在合同中约定收款的具体日期，则分期纳税，由此可延缓纳税时间，获取资金的时间价值。

任务执行

方案一：签订普通销售合同，即1 000万元在第一年全部确认为收入。

应纳增值税=(1 000-400)×17%=102（万元）

应纳城市维护建设税和教育费附加=102×(7%+3%)=10.2（万元）

应纳企业所得税=(1 000-400-10.2)×25%=147.45（万元）

合计应纳税额=102+10.2+147.45=259.65（万元）

方案二：签订分期收款合同，则只有400万元在第一年确认收入。

应纳增值税=(400-400)×17%=0（万元）

应纳城市维护建设税和教育费附加=0（万元）

应纳企业所得税=(400-400×400÷1 000-0)×25%=60（万元）

合计应纳税额=0+0+60=60（万元）

任务结论

方案二比方案一少缴税199.65万元（259.65万-60万），因此，应当选择方案二。

① 梁文涛.经济合同签订的相关纳税筹划[J].财会月刊：会计（中），2011（11）.

任务点评

方案二虽然第二年、第三年还是要将第一年少缴的税199.65万元缴上，但却延缓了纳税时间，获取了资金的时间价值。

任务9.5 改变合同性质的税务筹划①

任务案例

【例9-5】 甲商业零售企业现有5栋闲置库房，房产原值总共为2 000万元，企业经研究提出以下两种利用方案：一是出租方案，将闲置库房出租收取租赁费，年租金收入为200万元；二是仓储方案，配备保管人员将库房改为仓库，为客户提供仓储服务，收取仓储费，年仓储收入也为200万元，但需每年支付给保管人员2万元。当地的房产原值的扣除比例为30%。请对其进行税务筹划。（提示：仓储业已经纳入“营改增”的征收范围，应当按照“物流辅助服务”申报缴纳增值税，适用6%的增值税税率；仓库租赁属于不动产租赁，尚未纳入“营改增”的征收范围，仍然按照营业税相关规定缴纳营业税，适用5%的营业税税率。）

任务准备

[税法依据]

房产税的计征方式有两种：一是从价计征，二是从租计征。从价计征的房产税，是以房产余值为计税依据，税率为1.2%，即按房产原值一次减除10%～30%后的余值的1.2%计征；从租计征的房产税，是以房屋出租取得的租金收入为计税依据，税率为12%，即按房产出租的租金收入的12%计征。

[筹划思路]

企业可以根据自己的实际情况，在可以选择计征方式的前提下，通过比较两种计征方式税负的大小，选择税负低的计征方式，以达到节税的目的。

任务执行

方案一：签订房屋租赁合同，将库房对外出租，其计税依据为租金收入。

应纳房产税 = 200×12% = 24（万元）

应纳营业税 = 200×5% = 10（万元）

应纳城建税及教育费附加 = 10×(7% +3%) = 1（万元）

共支出额 = 24+10+1 = 35（万元）

税后利润 = (200−24−10−1)×(1−25%) = 123.75（万元）

方案二：签订仓储保管合同，将单纯的库房出租改变为提供仓储保管服务，其计税依据

① 梁文涛. 房产税的税务筹划案例分析［J］. 商业会计，2010（3）.

变为房产余值。

应纳房产税=2 000×(1-30%)×1.2%=16.8（万元）

应纳增值税=200÷(1+6%)×6%-2=9.32（万元）

应纳城建税及教育费附加=9.32×(7%+3%)=0.932（万元）

应支付给保管人员的支出=2（万元）

税后利润=(200-16.8-0.932-2)×(1-25%)=135.20（万元）

任务结论

方案二比方案一多获取税后利润 11.45 万元（135.20 万-123.75 万），因此，应当选择方案二。

任务点评

通过变换方式，改变了房产税的计征方式，从而降低了房产税税负。当然，前提是变换方式不会影响到本企业的生产经营，且得到对方的接受。另外，还需注意的是，签订仓储保管合同，加大了自身的风险，企业应当权衡利弊，综合考虑，选择合理的方案。

本项目关键词

增加合同个数　减少合同参与人数　合同税收陷阱　分期收款合同　改变合同性质

本项目思考题

1. 如何对增加合同个数进行税务筹划？
2. 简述签订分期收款合同的税务筹划思路。

推荐网站

1. http：//www.baichengtax.com　（百丞税务咨询网）
2. http：//www.ctax.com.cn　（中华财税咨询信息网）

拓展阅读

是购买还是委托加工？[①]

目前我们企业是不是存在着类似的情况，比如说我今天要去一个生产企业采购原材料，可是去了之后，对方说："对不起，我们是小规模纳税人，我没有增值税发票。"没有增值税发票，我哪还敢买他的产品？买回去没有进项税抵扣，就得多缴税。可是找了半天也没找到有增值税发票的公司，没有一般纳税人生产这个产品。这时该怎么办？只能又回来找这个

① 宋洪祥．不缴糊涂税［M］．北京：经济日报出版社，2010：102-105.

小规模纳税人购买，公司正等着用产品呢，可买了就要多缴税，不能抵扣。

于是就和对方协商："你没有增值税发票我就得多缴税，咱们协商一下，你能不能把价格稍微便宜点？"有很多企业都这么做生意，不开增值税发票不要紧，只要价格能便宜些，也就不在乎这张增值税发票，给开个普通发票也行。可是对方说："你要就要，不要拉倒，我们一分钱都不能便宜。"他一分钱都不降，这怎么办？

到这个时候他看出问题来了，就对我说："你不就想要一张17%的增值税发票吗？"

我说："当然了，你如果有增值税发票，我就不和你谈价钱了。"

对方说："虽然我不能开，但我们生产产品的时候也得去买原材料，我没有增值税发票，可我的供应商有增值税发票，等下次我去进货的时候，让他直接给你开17%的增值税发票，反正我留着增值税发票也办不了抵扣。"

你说目前市场有没有这种情况？我去买原材料的时候，他不给我开发票，他把他供应商的发票给我？不但有，而且还有不少。但这样做合法不合法？我们接着分析。

作为客户，我的采购合同和谁签？应该和我的供应商（甲）签。我的货款付给我的供应商（甲），我的供应商（甲）把产品交给我，可是发票呢？是他的供应商（乙）给我开的，那么我敢要这张发票吗？把这张发票拿回来之后，上面开具的产品种类和我买的产品能一样吗？这不就使我的财务一定要造假吗？这就叫虚开发票。那你说这张发票是善意取得还是恶意取得的？这叫恶意取得，明明知道不合法，但还是取得了。所以在这种情况下，不仅进项税不能抵扣，还要处罚，严重的要追究刑事责任。

那么有的朋友问，能不能把它变成合法的业务来做呢？能。有些事不是做不了，而要看你怎么去做。目前我们很多业务员出去谈业务根本不懂税法的相关规定，也不知道要先用税收的手段来分析整个业务过程。如果我们有税务经理或者税务顾问，能帮他们仔细分析这个过程，事先调整，就完全可以按照一个合法的过程去做。

比如说，今天我去找我的供应商（甲）采购原材料，供应商（甲）说他没有增值税发票，要发票得找他的供应商（乙）给我开。遇到这种情况，我首先要问我的供应商（甲），你想不想和我长期合作？他说想。那么如果想长期合作，我先问你，你卖给我100万元的产品，你在生产这100万元的产品的时候耗用了你供应商多少原材料？这都能算得出来，打个比方说，用了70万元的原材料，那这70万元的原材料怎么来的呢？花钱买的。既然你也要花钱去买，那我们协商一下，你就别动这笔资金了，干脆我掏钱买吧。我和你的供应商（乙）签个购销合同，给他70万元，把他的原材料买回来，之后让他给我开发票，但这70万元的原材料费我直接给你供应商（甲），再和你签一个30万元的加工合同，这样，我就把一笔业务分开来做。

那70万元的原材料发票我这边可不可以抵扣了？可以。但是有人说我损失了加工费的税。由于供应商（甲）是小规模纳税人，他不能到税务局代开增值税发票。但大家知道，税务局代开发票，生产型的企业只能开6%（2009年后为3%），这样最起码我还能抵扣6%，我在加工费上损失30万元11%的税，可是我的供应商（甲）少缴了税。当初他卖100万元的产品，如果开普通发票，要按照100万元缴6%的增值税，但今天他只收了我30万元的加工费，只缴30万元的6%即9 000元，实际上他有70万元少缴了6%的税。那么你少缴了，我这边少了抵扣，多缴了税，咱们俩商量商量，你在价格上给我找齐，大家不就扯平了吗？采用这种方式实际对我们三方都没有多大损失，难道这种方式不合法吗？

本项目技能训练

职业能力选择

一、单项选择题

1. 以分期收款方式销售货物的，按照（　　）确认收入的实现。

A. 合同约定的收款日期　　B. 书面合同约定的收款日期的当天

C. 货物发出的当天　　D. 合同约定的收款日期的次日

2. 仓储保管合同的计税依据为（　　）。

A. 租金收入　　B. 房产余值

C. 房产余值和租金收入的和　　D. 其他

3. 税务筹划的最佳时期是（　　）。

A. 合同签订前　　B. 合同签订中

C. 合同签订后　　D. 合同事项发生后

二、多项选择题

1. 纳税人提供建筑业劳务的，其营业额应当包括（　　）。

A. 工程所用原材料　　B. 设备及其他物资

C. 动力价款　　D. 建设方提供的设备价款

2. 房产税的计征方式有（　　）。

A. 从价计征　　B. 从租计征　　C. 复合计征　　D. 从率计征

职业能力判断

1. 房产税的计征对象为房产，但不包括与房屋可分离的附属设施。（　　）

2. 采取赊销和分期收款方式销售货物，为书面合同约定的收款日期的次天。（　　）

3. 房产税的计征方式有两种：一是从价计征，二是从租计征。（　　）

项目实训

1. 甲铝合金门窗生产企业负责为乙建筑安装公司加工一批铝合金门窗，加工所需原材料由甲铝合金门窗生产企业提供，甲铝合金门窗生产企业共收取加工费及原材料费共计 500 万元，其中甲铝合金门窗生产企业提供的原材料价值为 300 万元，收取的加工费为 200 万元。请对其进行税务筹划。

2. 甲和乙在订立合同之初认为履行合同金额为 3 000 万元，且在合同中记载了履行金额 3 000 万元，而实际最终结算时发现只履行 2 000 万元。适用印花税税率为 1‰。请对其进行税务筹划。

项目 10

企业创建设立中的税务筹划

知识目标：

(1) 了解国家重点扶持的高新技术企业注册地点选择的税务筹划的基本方法；

(2) 熟悉利用西部大开发优惠政策进行注册地点选择的税务筹划的基本方法；

(3) 掌握一般纳税人与小规模纳税人选择的税务筹划、企业设立时组织形式选择的税务筹划、企业扩张时组织形式选择的税务筹划的基本方法。

能力目标：

(1) 能够在实际工作中熟练运用具体的税务筹划方法，对企业创建设立中的涉税事项进行税务筹划；

(2) 能够在掌握本项目企业创建设立中的税务筹划案例及方法的基础上，创造性地对企业创建设立中的涉税事项进行税务筹划。

任务 10.1　一般纳税人与小规模纳税人选择的税务筹划[①]

任务案例

【例 10-1】2015 年某投资方欲设立甲生产企业，预计 2015 年销售额 45 万元（不含税），会计核算制度不十分健全，不符合作为增值税一般纳税人的条件，若企业健全会计制度（建立会计账簿，企业有会计，有账册，能够正确计算进项税额、销项税额和应纳税额，并能按规定报送有关税务资料的），每年需多支出 3 万元，于是符合作为增值税一般纳税人的条件（适用 17%增值税率），甲企业全年从供应商（假设为增值税一般纳税人，适用 17%增值税率）购入原材料 30 万元（不含税），其他支出 5 万元。甲企业适用城建税税率为 7%，教育费附加率为 3%。请对其进行税务筹划。

① 梁文涛．纳税人身份或类型选择的税务筹划［J］．企业管理，2011（3）．

任务准备

[税法依据]

一般纳税人销售或者进口货物，提供加工、修理修配劳务，税率一般为17%；销售或者进口部分优惠税率货物，税率为13%。小规模纳税人增值税征收率为3%。

小规模纳税人的标准为：① 从事货物生产或者提供应税劳务的纳税人，以及以从事货物生产或者提供应税劳务为主，并兼营货物批发或者零售的纳税人，年应征增值税销售额（以下简称应税销售额）在50万元以下（含本数，下同）的；② 上述规定以外的纳税人，年应税销售额在80万元以下的。第一条所称以从事货物生产或者提供应税劳务为主，是指纳税人的年货物生产或者提供应税劳务的销售额占年应税销售额的比重在50%以上。

基层税务机关要加强对小规模生产企业财会人员培训，帮助建立会计账簿，只要小规模企业有会计，有账册，能够正确计算进项税额、销项税额和应纳税额，并能按规定报送有关税务资料的，年应税销售额不低于30万元，可以申请资格认定，成为一般纳税人，不作为小规模纳税人。

[筹划思路]

假设企业以实现净利润最大化为税务筹划目标，可以通过比较相同情况下一般纳税人和小规模纳税人各自净利润的大小，最终选择净利润较大的方案。

任务执行

方案一：若企业选择作为增值税小规模纳税人。

应纳增值税 $=45\times3\%=1.35$（万元）

应纳城建税及教育费附加 $=1.35\times(7\%+3\%)=0.135$（万元）

净利润 =（增值税不含税销售额 − 增值税含税购进金额 − 其他支出 − 城建税及教育费附加）×（1 − 企业所得税税率）$=[45-30\times(1+17\%)-5-0.135]\times(1-25\%)$

$=3.57$（万元）

方案二：若企业健全会计制度，申请作为增值税一般纳税人。

应纳增值税 $=45\times17\%-30\times17\%=2.55$（万元）

应纳城建税及教育费附加 $=2.55\times(7\%+3\%)=0.255$（万元）

净利润 =（增值税不含税销售额 − 增值税不含税购进金额 − 其他支出 − 健全会计制度支出额 − 城建税及教育费附加）×（1 − 企业所得税税率）

$=(45-30-5-3-0.255)\times(1-25\%)=5.06$（万元）

任务结论

方案二比方案一多获取净利润1.49万元（5.06万 − 3.57万），因此，应当选择方案二。

任务点评

一方面，从供应商纳税人身份的角度考虑，本案例的供应商是增值税一般纳税人，本企业选择一般纳税人是有利的，但是一旦供应商变为小规模纳税人，则本企业若选择一般纳税人，不能抵扣进项税，便失去了作为一般纳税人的意义，若仍选择作为一般纳税人，便存在了一定的税务筹划风险。另一方面，从销售对象纳税人身份的角度考虑，如果企业产品销售对象多为一般纳税人，它们需要收到增值税专用发票来抵税，此时企业选择一般纳税人，才有利于产品的销售；如果企业产品销售对象多为小规模纳税人，考虑到价格因素，此时企业选择作为小规模纳税人是比较有利的。若企业未考虑销售对象因素，而去盲目筹划也会存在一定的税务筹划风险。

任务 10.2　国家重点扶持的高新技术企业注册地点选择的税务筹划

任务案例

【例 10-2】甲公司 2015 年年初欲投资设立国家重点扶持的高新技术企业乙公司（独立的法人）。现有两种方案可供选择：一是在广州市设立；二是在珠海经济特区设立。假设乙公司不论在哪里设立，都不影响其生产经营，其盈利预计每年都为 2 000 万元。请对其进行税务筹划。

任务准备

[税法依据]

对经济特区和上海浦东新区内在 2008 年 1 月 1 日（含）之后完成登记注册的国家需要重点扶持的高新技术企业（以下简称新设高新技术企业），在经济特区和上海浦东新区内取得的所得，自取得第一笔生产经营收入所属纳税年度起，第一年至第二年免征企业所得税，第三年至第五年按照 25% 的法定税率减半征收企业所得税。

[筹划思路]

国家重点扶持的高新技术企业设立选址时，在不影响正常生产经营的情况下，应尽量选择在经济特区或上海浦东新区登记注册，以充分享受税收优惠。

任务执行

方案一：在广州市设立。

乙公司前五年应纳企业所得税 = 2 000×15%×5 = 1 500（万元）

税后利润 = 2 000×5-1 500 = 8 500（万元）

方案二：在珠海经济特区设立。

乙公司前五年应纳企业所得税 = 2 000×25%×50%×3 = 750（万元）

税后利润 = 2 000×5-750 = 9 250（万元）

任务结论

方案二比方案一乙公司少缴纳企业所得税 750 万元（1 500 万-750 万），多获取税后利润 750 万元（9 250-8 500），因此，应当选择方案二。

任务点评

仅考虑税负因素进行选址，在有些情况下，可能会影响企业的生产经营业绩。企业不能只是单纯地考虑税负因素来对企业进行选址。

任务 10.3 利用西部大开发优惠政策进行注册地点选择的税务筹划

任务案例

【例 10-3】 甲公司 2014 年年初欲投资设立一属于固沙、保水、改土新材料生产企业。乙公司现有两种方案可供选择：一是在河北省设立；二是在陕西省（属于西部范围）设立。假设该乙公司设立在河北省，前五年预计每年盈利都为 5 000 万元，以后各年预计每年盈利都为 6 000 万元；假设该乙公司设立在陕西省，前五年预计每年盈利都为 4 500 万元，以后各年预计每年盈利都为 6 000 万元。假设没有企业所得税纳税调整项目。请对其进行税务筹划。

任务准备

[税法依据]

对设在西部地区国家鼓励类产业的企业，在 2011 年 1 月 1 日至 2020 年 12 月 31 日期间，减按 15% 的税率征收企业所得税。

[筹划思路]

投资者可以考虑在西部地区设立国家鼓励类产业的企业，以充分享受西部大开发的企业所得税低税率优惠政策。

任务执行

方案一：在河北省设立。

乙公司前五年应纳企业所得税合计 = 5 000×25%×5 = 6 250（万元）

前五年税后利润合计 = 5 000×5-6 250 = 18 750（万元）

方案二：在陕西省设立。

乙公司前五年应纳企业所得税合计 = 4 500×15%×5 = 3 375（万元）

前五年税后利润合计 = 4 500×5-3 375 = 19 125（万元）

任务点评

方案二比方案一乙公司前五年少缴纳企业所得税 2 875 万元（6 250 万-3 375 万），多获取税后利润 375 万元（19 125 万-18 750 万），因此，应当选择方案二。

任务点评

在西部注册属于国家鼓励类产业的企业，虽然可享受西部大开发的税收优惠政策，但有些时候未必会获得较好的经营业绩。若决策不当，往往得不偿失。

任务 10.4 企业设立时组织形式选择的税务筹划[①]

任务案例

【例 10-4】 A、B、C 三个自然人欲于 2015 年年初投资开设一商店，预计年实现利润为 120 万元，该商店最终将利润（如为公司制企业，则为税后利润）全部均分给投资者。现有两种方案可以选择：一是设立为有限责任公司，二是设立为合伙企业。请对其进行税务筹划。

任务准备

[税法依据]

在中华人民共和国境内，企业和其他取得收入的组织（以下统称企业）为企业所得税的纳税人，依照企业所得税法的规定缴纳企业所得税。我国目前企业的组织形式主要有股份公司、有限责任公司、合伙企业和个人独资企业。个人独资企业和合伙企业不作为企业所得税的纳税人，即只缴纳个人所得税，而股份公司、有限责任公司缴纳完企业所得税后，股东还得再缴纳个人所得税。

[筹划思路]

企业可以计算不同组织形式下其税负的大小，来选择税负最低情况下的企业组织形式。

任务执行

方案一：设立为有限责任公司。

则既缴纳企业所得税，又缴纳个人所得税。

商店应纳企业所得税＝1 200 000×25%＝ 300 000（元）

A、B、C 三个投资者应纳个人所得税总额＝[（1 200 000－300 000）÷3]×20%×3

＝180 000（元）

应纳税合计＝300 000+180 000＝480 000（元）

方案二：设立为合伙企业。

则只缴纳个人所得税。

假设个人分得的利润为应纳税所得额，则：

① 梁文涛. 新企业所得税法下的税务筹划 [J]. 财会月刊：会计（中），2009（8）.

A、B、C 三个投资者应纳个人所得税总额＝(1 200 000÷3×35%－19 750)×3

＝360 750（元）

应纳税合计＝360 750（元）

任务结论

方案二比方案一少缴税 119 250 元（480 000－360 750），因此，应当选择方案二。

任务点评

设立合伙企业虽可节税，但不利于扩大企业的经营规模和长期发展，因此，企业应综合考虑，权衡利弊，以作出合理的决策。

任务 10.5 企业扩张时组织形式选择的税务筹划①

任务案例

【例 10－5】甲公司 2015 年年初欲在外地设立乙公司，预计 2015 年乙公司亏损 40 万元，甲企业自身盈利 100 万元。假设没有纳税调整项目，请对其进行税务筹划。

任务准备

[税法依据]

以具有法人资格的企业或组织为纳税人。分公司（不具有法人资格）与母公司汇总缴纳企业所得税，子公司（具有法人资格）单独缴纳企业所得税。

[筹划思路]

对于存在亏损子公司的企业集体，可以通过工商变更，将子公司变更为分公司，汇总缴纳所得税，可以使分公司的亏损和总公司的盈利相互抵消，从而减少应纳税所得额，减轻企业所得税税负。对于要新设立分支机构的情况，也可以根据预期盈利情况考虑是设立子公司还是分公司，以获取最大的节税效益。

任务执行

方案一：将乙公司设立为子公司。则：

甲公司应纳企业所得税＝100×25%＝25（万元）

乙公司不纳税，其亏损额 40 万元待以后年度弥补，则：

整个集团应纳企业所得税＝25（万元）

方案二：将乙公司设立为分公司。

① 梁文涛．新企业所得税法下的税务筹划［J］．财会月刊：会计（中），2009. 8.

此时，乙公司汇总到甲公司统一纳税。

整个集团应纳企业所得税＝(100－40)×25%＝15（万元）

任务结论

方案二比方案一少缴纳企业所得税 10 万元（25 万－15 万），因此，应当选择方案二。

任务点评

在方案二中，当年少缴的税金虽然以后一般情况下还是要上缴，但却延缓了纳税时间，充分利用了资金的时间价值。然而分公司与子公司相比有较小的独立经营和决策的权力，使得在一些重要合同的签订、决策的制定上有赖于总公司，将会对其资本流动及运营带来很多不利的影响。

本项目关键词

高新技术企业　西部大开发　设立时的组织形式　扩张时的组织形式

本项目思考题

1. 如何利用注册地点的选择进行税务筹划？
2. 如何对企业组织形式的的选择进行税务筹划？
3. 从纳税的角度进行分析，如何对子公司和分公司进行选择？

推荐网站

1. http：//www. chinaacc. com　（中华会计网校）
2. http：//www. csj. sh. gov. cn　（上海财税网）

拓展阅读

理顺业务关系机构选择[①]

对于业务整合过程的机构设立问题，同样也需要进行斟酌，这里我们引用上海振信财务咨询有限公司提供的一个案例来进行分析。

甲公司为了有效降低采购成本，在某市投资设立了上游企业丙公司，丙公司将生产的成品 A 产品销售给甲公司，作为甲公司的主要材料用于继续深加工；最后加工成 B 产品销售，B 产品的加工周期较长，一般为 2 年。已知甲、丙公司均为增值税一般纳税人，增值税税率为 17%，城建税税率为 7%，教育费附加征收率为 3%，企业未享受税收优惠政策，适用的企业所得税税率为 25%。按 2008 年度财务预算分析，当年甲公司计划购入丙公司的 A 产品

① 庄粉荣．制造企业财税筹划实务［M］．北京：中国经济出版社，2011：43-46.

60 000 万元，并全部投入用于加工 B 产品，预计至 2009 年才加工完成并销售。假定丙公司产品销售利润率为 20%。甲公司 2008 年实现销售收入 100 000 万元，发生业务招待费 800 万元；丙公司 2008 年实现销售收入 60 000 万元，发生业务招待费 100 万元。

筹划方案分析：

甲公司投资设立的丙公司，不管是作为子公司还是作为分公司，其目的都是降低采购成本，因此，应将甲公司及其投资设立的丙公司作为一个整体考虑，两家公司发生的购销往来作为内部往来可以合并抵消，只有对外缴纳的税费支出，才会产生实际的现金流出和利润减少。

方案一：母、子公司形式。

甲公司及其投资设立的丙公司均为独立法人企业，独立承担债权债务和承担民事权利，独立纳税。丙公司销售 A 产品 60 000 万元给甲公司，按照国家税务总局《关于确认企业所得税收入若干问题的通知》（国税函〔2008〕875 号）规定，符合收入能够可靠地计量、成本能够可靠地计算、没有保留与所有权相联系的继续管理权及有效控制、合同已签订等收入确认条件，以产品销售利润率 20% 计算，当年实现利润总额为 60 000×20% = 12 000（万元）；当年应缴企业所得税为：12 000×25% = 3 000（万元）；同时，因销售 A 产品应缴印花税为：60 000×0. 3‰ = 18（万元）；同样，甲公司购入 A 产品应缴印花税为：60 000×0. 3‰ = 18（万元）；购销业务合计应缴印花税为：18+18 = 36（万元）。

甲公司购入丙公司的 A 产品用于继续加工，加工周期较长，产成品在第二年才销售。增值税方面，因双方为增值税一般纳税人，在凭票扣税的政策下，发生的购销业务可及时抵扣，不存在时间差问题。

根据《企业所得税法实施条例》第四十三条规定，企业发生的与生产经营活动有关的业务招待费支出，按照发生额的 60% 扣除，但最高不得超过当年销售（营业）收入的 5‰。

甲公司发生业务招待费 800 万元，为此可税前扣除 800×60% = 480（万元），低于 100 000×5‰ = 500（万元）；

丙公司发生业务招待费 100 万元，可税前扣除 100×60% = 60（万元），低于 60 000×5‰ = 300（万元）；

两公司合计发生业务招待费为：800+100 = 900（万元）；

可税前扣除的业务招待费为：480+60 = 540（万元）；

招待费可抵税为：540×25% = 135（万元）。

方案二：总、分公司形式。

丙公司作为甲公司的分公司，不能独立承担债权债务和民事权利，根据国家税务总局《关于企业处置资产所得税问题的通知》（国税函〔2008〕828 号）的规定，企业发生下列情形的处置资产，除将资产转移至境外以外，由于资产所有权在形式和实质上均不发生改变，可作为内部处置资产，不视同销售确认收入，相关资产的计税基础延续计算：

（1）将资产用于生产、制造、加工另一产品；

（2）改变资产形状、结构或性能；

（3）改变资产用途（如自建商品房转为自用或经营）；

（4）将资产在总机构及其分支机构之间转移；

（5）上述两种或两种以上情形的混合；

（6）其他不改变资产所有权属的用途。

甲公司使用分公司的产品，只作为内部处置资产，不视同销售确认收入，不计缴企业所得税；同时，因是总机构及其分支机构之间转移资产，故不需签订购销合同，不缴印花税。至于增值税，按照增值税有关规定，设有两个以上机构并实行统一核算的纳税人，将货物从一个机构移送到其他机构用于销售，但相关机构设在同一县（市）的除外，应视同销售，两家公司设在同一市（区），增值税不需视同销售处理。

两公司合计发生业务招待费为 100+800=900（万元）；可税前扣除的业务招待费为：100 000×5‰=500（万元），低于 900×60%=540（万元）；业务招待费可抵税为：500×25%=125（万元）。

对上述方案进行综合分析，在方案二中，丙公司所销售的 A 产品的利润在 2008 年不计缴企业所得税，而是在 2009 年随着甲公司销售 B 产品，确认销售收入和甲公司实现的利润一并计税，相当于可延迟一年缴纳，按年利率 6% 计算，可节约银行借款利息 3 000×6% = 180（万元），可少缴印花税 36 万元；相对于方案一，两项合计税后多获利（180+36）×（1-25%）= 162（万元），但方案一比方案二多在税前扣除业务招待费，而抵税 135-125=10（万元）。因此方案二较方案一税后多获利 162-10=152（万元），采取方案二为好。

筹划方案点评：

许多企业为了组织专业化生产和产销一体化，有效降低采购成本，往往会投资设立或纵向并购控股一些上游企业，以获得协同效应。对这些上、下游之间的企业，是采取具有独立法人资格的母、子公司形式还是不具有独立法人资格的总、分公司形式，从不同的角度分析有不同的观点。上述分析结果主要是由于采取母、子公司形式，子公司的产品作为母公司用于继续加工的材料，子公司的产品在销售时，其所含的利润就要在当年计缴企业所得税，并且购销双方还要计缴印花税。而采取总、分公司形式，分公司只是总公司的一个生产部门，其加工的产品作为总公司用于继续加工的材料，只是属于内部处置资产，不视同销售确认收入，不计缴企业所得税。同时，因是总机构及其分支机构之间转移资产，故不需签订购销合同，不缴印花税。不过，因为有些费用在企业所得税前扣除有限额标准，如业务招待费、广告宣传费等，对这些费用，如采取母、子公司形式，子公司的产品所产生的销售收入可增加这些限额税前扣除费用的基数。另外，如果子公司能享受到小型微利企业的优惠政策，也要予以比较。因此，企业在采取方案选择时，要综合比较，从中选择一种有利的方案。

对以前许多公司采取母、子公司形式，原本可享受到一定的所得税优惠政策的子公司，随着新《企业所得税法》统一了税收优惠政策，按照以产业优惠为主、区域优惠为辅的政策，很多企业原先筹划的环境已发生变化，为此企业应及时予以调整筹划方案，避免筹划不当造成的损失。

本项目技能训练

职业能力选择

一、单项选择题

1. 下列企业征税时适用 15% 的低税率是（　　）。

A. 国家需要重点扶持的高新技术产业

B. 在中国境内虽设有机构、场所且取得的所得与机构、场所设有关联的非居民企业

C. 小型微利企业

D. 在中国境内未设立机构、场所的非居民企业

2. 国家规划布局的重点软件生产企业，如当年未享受免税优惠的，减按（　　）的税率征收企业所得税。

A. 20%　　B. 10%　　C. 5%　　D. 4%

3. 集成电路生产企业的生产性设备，经主管税务机关核准，其折旧年限可以适当缩短，最短可为（　　）年。

A. 3 年　　B. 2 年　　C. 1 年　　D. 4 年

4. 企业下列项目的所得减半征收企业所得税（　　）。

A. 糖料作物的种植　　B. 油料作物的种植

C. 香料作物的种植　　D. 麻类作物的种植

5. 企业从事国家重点扶持的公共基础设施项目的投资经营的所得，从（　　）起，第一年至第三年免征企业所得税，第四年至第六年减半征收企业所得税。

A. 获利年度

B. 项目取得第一笔生产经营收入所属纳税年度

C. 盈利年度

D. 领取营业执照年度

6. 小型微利企业减按（　　）的所得税税率征收企业所得税。

A. 5%　　B. 10%　　C. 15%　　D. 20%

7. 我国境内新办软件生产企业经认定后，自获利年度起，（　　）。

A. 第一年免征企业所得税，第二年至第三年减半征收企业所得税

B. 第一年和第二年免征企业所得税，第三年至第五年减半征收企业所得税

C. 第一年至第三年免征企业所得税，第四年至第六年减半征收企业所得税

D. 第一年至第五年免征企业所得税，第六年至第十年减半征收企业所得税

二、多项选择题

1. 我国境内新办软件生产企业认定后，自获利年度起，下列说法正确的是（　　）。

A. 第 1 ～ 2 年免征企业所得税　　B. 第 3 ～ 5 年减半征收企业所得税

C. 第 1 ～ 3 年免征企业所得税　　D. 第 4 ～ 6 年减半征收企业所得税

2. 关于企业所得税的优惠政策，下列哪些说法是错误的（　　）？

A. 企业购置并使用规定的环保、节能节水、安全生产等专用设备，该设备投资额的 40% 可以从应纳税所得额中抵免

B. 国家需要重点扶持的高新技术企业减按 15% 的所得税税率征收企业所得税

C. 企业综合利用资源生产符合国家产业政策规定的产品取得的收入，可以在计算应纳税所得额时减计收入 10%

D. 企业安置残疾人员所支付的工资，按照残疾人工资的 50% 加计扣除

3. 企业所得税的纳税义务人有（　　）。

A. 中外合资企业　　B. 个人独资企业　　C. 有限责任公司　　D. 外商投资企业

4. 企业下列项目的所得免征企业所得税（　　）。

A. 坚果的种植　　B. 农产品初加工　　C. 林木的培育　　D. 茶的种植

5. 下列说法正确的是（　　）。

A. 分公司与母公司汇总缴纳企业所得税

B. 子公司单独缴纳企业所得税

C. 子公司与母公司汇总缴纳企业所得税

D. 分公司单独缴纳企业所得税

职业能力判断

1. 分公司具有法人资格，子公司不具有法人资格。（　　）

2. 个人独资企业和合伙企业不作为企业所得税的纳税人，只纳个人所得税。（　　）

3. 股份公司和有限责任公司只纳企业所得税。（　　）

4. 采取缩短折旧年限方法的，最低折旧年限不得低于规定折旧年限的70%；采取加速折旧方法的，可以采取双倍余额递减法或者年数总和法。（　　）

5. 国家需要重点扶持的高新技术企业减按15%的所得税税率征收企业所得税。（　　）

6. 研究开发费，是指企业为开发新技术、新产品、新工艺发生的研究开发费用，未形成无形资产计入当期损益的，在按照规定据实扣除的基础上，按照研究开发费用的50%加计扣除；形成无形资产的，按照无形资产成本的150%摊销。（　　）

7. 按照企业所得税法规定，超支的广告费、业务宣传费、职工教育经费可结转下年继续，在以后年度扣除。（　　）

8. 企业所得税法所称符合条件的技术转让所得免征、减征企业所得税，是指一个纳税年度内，居民企业转让技术所有权所得不超过500万元的部分，免征企业所得税；超过500万元的部分，征收企业所得税。（　　）

项目实训

1. 某投资者2015年年初欲投资设立国家重点扶持的高新技术企业甲公司（独立的法人）。现有两种方案可供选择：一是在广州市市区设立；二是在深圳市市区设立。假设甲公司不论在哪里设立，都不影响其生产经营，其盈利预计每年都为1 000万元。请对其进行税务筹划。

2. A集团是一家大型企业，由上海的母公司和天津的甲子公司与广州的乙子公司组成，预计2015年度上海的母公司实现利润300万元，其子公司甲实现利润80万元，子公司乙亏损50万元，企业所得税税率均为25%。请对其进行税务筹划。

项目 11

企业投资融资中的税务筹划

知识目标：

（1）了解投资产业选择的税务筹划的基本方法；

（2）熟悉投资方式选择的税务筹划、租赁融资的税务筹划的基本方法；

（3）掌握出资方式的税务筹划、融资结构的税务筹划。

能力目标：

（1）能够在实际工作中熟练运用具体的税务筹划方法，对企业投资融资中的涉税事项进行税务筹划；

（2）能够在掌握本项目企业投资融资的税务筹划案例及方法的基础上，创造性地对企业投资融资中的涉税事项进行税务筹划。

任务 11.1 投资产业选择的税务筹划①

任务案例

【例 11-1】 2014 年，甲农场全部土地用来种植蔬菜。2015 年，农场在种植蔬菜以外，计划增加种植项目，经过考察，最终决定在种植水果还是种植茶叶之中选择一个。假设种植水果或种植茶叶均能实现利润 300 万元，且无纳税调整项目。请对其进行税务筹划。

任务准备

[税法依据]

企业从事农、林、牧、渔业项目的所得，可以免征、减征企业所得税，是指：

（1）企业从事下列项目的所得，免征企业所得税：

① 蔬菜、谷物、薯类、油料、豆类、棉花、麻类、糖料、水果、坚果的种植；

② 农作物新品种的选育；

③ 中药材的种植；

---

① 梁文涛．企业所得税节税技巧［J］．注册税务师，2011（6）．

④ 林木的培育和种植；
⑤ 牲畜、家禽的饲养；
⑥ 林产品的采集；
⑦ 灌溉、农产品初加工、兽医、农技推广、农机作业和维修等农、林、牧、渔服务业项目；
⑧ 远洋捕捞。

（2）企业从事下列项目的所得，减半征收企业所得税：
① 花卉、茶以及其他饮料作物和香料作物的种植；
② 海水养殖、内陆养殖。

[筹划思路]

企业所得税法中的各种优惠反映了国家的政策导向，是国家鼓励和倡导的，企业可以充分利用各种优惠进行税务筹划，不仅有利于企业，而且有利于国家。

任务执行

方案一：选择种植茶叶。

种植茶叶的所得可以减半征收企业所得税。

当年应纳企业所得税 = 300×25% ÷2 = 37.5（万元）。

方案二：选择种植水果。

免征企业所得税。

任务结论

方案二比方案一少缴纳企业所得税 37.5 万元（37.5 万 - 0 万），因此，应当选择方案二。

任务点评

当然，具体种植什么项目，要看自身的具体情况，不能单纯根据企业所得税税负因素来作出选择。

任务 11.2 直接投资与间接投资选择的税务筹划[①]

任务案例

【例 11-2】 甲高新技术企业适用 15% 的企业所得税税率，现有闲置资金 1 000 万元，有两个投资方案可供选择：一是同其他企业联营，投资创建另一个高新技术企业乙公司，甲公司拥有其 20% 的股权，预计乙公司每年实现净利润 350 万元，且全部分配；二是甲公司用 1 000 万元购买国库券，年利率为 7.5%。请对其进行税务筹划。

---

① 梁文涛. 新企业所得税法下的纳税筹划 [J]. 财会月刊：会计（中），2009（8）.

任务准备

[税法依据]

国家需要重点扶持的高新技术企业的企业所得税税率为15%。国债利息收入和符合条件的居民企业之间的股息、红利等权益性投资收益为免税收入。

[筹划思路]

投资方式分为直接投资和间接投资。例如，投资创建企业属于直接投资，购买股票和债券属于间接投资。对于上述规定来说，一方面，企业应该注意国家对高新技术企业的认定条件包括高新技术企业认定标准和程序。企业税务筹划的重点应该转移到产业发展战略和企业性质的筹划上，努力成为高新技术企业。另一方面，当企业有闲置资产需要对外投资时，可以选择购买股票、债券等方式进行投资。在综合风险与收益的前提下，相对于其他投资，企业投资于国债这种免税项目不失为一个较好的投资选择。

任务执行

方案一：投资创建一个高新技术企业乙公司。

则乙公司设立后可减按15%缴纳企业所得税：

甲公司分回利润=350×20%=70（万元）

甲公司获得的实际投资收益=70（万元）

方案二：购买国库券。

则甲公司投资国库券获得的利息免缴企业所得税：

甲公司获得的实际投资收益=1 000×7.5%=75（万元）

任务结论

方案二比方案一多获取投资收益5万元（75万-70万），因此，应当选择方案二。

任务点评

选择不同的投资方式，不能仅考虑税负，还应考虑到投资收益、发展前景和空间、自身条件等多种因素。

任务11.3 房产投资方式选择的税务筹划[①]

任务案例

【例11-3】2015年2月1日，振华公司将其自有的房屋用于投资联营，该房产原账面价值是200万元。现有两套对外投资方案可供选择：方案一，收取固定收入，不承担风险，当年（2015年2月至12月）取得的固定收入共计为15万元；方案二，投资者参与投资利

① 梁文涛．房产税的纳税筹划技巧［J］．财会月刊（下），2013（11）．

润分红，共担风险。当地房产税原值扣除比例为30%。请对其进行税务筹划。

任务准备

[**税法依据**]

对投资联营的房产，在计征房产税时应区别对待。对于以房产投资联营，投资者参与投资利润分红，共担风险的，按房产余值作为计税基础计征房产税；对以房产投资，收取固定收入，不承担联营风险的，实际是以联营名义取得房产租金，应由出租方按租金收入计征房产税。

[**筹划思路**]

两种投资方式下的房产税的计税依据和适用税率都是不同的，通过比较两种计税方式下房产税税负的大小，最终可以选择税负低的方案。

任务执行

方案一：收取固定收入，不承担风险。

2015年1月计征的房产税=200×(1-30%)×1/12×1.2%=0.14（万元）

2015年2月—12月计征的房产税=15×12%=1.8（万元）

2015年全年计征房产税=0.14+1.8=1.94（万元）

方案二：投资者参与投资利润分红，共担风险。

2015年计征的房产税=200×(1-30%)×1.2%=1.68（万元）

任务结论

方案二比方案一少缴纳房产税0.26万元（1.94万-1.68万），因此，应当选择方案二。

任务点评

不同的房地产投资方式，其投资风险和收益是不同的，投资者不应仅考虑税负因素，而应权衡利弊，综合考虑。

任务11.4 融资结构的税务筹划

任务案例

【例11-4】 甲公司准备筹资100万元用于一项新产品的生产，预计年息税前利润为30万元。现有三个方案可供选择：方案一，债务资本与权益资本的比例为0∶100；方案二，债务资本与权益资本的比例为30∶70；方案三，债务资本与权益资本的比例为50∶50。三个方案的负债利率都是6%（金融企业同期贷款利率为6.65%），企业所得税税率均为25%。请对其进行税务筹划。

任务准备

[税法依据]

《中华人民共和国企业所得税法实施条例》第三十八条规定：非金融企业向非金融企业借款的利息支出，不超过按照金融企业同期同类贷款利率计算的数额的部分。《中华人民共和国企业所得税法》第十条规定：向投资者支付的股息、红利等权益性投资收益款项不得在计算应纳税所得额时扣除。

[筹划思路]

企业融资总的来说分为负债融资和所有者权益融资。负债融资的财务杠杆效应主要体现在抵减企业所得税和提高权益资本收益率这两个方面。在息税前收益率不低于负债成本率的前提下，负债比率越高，额度越大，其节税效果越明显。企业可适当增加负债额度，提高负债比重，以带来节税和提高权益资本收益率的双重效果。

任务执行

三种方案的比较如表 11-1 所示。

表 11-1　三种方案的比较

项目＼方案	方案一	方案二	方案三
资本结构（债务资本：权益资本）	0：100	30：70	50：50
息税前利润/万元	30	30	30
负债利率	6%	6%	6%
负债利息	0	30×6%＝1.8	50×6%＝3
税前利润/万元	30－0＝30	30－1.8＝28.2	30－3＝27
应纳企业所得税（税率为 25%）	30×25%＝7.5	28.2×25%＝7.05	27×25%＝6.75
税后利润/万元	30－7.5＝22.5	28.2－7.05＝21.15	27－6.75＝20.25
税前权益资本收益率	30÷100＝30%	28.2÷70＝40.3%	27÷50＝54%
税后权益资本收益率	22.5÷100＝22.5%	21.15÷70＝30.2%	20.25÷50＝40.5%

任务结论

方案三无论从节税方面还是权益资本收益率方面都是最优的，因此，应当选择方案三。

任务点评

负债融资隐含着财务风险，并非多多益善。企业应当合理确定负债的规模，将其控制在一定的范围之内，使负债融资带来的利益大于由于负债融资的比重增大所带来的财务风险和融资风险成本。

任务11.5　租赁融资的税务筹划

任务案例

【例11-5】甲公司现需某设备来扩大生产，现有两种方案可供选择：一是通过向银行借款来购买该设备，借款额为1 170万元，其中记入固定资产原值为1 000万元，可抵扣进项税为170万元，折旧年限为10年，采用直线法计提折旧，假设无残值，银行借款年利率为7%，假设购置此设备无购建期；二是通过经营租赁方式租赁设备，每年支付租金200万元。该设备购买后即可投产，预计增加年利润1 000万元，与此相关的其他支出为200万元。请对其进行税务筹划。

任务准备

[税法依据]

对承租人来说，经营租赁可获取双重好处：一是可以避免因长期拥有设备而承担负担和风险；二是可以在经营活动中以支付租金的方式冲减企业的利润，减少税基，从而减少应纳税额。

[筹划思路]

企业可以通过比较通过借款购置设备与通过经营租赁方式租入设备的税负大小，最终选择节税的方案。

任务执行

方案一：企业通过向银行借款购买机器设备。

银行借款用于购买固定资产，借款利息（非购建期）和折旧可以税前扣除。以第一年为例：

应纳企业所得税=(1 000-200-1 170×7%-1 000÷10)×25%=154.525（万元）

方案二：企业采取经营租赁方式获得该机器的使用权。

租金可以全额扣除，以第一年为例：

应纳企业所得税=(1 000-200-200)×25%=150（万元）

任务结论

方案二比方案一甲公司少缴纳企业所得税4.525万元（154.525万-150万），因此，应当选择方案二。

任务点评

本案例只考虑到企业所得税的节约，实际上还应当考虑到租金大小的因素，如果租金偏高就不合算了。

本项目关键词

融资结构　租赁融资　投资产业　投资方式

本项目思考题

1. 如何对融资结构进行税务筹划？
2. 企业投资行为的税务筹划有哪些筹划空间？（试举两例）

推荐网站

1. http://www.hzft.gov.cn　　（杭州财税网）
2. http://www.zjcsw.cn　　（浙江财税网）

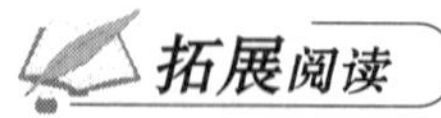

拓展阅读

关联企业商业信用筹资的税收筹划[①]

关联企业在税收筹划中具有特别重要的意义。关联企业之间由于有频繁的购销关系，因而有经常性的资金往来业务，会产生经常性的商业信用关系。类似地，集团企业在当前中国的社会经济生活中扮演着越来越重要的角色。但是，同一个集团内部的各子公司或分公司之间，其资金的充裕程度也常常是不同的。这时，在一个集团内部，就可能会出现资金的借贷需求。但是当前我国相关法规中并不允许企业之间从事资金信贷业务。2005 年 9 月 1 日起施行的《企业财产损失所得税前扣除管理办法》（国家税务总局令第 13 号）第四十六条规定“除国家规定可以从事信贷业务的金融保险机构（包括经批准成立的企业集团内部财务公司）外，企业之间原则上不得直接从事信贷业务。企业之间除因销售商品等发生的商业信用外，其他的资金拆借发生的损失除经国务院批准外，一律不得在税前扣除。”

以上法规虽然禁止企业之间直接从事信贷业务，却同时明确企业之间可以因销售商品而发生商业信用。对于同一集团之内的关联企业而言，也可以利用商业信用筹集资金，并进行税收筹划。通常的操作就是，通过提前或延迟付款，实现关联企业之间的资金融通。

值得注意的是，根据国税函〔2001〕1007 号的规定，不论是金融机构还是其他单位，只要是发生将资金贷与他人使用的行为，均应视为发生贷款行为，按“金融保险业”税目征收营业税。

【案例】 某公司 A 是一家日用品生产企业，B 公司是其原料供应商。2010 年 2 月，A 公司由于原材料涨价而导致资金紧张，需临时向 B 公司借款 100 万元作为临时周转资金借款。双方约定的利率为 8%，银行贷款利率为 6%，期限为 1 年。

该业务产生的纳税义务如下。

---

① 黄凤羽. 税收筹划：策略、方法与案例［M］. 2 版. 大连：东北财经大学出版社，2011：166-167.

A 公司支付利息支出 = 100×8% = 8（万元）

A 公司可以在税前扣除的利息支出[1] = 6（万元）

A 公司减少的企业所得税 = 6×25% = 1.5（万元）

B 公司利息收入 = 100×8% = 8（万元）

B 公司需要缴纳营业税及其附加 = 8×5.5% = 0.44（万元）

B 公司增加企业所得税 =（8−0.44）×25% = 1.89（万元）

A、B 公司总税负 = B 公司增加税负 − A 公司减少税负 = 0.44+1.89−1.5 = 0.83（万元）

【筹划操作】A 可以在购买原材料时与 B 商议，延迟支付 100 万元的货款，并在 1 年后支付 108 万元的总价款。

【筹划剖析】按照新方案，A、B 公司之间原来的资金借贷关系变为了与产品购销直接相关的商业信用，A 可以扣除由此产生的支出，B 也不必缴纳营业税。这时：

A 公司增加的相当于利息的支出 = 108−100 = 8（万元）

A 公司减少的企业所得税应纳税额 = 8 万元

A 公司减少的企业所得税额 = 8×25% = 2（万元）

B 公司增加的收入（产品销售收入）= 8 万元

B 公司需要缴纳营业税及其附加 = 0

B 公司增加的企业所得税 = 8×25% = 2（万元）

A、B 公司总税负 = B 公司增加税负 − A 公司减少税负 = 2−2 = 0

【筹划结果】该方案可以使 A、B 公司作为一个整体不再承担任何税负，比原来降低了 0.83 万元。

本项目技能训练

职业能力选择

一、单项选择题

1. 下列项目的所得，减征企业所得税的是（　　）。

A. 中药材的种植　　B. 林木的培育和种植

C. 海水养殖、内陆养殖　　D. 牲畜、家禽的饲养

2. 根据企业所得税相关规定，下列各项应计入应纳税所得额的是（　　）。

A. 储蓄机构代扣代缴个人利息所得税取得的手续费收入

B. 国债利息收入

C. 符合条件的非营利组织的收入

D. 符合条件的居民企业之间的股息、红利等权益性收益

3. 在计算企业应纳税所得额时，下列固定资产可以计算折旧扣除的是（　　）。

A. 房屋、建筑物以外未投入使用的固定资产

B. 已足额提取折旧仍继续使用的固定资产

---

① 根据《中华人民共和国企业所得税暂行条例》第六条规定，纳税人在生产经营期间，向金融机构借款的利息支出，按照实际发生数扣除；向非金融机构借款的利息支出，不高于按照金融机构同类同期贷款利率计算的数额以内的部分，准予扣除。

C. 以经营租赁方式租入的固定资产

D. 以融资租赁方式租入的固定资产

4. 国家需要重点扶持的高新技术企业的企业所得税税率为（　　）。

A. 10%　　B. 15%　　C. 18%　　D. 20%

5. 甲公司为我国境内设立的公司，适用25%的所得税税率，乙公司为在国外设立的公司，适用15%的所得税税率，甲公司拥有乙公司30%的股权。乙公司2015年实现净利润500万元，且全部分配，则甲公司对从乙公司分回的利润需补缴企业所得税（　　）万元。

A. 15　　B. 17.65　　C. 37.5　　D. 44.11

二、多项选择题

1. 企业的下列所得，不享受免征企业所得税的是（　　）。

A. 外国企业向中国企业提供的优惠贷款取得的利息所得

B. 从事符合条件的环境保护的所得

C. 企业承包建设国家重点扶持的公共基础设施项目的所得

D. 从事林木的培养和种植的所得

2. 根据企业所得税法规定，下列固定资产不得计提折旧在税前扣除的有（　　）。

A. 以融资租入的机床　　B. 半投入使用的机器设备

C. 以经营租入的生产线　　D. 与经营活动无关的小汽车

3. 负债融资的财务杠杆效应主要体现在（　　）这两个方面。

A. 抵减企业所得税　　B. 延期缴纳企业所得税

C. 提高权益资本收益率　　D. 提高毛利率

4. 减半征收企业所得税的有（　　）。

A. 香料的种植　　B. 茶叶的种植　　C. 蔬菜的种植　　D. 花卉的种植

5. 下列属于免征企业所得税的是（　　）。

A. 国债利息收入

B. 符合条件的居民企业之间的股息、红利等权益性收益，指的是居民企业直接投资于其他居民企业取得的投资收益

C. 在中国境内设立机构、场所的非居民企业从居民企业取得与该机构、场所有实际联系的股息、红利等权益性投资收益。该收益包括连续持有居民企业公开发行并上市流通的股票不足12个月取得的投资收益

D. 依法收取并纳入财政管理的行政事业性收费、政府性基金

职业能力判断

1. 以融资租赁方式租出的固定资产可税前扣除。（　　）

2. 国家重点扶持的高新技术企业和小型微利企业都适用15%税率。（　　）

3. 企业从事农、林、牧、渔业项目的所得，可以免征、减征所得。（　　）

4. 经营租赁方式租入设备所支付的租金可税前扣除。（　　）

5. 国债利息收入和国家发行的金融债券利息收入免征企业所得税。（　　）

项目实训

1. 甲公司准备筹资500万元用于一项新产品的生产，预计年息税前利润为100万元。现有五个方案可供选择：方案一，债务资本与权益资本的比例为0∶100；方案二，债务资本与权益资本的比例为30∶70；方案三，债务资本与权益资本的比例为50∶50；方案四，债务资本与权益资本的比例为70∶30；方案五，债务资本与权益资本的比例为100∶0。五个方案的负债利率都是8%，企业所得税税率均为25%。请对其进行税务筹划。

2. 甲投资开发总公司2015年1月份计划投资，总投资额为100万元，现有两个投资项目，条件都是期限为一年，单利计息：一是投资购买国债，年利率为3%；二是投资购买国家重点建设债券，年利率为4.2%。企业所得税税率为25%，该投资开发总公司购买哪种债券更合适？

项目 12

企业生产经营中的税务筹划

知识目标：

（1）了解物资采购时间选择的税务筹划、返还现金的税务筹划的基本方法；

（2）熟悉物资采购运费的税务筹划、合理确认收入的税务筹划、折扣销售的税务筹划、实物折扣的税务筹划的基本方法；

（3）掌握物资采购对象选择的税务筹划、存货计价方法选择的税务筹划、固定资产折旧方法选择的税务筹划、销售折扣的税务筹划的基本方法。

能力目标：

（1）能够在实际工作中熟练运用具体的税务筹划方法，对企业生产经营中的涉税事项进行税务筹划；

（2）能够在掌握本项目企业生产经营中的税务筹划案例及方法的基础上，创造性地对企业生产经营中的涉税事项进行税务筹划。

任务 12.1　物资采购对象选择的税务筹划①

任务案例

【例 12-1】甲公司为增值税一般纳税人，购买原材料时，若从一般纳税人乙公司购进，则每吨的含税价格为 5 000 元，乙公司货物适用增值税税率为 17%；若从丙公司（小规模纳税人）购进，则可取得由税务所代开的征收率为 3% 的专用发票，含税价格为 4 000 元。请对甲公司购货对象选择进行税务筹划（其中，城建税税率为 7%，教育费附加征收率为 3%）。

任务准备

［税法依据］

增值税一般纳税人如果从一般纳税人购入原材料等物资，取得增值税专用发票，可以按买价的 17% 或 13% 抵扣进项税；而如果从小规模纳税人处购入，则不能抵扣进项税，即便

① 梁文涛．企业物资采购的税务筹划［J］．商业会计，2009（10）．

能够取得由税务机关代开的专用发票，也只能按买价的3%抵扣进项税。

[筹划思路]

不同的扣税额度会影响到企业的税负，最终会影响到企业现金净流量。但是，若小规模纳税人的货物比一般纳税人的货物便宜，企业从小规模纳税人处采购也可能更划算。因此，采购物资时要综合考虑，最终选择使得企业现金净流量最大或现金流出量最小的方案。

任务执行

方案一：从一般纳税人乙公司购进材料。

从一般纳税人乙公司购进材料时的现金流出量 = 5 000 − [5 000 ÷ (1 + 17%)] × 17% × (1 + 7% + 3%) = 4 200.855（元）

方案二：从小规模纳税人丙公司购进材料。

从小规模纳税人丙公司购进材料时的现金流出量 = 4 000 − [40 00 ÷ (1 + 3%)] × 3% × (1 + 7% + 3%) = 3 871.845（元）

任务结论

方案二比方案一现金流出量少329.01元（4 200.855 − 3 871.845），因此，应当选择方案二。

任务点评

选择采购对象不能仅考虑税负或现金净流量，还应考虑购货质量、售后服务、运输成本等多种因素。

任务12.2 物资采购运费的税务筹划①

任务案例

【例12-2】甲企业为增值税一般纳税人，2015年1月欲接受一家企业提供交通运输服务，现有以下几种方案可供选择：一是接受乙企业（增值税一般纳税人）提供的运输服务，取得增值税专用发票上注明的价款为31 000元（含税）；二是接受丙企业（增值税小规模纳税人）提供的运输服务，取得由税务机关代开的增值税专用发票，价税合计为30 000元；三是接受丁企业（增值税小规模纳税人）提供的运输服务，取得普通发票，价税合计为29 000元。请对其进行税务筹划。

任务准备

[税法依据]

《财政部 国家税务总局关于将铁路运输和邮政业纳入营业税改征增值税试点的通知》

① 梁文涛．"营改增"全国推开后的纳税筹划［J］．财会月刊（上），2014（1）．

(财税〔2013〕106号)的附件1:《营业税改征增值税试点实施办法》的第二十二条规定:下列进项税额准予从销项税额中抵扣:

(一)从销售方或者提供方取得的增值税专用发票(含货物运输业增值税专用发票、税控机动车销售统一发票,下同)上注明的增值税额。

(二)从海关取得的海关进口增值税专用缴款书上注明的增值税额。

(三)购进农产品,除取得增值税专用发票或者海关进口增值税专用缴款书外,按照农产品收购发票或者销售发票上注明的农产品买价和13%的扣除率计算的进项税额。计算公式为:

进项税额=买价×扣除率

买价,是指纳税人购进农产品在农产品收购发票或者销售发票上注明的价款和按照规定缴纳的烟叶税。

购进农产品,按照《农产品增值税进项税额核定扣除试点实施办法》抵扣进项税额的除外。

(四)接受境外单位或者个人提供的应税服务,从税务机关或者境内代理人取得的解缴税款的中华人民共和国税收缴款凭证(以下称税收缴款凭证)上注明的增值税额。

[筹划思路]

2013年8月1日交通运输业在全国推行"营改增"后,以前按运输费用结算单据计算进项税额的方式已无必要,因此,通知取消了运输费用进项税的抵扣政策:取消了试点纳税人和原增值税纳税人,按交通运输费用结算单据上注明的运输费用金额和7%的扣除率计算进项税额的政策;取消了试点纳税人接受试点小规模纳税人提供交通运输服务,按增值税专用发票注明金额和7%的扣除率计算进项税额的政策。上述政策于2013年8月1日取消后,纳税人除了取得铁路运输费用结算单据外(由于2013年8月1日至2013年12月31日交通运输业中只有铁路运输未实行"营改增",因此在这段时间内纳税人取得的铁路运输费用结算单据仍可抵扣进项税额),将统一按照增值税专用发票的票面税额抵扣进项税额。另外,自2014年1月1日起,铁路运输也纳入"营改增",自此交通运输业全部纳入"营改增",按交通运输费用结算单据上注明的运输费用金额和7%的扣除率计算进项税额的政策全部取消。

接受运输服务的企业应当综合考虑接受运输服务的价格和可抵扣的进项税两方面因素,其中对于存在的可抵扣的进项税(会使增值税税负减少),又会相应地减少城市维护建设税和教育费附加。这样可通过比较不同方案下的现金净流量或现金流出量的大小,最终选择现金净流量最大或现金流出量最小的方案。

任务执行

方案一:接受乙企业(增值税一般纳税人)提供的运输服务,取得增值税专用发票上注明的价款为31 000元(含税)。

甲企业现金流出量=31 000-31 000÷(1+11%)×11%×(1+7%+3%)=27 620.721(元)

方案二:接受丙企业(增值税小规模纳税人)提供的运输服务,取得由税务机关代开的增值税专用发票,价税合计为30 000元。

甲企业现金流出量=30 000−30 000÷(1+3%)×3%×(1+7%+3%)=29 038.835（元）

方案三：接受丁企业（增值税小规模纳税人）提供的运输服务，取得普通发票，价税合计为29 000元。

甲企业现金流出量=29 000（元）

任务结论

方案一比方案二现金流出量少1 418.114万元（29 038.835万−27 620.721万），方案一比方案三现金流出量少1 379.279万元（29 000万−27 620.721万），因此，应当选择方案一。

任务点评

值得注意的是，选择提供运输服务方时，不能仅考虑价格和税负因素，还应考虑到对方提供的运输服务的质量、信用、耗用时间等多种因素。

任务12.3 物资采购时间选择的税务筹划[①]

任务案例

【例12−3】甲企业为增值税一般纳税人。2008年12月欲购买一台100万元（不含税）的设备来扩大生产，该设备将于2009年2月投入使用。请对其进行税务筹划。

任务准备

[税法依据]

从2009年1月1日起，在维持现有的增值税税率不变的前提下，在全国范围内所有地区、所有行业的一般纳税人企业都可以抵扣其新购进机器设备所含的进项税额，未抵扣完的可以转到下一期继续抵扣。但小汽车、摩托车和游艇不含在可以抵扣的范围之内。

[筹划思路]

税制应该具有稳定性，为了避免出现过度的震荡，使税制改革顺利地、平稳地进行下去，税制改革往往采取一定的过渡方式，企业利用这些过渡措施进行筹划是大有好处的。企业应及时掌握各类商品税率的变化，以便在购货时间上做相应的筹划安排，从而使得税负减轻。对于增值税转型政策的利用主要体现在，本来准备2008年年底购买的设备尽量延期至2009年1月份购买，以充分享受购置设备进项税可以抵扣的政策。

任务执行

方案一：2008年12月购进设备。

---

① 梁文涛．企业物资采购的纳税筹划［J］．商业会计，2009（10）．

购置设备的进项税不能抵扣，而是要计入固定资产原值。

方案二：2009 年 1 月购进设备。

购置设备的进项税能够抵扣。与购置设备相关的进项税 = 100×17% = 17（万元）。

任务结论

假设本期有足够多的销项税，则方案二比方案一可少缴纳增值税 17 万元，因此，应当选择方案二。

任务点评

当然，本方案仅适用于特定的时期，即 2008 年年底，但讨论此案例至少给出了一种税务筹划思路。再比如，有些商品的税率经常波动，但在波动之前一般会有国家的相关税收文件出台，企业应当及时关注这些文件，一方面，在某些商品税率上调之前购买该商品；另一方面，在某些商品税率下调之后购买该商品，从而获取税收利益。再比如，2013 年 8 月 1 日起全国范围内交通运输业和部分现代服务业实行“营改增”，相关企业应当尽量在 2013 年 8 月之后再购置相关设备或原材料，以享受进项税抵扣的好处。另外，其他尚未实行“营改增”的行业，也应当择机在其营改增后购置相关设备货原材料。

任务 12.4　存货计价方法选择的税务筹划①

任务案例

【例 12-4】甲企业 2013 年 1 月和 11 月先后购进数量和品种相同的货物两批，进货价格分别为 1 000 万元和 800 万元，假设此前企业库存没有这种货物。该企业在 2013 年 12 月和 2014 年 3 月各出售购进的货物的一半，出售价格分别为 1 200 万元和 1 000 万元。假设甲企业 2013 年和 2014 年均处于非减免税期间，且处于盈利年度。假设折现率为 10%，请对其进行税务筹划。

任务准备

[税法依据]

《企业会计准则第 1 号——存货》的规定，企业应当采用先进先出法、移动加权平均法、月末一次加权平均法和个别计价法确定发出存货的实际成本。

企业所得税法的规定，企业使用或者销售的存货的成本计算方法，可以在先进先出法、加权平均法、个别计价法三者中选用一种。计价方法一经选用，不得随意变更。

[筹划思路]

不同的存货计价方法，在一定的纳税年度中反映的存货成本是不同的，计价方法的选择

① 梁文涛．企业所得税节税技巧［J］．注册税务师，2011（6）．

应以尽量发挥成本费用的抵税效应为标准。

在不同期间内，应选择不同存货计价方法，以达到降低企业的所得税税负的目的。

第一，减免税期间：由于减免税期内成本费用的抵税效应会部分或全部地被减、免优惠所抵消，因此，应在减、免税期间选择使得成本少的存货计价方法；而在非减、免税期间选择使成本多的存货计价方法。

第二，盈利期间：由于存货成本能从所得额中税前扣除，即存货成本的抵税效应能够完全发挥。因此，在选择计价方法时，应着眼于使成本费用的抵税效应尽可能早地发挥作用，即选择前期成本较大的计价方法。具体来说，在通货膨胀时期，可选择加权平均法；在通货紧缩时期，可选择先进先出法。

第三，亏损期间：选择计价方法应同企业的亏损弥补情况相结合。选择的计价方法，必须使不能得到或不能完全得到税前弥补的亏损年度的成本费用降低，保证成本费用的抵税效应得到最大限度的发挥。

具体方案的比较如表 12-1 所示。

表 12-1 不同存货计价方法下的相关项目的比较 万元

项目 \ 方法	加权平均法			先进先出法		
	2013 年	2014 年	合计	2013 年	2014 年	合计
销售收入	1 200	1 000	2 200	1 200	1 000	2 200
销售成本	900	900	1 800	1 000	800	1 800
税前利润	300	100	400	200	200	400
所得税	75	25	100	50	50	100
复利现值系数	0. 909 1	0. 826 4		0. 909 1	0. 826 4	
税金支出现值	68. 18	20. 66	88. 84	45. 46	41. 32	86. 78

任务执行

方案一：采用加权平均法。

存货的加权平均成本 =（1 000+800）÷2 = 900（万元）

2013 年企业所得税 =（1 200−900）×25% = 75（万元）

2014 年企业所得税 =（1 000−900）×25% = 25（万元）

企业所得税支出折合到 2013 年年初的现值 = 75×(*P/F*，10%，1) +25×(*P/F*，10%，2) = 75×0. 909 1+25×0. 826 4 = 88. 84（万元）

方案二：采用先进先出法。

2013 年企业所得税 =（1 200−1 000）×25% = 50（万元）

2014 年企业所得税 =（1 000−800）×25% = 50（万元）

企业所得税支出折合到 2013 年年初的现值 = 50×(*P/F*，10%，1) +50×(*P/F*，10%，2) = 50×0. 909 1+50×0. 826 4 = 86. 78（万元）

任务结论

方案二比方案一企业所得税支出现值共少 2.06 万元（88.84 万-86.78 万），因此，应当选择方案二。

任务点评

由于存货计价方法一经选用，不得随意变更，因此，限制了此类筹划方法的运用。尤其是存货价格上升或下降趋势与预计相反时，会导致筹划结果事与愿违。

任务 12.5 固定资产折旧方法选择的税务筹划

任务案例

【例 12-5】甲企业购进一台新设备，原值为 50 万元，预计净残值率为 5%，经税务机关核定其折旧年限为 5 年。由于该设备属于处于强震动、高腐蚀状态的固定资产，税务机关批准可以采用年限平均法、双倍余额递减法或年数总和法计提折旧。预计每年税前会计利润均为 100 万元，且没有纳税调整项目。假设折现率为 10%，请对其进行税务筹划。

任务准备

[税法依据]

企业的固定资产由于技术进步等原因，确需加速折旧的，可以缩短折旧年限或者采取加速折旧的方法。可以享受这一优惠的固定资产包括：① 由于技术进步，产品更新换代较快的固定资产；② 常年处于强震动、高腐蚀状态的固定资产。采取缩短折旧年限方法的，最低折旧年限不得低于规定折旧年限的 60%；采取加速折旧方法的，可以采取双倍余额递减法或者年数总和法。

[筹划思路]

采用不同的折旧方法所计算出来的折旧额在量上不一致，分摊到各期的固定资产成本也存在差异，从而影响到企业的应纳税所得额。折旧方法选择的税务筹划应立足于使折旧费用的抵税效应得到最充分或最快的发挥。在不同情况下，应选择不同的折旧方法，才能使企业的所得税税负降低。

由于盈利企业的折旧费用能从当年的所得额中税前扣除，即折旧费用的抵税效应能够完全发挥。因此，在选择折旧方法时，应着眼于使折旧费用的抵税效应尽可能早地发挥作用。

处于减免所得税优惠期内的企业，由于减免税期内折旧费用的抵税效应会全部或部分地被减免优惠所抵消，所以应选择减免税期内折旧少、非减免税期折旧多的折旧方法。亏损企业的折旧方法选择应同企业的亏损弥补情况相结合。选择的折旧方法，必须能使不能得到或不能完全得到税前弥补的亏损年度的折旧额降低，保证折旧费用的抵税效应得到最大限度的发挥。

任务执行

具体方案的比较如表 12-2 所示。

表 12-2 不同折旧方法下的相关项目的比较 万元

年份	方案一：年限平均法				方案二：双倍余额递减法				方案二：年数总和法			
	折旧	税前利润	所得税	折现值	折旧	税前利润	所得税	折现值	折旧	税前利润	所得税	折现值
第一年	9.5	90.5	22.625	20.568	20	80	20	18.182	15.83	84.17	21.042 5	19.13
第二年	9.5	90.5	22.625	18.697	12	88	22	18.181	12.67	87.33	21.832 5	18.042
第三年	9.5	90.5	22.625	16.998	7.2	92.8	23.2	17.43	9.5	90.5	22.625	16.998
第四年	9.5	90.5	22.625	15.453	4.15	95.85	23.962 5	16.366	6.33	93.67	23.417 5	15.994
第五年	9.5	90.5	22.625	14.048	4.15	95.85	23.962 5	14.878	3.17	96.83	24.207 5	15.03
合计	47.5	452.5	113.125	85.764	47.5	452.5	113.125	85.037	47.5	452.5	113.125	85.194

任务结论

方案二比方案一企业所得税支出现值共少 0.727 万元（85.764 万-85.037 万），比方案三企业所得税支出现值共少 0.157 万元（85.194 万-85.037 万），因此，应当选择方案二。

任务点评

由于未来期间盈利或亏损具有一定的不确定性，因此，有时会限制此类税务筹划方法的运用。

任务 12.6 合理确认收入的税务筹划

任务案例

【例 12-6】 某企业 2013 年 1 月与客户签订大型设备制造合同，建造时间 2 年，假设该企业这 2 年都处于盈利年度，收入总额为 900 万元，预计总成本 600 万元。其中，2013 年、2014 年成本支出分别为 200 万元和 400 万元。现有三种方案确认收入：方案一，按已完成工作量法计算；方案二，按已提供产品占应提供产品总量的比例法计算；方案三，按实际发生的成本占预计总成本的比例法计算。具体如表 12-3 所示。请对其进行税务筹划。

表 12-3 2013—2014 年度三种计量方法计算成本表

项　目	2013 年 12 月 31 日	2014 年 12 月 31 日	合　计
已完成工作量	60%	40%	100%
已提供产品应占提供产品总量的比例	50%	50%	100%
实际发生的成本占预计总成本的比例	33.33%	66.67%	100%

任务准备

[税法依据]

企业销售商品同时满足下列条件的，应确认收入的实现：① 商品销售合同已经签订，企业已将商品所有权相关的主要风险和报酬转移给购货方；② 企业对已售出的商品既没有保留通常与所有权相联系的继续管理权，也没有实施有效控制；③ 收入的金额能够可靠地计量；④ 已发生或将发生的销售方的成本能够可靠地核算。

[筹划思路]

企业受托加工制造大型机械设备、船舶、飞机等，持续时间超过 12 个月的，可以通过生产进度或完成工作量的安排来调节收入确认的时间，从而获得货币的时间价值。

任务执行

方案一：按已完成工作量法计算。

2013 年应确认收入 = 900×60% = 540（万元）

2014 年应确认收入 = 900×40% = 360（万元）

方案二：按已提供产品占应提供产品总量的比例法计算。

2013 年应确认收入 = 900×50% = 450（万元）

2014 年应确认收入 = 900×50% = 450（万元）

方案三：按实际发生的成本占预计总成本的比例法计算。

2013 年应确认收入 = 900×33. 33% = 299. 97（万元）

2014 年应确认收入 = 900×66. 67% = 600. 03（万元）

三种方案比较见表 12-4。

表 12-4 三种计算方法的选择方案

万元

项　目	2013 年底				2014 年底				合　计		
	收入	成本	利润	所得税	收入	成本	利润	所得税	收入	成本	利润
已完成工作量	540	200	340	85	360	400	-40	-10	900	600	300
已提供产品应占提供产品总量的比例	450	200	250	62. 5	450	400	50	12. 5	900	600	300
实际发生的成本占预计总成本的比例	299. 97	200	99. 97	24. 99	600. 03	400	200. 03	50. 01	900	600	300

方案一：第一年纳税最多，可利用货币的时间价值最小，且还要有专业测量师来完成，受制于其他部门。

方案二：必须以产品的连续生产为前提，否则这种计算方法不易得到税务部门的认可。

方案三：第一年纳税最少，这样可充分利用货币的时间价值，相当于获得一笔免息贷款。

任务执行

方案三比方案二、方案一更加合理，因此，应当选择方案三。

任务点评

通过采用合理的方法将收入尽量地推迟确认，从而使得利润在前一期获取少一些，进而晚缴一部分企业所得税，可以充分利用货币的时间价值。

任务 12.7 折扣销售的税务筹划[①]

任务案例

【例 12-7】甲企业为促销，给予客户以下优惠：凡一次性购买其产品达到 5 万元或 5 万元以上的（不含增值税），给予价格上 20% 的折扣。请对其进行税务筹划。

任务准备

[税法依据]

折扣销售，会计上又称商业折扣，是指销货方在销售货物或应税劳务时，因购货方购货数量较大等原因，而给予购货方的价格优惠，它是在实现销售时同时发生的。

纳税人采取折扣方式销售货物，如果销售额和折扣额在同一张发票上分别注明的，可按折扣后的销售额征收增值税。纳税人采取折扣方式销售货物，销售额和折扣额在同一张发票上分别注明是指销售额和折扣额在同一张发票上的“金额”栏分别注明的，可按折扣后的销售额征收增值税。未在同一张发票“金额”栏注明折扣额，而仅在发票的“备注”栏注明折扣额的，折扣额不得从销售额中减除。

[筹划思路]

应使得销售额和折扣额在同一张发票的金额栏中分别注明，按折扣后的销售额计征增值税，这样便能降低计税依据，从而减轻企业税负。

任务执行

方案一：甲企业未将销售额和折扣额在同一张发票的金额栏中分别注明，而是将折扣额另开发票。

$$增值税销项税 = 5\times17\% = 0.85（万元）$$

方案二：甲企业将销售额和折扣额在同一张发票的金额栏中分别注明。

$$增值税销项税 = 5\times(1-20\%)\times17\% = 0.68（万元）$$

① 梁文涛. 四种方式巧做折扣税收筹划［J］. 纳税人报，2009-08-03.

任务结论

方案二比方案一少缴纳增值税 0.17 万元（0.85 万-0.68 万），因此，应当选择方案二。

任务点评

将销售额和折扣额在同一张发票的金额栏中分别注明，举手之劳，便能降低增值税税负。

任务 12.8　实物折扣的税务筹划[①]

任务案例

【例 12-8】甲企业为促销，推行赠送活动，凡购买一件价值 100 万元产品的采购方，便能获赠价值 10 万元的购物券。请对其进行税务筹划。

任务准备

[税法依据]

折扣销售的税收优惠仅适用于价格折扣，而不适用于实物折扣。如果销售者将自产、委托加工或购买的货物用于实物折扣，则该实物款额不能从销售额中减除，且该实物应按增值税条例“视同销售货物”中的“无偿赠送他人”计算缴纳增值税。

[筹划思路]

企业在选择折扣方式时，应当尽量不选择实物折扣，在必须采用实物折扣的销售方式时，企业可以在发票上作适当的调整，变“实物折扣”为“价格折扣（折扣销售）”，以达到节税的目的。

任务执行

方案一：采取实物折扣的方式。

销售 100 万元产品应纳增值税销项税 = 100×17% = 17（万元）

赠送 10 万元购物券视同销售，应纳增值税销项税 = 10×17% = 1.7（万元）

合计增值税销项税为 = 17+1.7 = 18.7（万元）

方案二：变“实物折扣”为“价格折扣（折扣销售）”。

即将实物折扣在开发票时变成价格折扣，即原价 110 万元产品进行打折，打折后的价格为 100 万元，且将原价 110 万元和折扣额 10 万元在同一张发票的金额栏中分别注明。

应纳增值税销项税 = 100×17% = 17（万元）

---

① 梁文涛. 四种方式巧做折扣税收筹划 [J]. 纳税人报，2009-08-03. 有改动。

任务结论

方案二比方案一少缴纳增值税 1.7 万元（18.7 万-17 万），因此，应当选择方案二。

任务点评

变换一下折扣方式，便能降低增值税税负，何乐而不为？

任务 12.9 返还现金的税务筹划①

任务案例

【例 12-9】 甲超市为促销，实行“购货满 100 元返还现金 20 元”的方式。本期销售额共计 100 万元（含增值税），共返还现金 20 万元。假设原价为 100 元的商品，成本为 70 元。另外，甲超市每销售原价为 100 元商品，发生可在企业所得税前扣除的工资和其他费用 6 元。请对其进行税务筹划。

任务准备

[税法依据]

返还现金指企业在销售货物的同时，返还部分现金给购货方。返还现金相当于赠送现金给购买方。赠送的现金支出不仅不得在企业所得税前扣除，而且还要为客户代扣代缴个人所得税。

[筹划思路]

由于返还现金这部分金额不得在税前扣除，所以加重了企业所得税税负，同样若变“返还现金”为“价格折扣（折扣销售）”，便会达到节税效果。这对顾客没有影响，同样是相当于用 80 元人民币购买了 100 元的商品；甚至对于部分只携带 80 元的顾客来说，不用拿出 100 元便能享受到此优惠，从而使销售方达到促销目的。

任务执行

方案一：采取返还现金的方式。

销售 100 万元商品应纳增值税 = [100÷(1+17%)]×17% −[70÷(1+17%)]×17%
= 4.36（万元）

应纳税所得额 = 100÷(1+17%)−70÷(1+17%)−6 = 19.64（万元）

应纳企业所得税 = 19.64×25% = 4.91（万元）

净利润 = 100÷(1+17%)−70÷(1+17%)−20−6−4.91 = −5.27（万元）

方案二：变“返还现金”为“价格折扣（折扣销售）”。

即原价为 100 元的商品，打折后价格为 80 元，且将销售额 100 元和折扣额 20 元在同一张发票上分别注明。

---

① 梁文涛. 四种方式巧做折扣税收筹划［J］. 纳税人报，2009-08-03.

销售原价为 100 万元（打折以后的价格为 80 万元）：

销售商品应纳增值税 = [80÷(1+17%)]×17% - [70÷(1+17%)]×17% = 1.45（万元）

应纳税所得额 = 80÷(1+17%) - 70÷(1+17%) - 6 = 2.55（万元）

应纳企业所得税 = 2.55×25% = 0.64（万元）

税后净利润 = 80÷(1+17%) - 70÷(1+17%) - 6 - 0.64 = 1.91（万元）

任务结论

方案二比方案一少缴纳增值税 2.91 万元（4.36 万-1.45 万），少缴纳企业所得税 4.27 万元（4.91 万-0.64 万），多获取净利润 7.18 万元［1.91 万-(-5.27 万)］，因此，应当选择方案二。

任务点评

返还现金返还的是净利润，对企业财务十分不利，企业应尽量避免。

任务 12.10 销售折扣的税务筹划[①]

任务案例

【例 12-10】 甲企业与购货方签订销售合同金额为 500 万元（不含税），合同中约定的付款期为 30 天。若对方在 10 天内付款，则给予对方不含税金额 20% 的销售折扣；若对方在 30 天内付款，则不给予折扣。请对其进行税务筹划。

任务准备

[税法依据]

销售折扣，会计上又称现金折扣，是指销货方在销售货物或应税劳务后，为了鼓励购货方及早偿还货款，而协议许诺给予购货方的一种折扣优待。销售折扣通常采用"2/10，1/20，n/30"等符号表示。其含义为：购货方若 10 天内付款，则货款折扣 2%；若 20 天内付款，则货款折扣 1%；若 30 天内付款，则需全额付款。由于销售折扣发生在销货之后，是一种融资性质的理财费用，所以销售折扣不得从销售额中减除，而需按全额计征增值税。

[筹划思路]

由于销售折扣不得从销售额中减除，所以这种折扣方式无疑加重了企业的税收负担。但是企业可修改合同规定，变"销售折扣"为"折扣销售"，便可达到节税效果。

---

① 梁文涛. 四种方式巧做折扣税收筹划［J］. 纳税人报，2009-08-03.

任务执行

方案一：采取销售折扣方式。

折扣额不能从销售额中扣除，企业应按照500万元全额计算增值税销项税额。

$$增值税销项税额=500\times17\%=85（万元）$$

方案二：变“销售折扣”为“折扣销售”，即企业主动压低该批货物的价格，将合同金额降低为400万元，相当于给予对方20%折扣之后的金额。同时在合同中约定，购货方超过10天付款加收117万元的滞纳金。

在这种情况下，企业的收入并没有受到实质性影响。

如果对方在10天之内付款，则增值税销项税额=400×17%=68（万元）。比方案一少缴纳增值税17万元（85万-68万）。

如果对方没有在10天之内付款，企业可向对方收取117万元滞纳金，并以“全部价款和价外费用”，计算增值税销项税。此时增值税销项税额=[400+117÷(1+17%)]×17%=85（万元），与方案一的税负是一样的。

任务结论

方案二比方案一少缴或晚缴增值税，因此，应当选择方案二。

任务点评

由于存在滞纳金，一般情况下，购货方会选择10天之内付款，而一旦购货方10天之后付款，对购货方来说是不合算的，而对甲企业来说是很合算的，因增加了收入117万元（含增值税），因此，方案二总是优于方案一。

本项目关键词

物资采购对象　物资采购时间　存货计价方法　固定资产折旧方法　折扣销售　实物折扣　返还现金　销售折扣

本项目思考题

1. 如何选择购销对象的纳税人身份？
2. 如何利用存货计价方法的选择进行税务筹划？
3. 如何利用固定资产年限的选择进行税务筹划？
4. 如何对商业折扣、现金折扣进行税务筹划？

推荐网站

1. http://www.jsftax.com　（江苏财税网）
2. http://www.jhcs.gov.cn　（金华财税网）

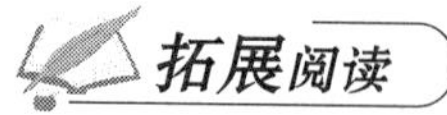

拓展阅读

大额销售的节税思路与案例评析①

一、节税思路

大额销售是指超过一次性收现能力的销售，即这笔销售的货款不可能一次性回笼，需要分次收回，即分期收款销售。

大额销售的表现形式有两个：一是累计销售额，如某一客户一年累计销售额10 000万元；二是一次大额销售，如某一客户的一个销售合同就是10 000万元。这两种销售形式都存在税金的缴多缴少问题，即存在税务筹划的空间。

大额销售一定要签订销售合同，但合同上签订的收款日期是有讲究的，比如10 000万元销售收入，在合同上签订1号收款就比签订31号收款（之间相差30天）节省资金的时间价值大约50万元（按银行贷款利息6%计算）。所以，企业签订大额销售合同时一定要遵循两个原则："1号原则"和"末号原则"。

所谓"1号原则"，就是指在签订收入合同时，合同上的收款日期一定要签在1号。因为，签在1号收款，款项就不属于上期的收入，能起到延期纳税的效果，同时收到的款项（资金）又能最大化使用，能最大化地节约资金的时间成本；如果是签在下年度的1月1号，收入涉及的税款就属于下一个年度，这和签本年度在12月31号比较，就有年度的差别——尽管迟收1天，但有很好的节税（延期纳税）效果。

如果是签订支出合同，就要遵循"末号原则"，在合同上约定于某一期间的最后一天支付所欠款项。

我们对于大额销售的节税思路也基本有两个：一是少缴，依据税法，尽量地选择最优的纳税方案，节约税款；二是晚缴，在法律许可范围内的最后一天划转税款，起到延缓纳税的作用。

二、案例评析

案例：累计销售返点的节税思路与方法

累计销售返点（其实就是折扣）是一种促销方式，因为它执行"销售越多返点越高"的折扣原则，对一些具有营销实力的客户（中间商），还是有吸引力的。

但由于累计销售返点是事后行为，即确定了累计销售量才能确定返点的点数，就给实务中的财务处理带来了麻烦。

税法条款援引：

1997年8月22日发布的国税函〔1997〕472号规定：

一、纳税人销售货物给购货方的销售折扣，如果销售额和折扣额在同一张销售发票上注明的，可按折扣后的销售额计算征收所得税；如果将折扣额另开发票，则不得从销售额中减除折扣额。

二、纳税人销售货物给购货方的回扣，其支出不得在所得税前列支。

① 葛长银．节税筹划案例与实操指南［M］．北京：机械工业出版社，2010：76-79.

累计销售返点是事后行为，事前就无法把返点的折扣额开在同一张发票上，因而也就无法扣除。在国家新的税法没有下来之前，我们给出的咨询建议是：

对到达一定销售数量的返点，比如50万元，可以在下次（或下一年度）供货时，采取让利（或折扣）50万元的方式，把利益让渡给对方，并把这50万元的让利，以折扣的形式开在下次供货的销售发票上，进行规范的账务处理。

税法条款援引：

国税函〔2006〕1279号规定：

纳税人销售货物并向购买方开具增值税专用发票后，由于购货方在一定时期内累计购买货物达到一定数量，或者由于市场价格下降等原因，销货方给予购货方相应的价格优惠或补偿等折扣、折让行为，销货方可按现行《增值税专用发票使用规定》的有关规定开具红字增值税专用发票。

依据这个文件，对累计销售返点的处理程序如下：在开票之日起90天内，填写开具红字发票《申请单》，到主管税务机关办理认证手续——把要开的红字发票对应的以前开具的蓝字专用发票拿到税务机关认证，然后按现行《增值税专用发票使用规定》的有关规定开具红字增值税专用发票，冲减折扣额（累计返点是多少就开多少的红字发票）。

这个文件好像解决了累计销售返点的问题，其实不彻底。为了进行发票管理，税务机关规定了“在开票之日起180天内”办理认证手续，但问题是：累计销售是全年的销售，如果最后一次供货量低，就有可能出现“供货500万元返点600万元”的情况——拿500万元的供货蓝字专用发票，到税务机关认证开具“返点600万元”的红字专用发票，恐怕就不会那么顺利了。

销售是企业的生命线，但折扣问题解决不了，就会影响企业的生命线。为了“保命”，对于不好处理的折扣，有些企业就违规解决，比如私下给对方回扣，这除了要承担税收负担（回扣不允许在税前扣除）外，还制造了财务风险，以后出了问题说不定更麻烦。

税法条款援引：

对于这个复杂的问题，国税函〔2008〕875号进一步予以明确：

企业为促进商品销售而在商品价格上给予的价格扣除属于商业折扣，商品销售涉及商业折扣的，应当按照扣除商业折扣后的金额确定销售商品收入金额。

我们的税收政策是明确的：累计销售返点允许扣除，但有些“前大后小”销售额的企业不好操作。这就需要节税技巧了。看看下面这个案例是如何处理的。

某企业给销售公司的折扣政策是这样的：年不含税累计销售额在100万元以下，没有折扣（针对小企业的政策）；超过100万元，返点1.5%；超过1 000万元，返点3%；超过5 000万元，返点4%；超过10 000万元，返点5%；超过20 000万元，返点7%。

企业与各个销售公司签订基数销售合同（按去年的销售水平），分别约定供货周期（对临时追加的供货有应急措施）。它们对累计销售返点，处理得很不规范（为防止误导，此处不作介绍）。依据国家相关税收政策和这个企业具体的销售奖励措施，我们给它们设计了累计销售返点的运行模式和财务处理方式。下面分别予以介绍。

（1）依据国税函〔2006〕1279号文件“购货方在一定时期内累计购买货物达到一定数量……销货方可按现行《增值税专用发票使用规定》的有关规定开具红字增值税专用发票”的规定，每年对各个销售公司初次开票销售，都按发票额和对应的返点比例，如不含税销售额800万元，按1.5%的奖励比例返点12万元，填写《申请单》，去税务机关办理认证手续，开红字增值税专用发票冲减销售额，进行账务处理，并在企业所得税税前扣除，随时减轻相关税负。

（2）以后开票供货时，按累计发票额及其对应的返点比例，同时考虑上次的返点额，申请开具红字发票。比如，上次开800万元，这次1 000万元，累计1 800万元，按3%的比例返点54万元，但上次返了12万元，要扣除，本次申请开具红字发票的折扣额为42万元（54万-12万）。以此类推，在供货均匀的条件下，我们都可以按此种方法处理累计销售返点问题。

如果遇到临界点问题，比如已经开票销售了19 800万元，也已经按相应的奖励比例5%返点990万元，但年终最后一次开票供货300万元，累计销售到了20 100万元，执行7%的返点率，返点额为1 407万元，减掉以前的返点990万元，尚有417万元要返点。返点额（417万元）超过了蓝字发票额（300万元），如此到税务机关去办理申请，估计很难通过。

对于这样的疑难问题，我们的建议如下。

（1）与销售公司商议，把"超额"的返点额递延到下一个年度去：假如300万元的销售发票到税务机关可以申请开具30万元红字发票，递延额为387万元（417万-30万）。

（2）提前预测销售公司的累计销售额，对于可能出现的"超额"问题，可以在上次销售开票时，依据"先返还"的方式（限于信用客户），把"超额"的部分提前开进红字发票中去。比如上次多折扣387万元左右，这次就可顺利解决这个"超额"问题。

解决了这疑难问题，企业就可以合法地在税前扣除返点额，获得节税效益。

对于大单销售业务，如果一次不能收回全部货款，一定要签订分期销售合同。因为依据国家税法规定，签署分期销售合同，可以按合同上约定的收款日期确认收入并计算、缴纳税金，不然，就按合同全额确认收入并计算、缴纳税金。

本项目技能训练

职业能力选择

一、单项选择题

1. 增值税额相当于商品价值中的（　　）部分。

A. C+V　　B. C+V+M　　C. C+M　　D. V+M

2. 下列外购的货物不得作为进项税额抵扣的有（　　）。

A. 外购的固定资产用于企业的生产经营活动

B. 外购的床单用于职工福利

C. 外购的礼品无偿赠送给客户

D. 外购机器设备用于对另一企业投资

3. 从2009年1月1日开始，我国增值税实行全面"转型"指的是（　　）。

A. 由生产型转为收入型　　B. 由收入型转为生产型

C. 由消费型转为收入型　　D. 由生产型转为消费型

4. 原材料市场价格持续上升时应当采用的存货计价方法是（　　）。

A. 先进先出法　　B. 移动加权平均法

C. 个别计价法　　　　　　　　　　　　D. 不一定

5. 原材料市场价格持续下降时应当采用的存货计价方法是（　　）。

A. 先进先出法　　　　　　　　　　　　B. 移动加权平均法

C. 个别计价法　　　　　　　　　　　　D. 不一定

6. 销货方在销售货物或应税劳务时，因购货方购货数量较大等原因，而给予购货方的价格优惠，指的是（　　）。

A. 折扣销售　　　B. 销售折扣　　　C. 销售折让　　　D. 实物折扣

二、多项选择题

1. 销售数量指纳税人生产、加工和进口应税消费品的数量具体是指（　　）。

A. 销售应税消费品的，为应税消费品的销售数量

B. 自产自用应税消费品的，为应税消费品的自产数量

C. 委托加工应税消费品的，为纳税人收回的应税消费品数量

D. 进口的应税消费品，为海关核定的应税消费品进口征税数量

2. 我国现行企业会计准则规定可以采用的存货计价方法主要有（　　）。

A. 先进先出法　　　　　　　　　　　　B. 后进先出法

C. 移动加权平均法　　　　　　　　　　D. 个别计价法

3. 对于销售折扣，下列说法正确的是（　　）。

A. 由于销售折扣发生在销货之后，是一种融资性质的理财费用，因此销售折扣不得从销售额中减除，而需按全额计征增值税

B. 对销售折扣来说，我国会计上只能采用总价法进行核算

C. 销售折扣在增值税税负上低于折扣销售

D. 销售折扣“5/10，2/20，n/30”，其含义为：购货方若10天内付款，则货款折扣5%；若20天内付款，则货款折扣2%；若30天内付款，则需全额付款

4. 对“在不同期间内，应选择不同存货计价方法”说法正确的是（　　）。

A. 在减、免税期间选择使得成本多的存货计价方法

B. 在通货膨胀时期，可选择加权平均法

C. 在通货紧缩时期，可选择先进先出法

D. 在非减、免税期间选择使成本多的存货计价方法

职业能力判断

1. 对于固定资产的折旧方法，如果采取的是缩短折旧年限方法的，最低折旧年限不得低于规定折旧年限的80%。（　　）

2. 纳税人采取的以旧换新方式销售的金银首饰，应按实际收取的不含增值税的全部价款确定计税依据征收消费税。（　　）

3. 增值税一般纳税人如果从其他一般纳税人处购入原材料等物资，取得增值税专用发票，可以按买价的17%或13%抵扣进项税，而如果从小规模纳税人处购入，则不能抵扣进项税，即便能够取得由税务机关代开的专用发票，也只能按买价的3%抵扣进项税。因此，增值税一般纳税人应当从其他一般纳税人处购入原材料。（　　）

4. 消费型增值税是指：一般纳税人企业新购进的机器设备所含的进项税额可以抵扣。（　　）

5. 由于折旧具有抵减企业所得税的作用，因此，在税法允许的范围内减少折旧年限必然能节税。（ ）

6. 对于折扣销售来说，如果销售额和折扣额在同一张发票上分别注明，按折扣后的销售额计征增值税。（ ）

7. 返还 20% 的现金比折扣销售 20% 要节税。（ ）

项目实训

1. 甲公司为增值税一般纳税人，适用增值税税率为 17%，购买原材料时，有以下几种方案可供选择：一是从一般纳税人 a 公司购买，每吨含税价格为 12 000 元，a 公司适用增值税税率为 17%；二是从小规模纳税人 b 公司购买，则可取得由税务所代开的税率为 3% 的专用发票，每吨含税价格为 11 000 元；三是从小规模纳税人 c 公司购买，只能取得普通发票，每吨含税价格为 10 000 元。请对甲公司购货对象的选择进行税务筹划（其中，城建税税率为 7%，教育费附加征收率为 3%）。

2. 2013 年 12 月甲企业新购入某电子设备账面原值为 20 万元，预计净残值率为 5%，从 2014 年 1 月开始计提折旧。会计和税法规定的折旧年限均为 5 年，企业适用的所得税税率为 25%，假设从 2014 年开始，前两年免税，后三年减半征收。且假设该企业每年未扣除该设备折旧额前的应纳税所得额为 100 万元。比较该企业分别采用直线法、双倍余额递减法、年数总和法计提折旧对企业所得税的影响。

3. 甲商场为增值税一般纳税人，拟于春节期间开展某种商品促销活动。假设商品销售价格为 200 元，成本价为 160 元（均为含税价格），销售利润率为 20%，现有两种促销方案：

方案一：打折销售。商品打 9 折，销售价为 180 元。

方案二：返还现金。购物满 200 元，返还 20 元的现金。

要求：计算上述方案的纳税结果，并选出最佳方案。（假设不考虑城建税和教育费附加）

项目 13

企业合并分立中的税务筹划

知识目标：

（1）了解通过合并来抵扣增值税进项税的税务筹划的基本方法；

（2）熟悉通过合并转换增值税纳税人身份的税务筹划、通过合并变销售不动产为转让企业产权的税务筹划、通过分立变“混合销售行为”为两种单一行为的税务筹划的基本方法；

（3）掌握通过分立转换增值税纳税人身份的税务筹划、通过分立成立销售公司的税务筹划、企业清算的税务筹划的基本方法。

能力目标：

（1）能够在实际工作中熟练运用具体的税务筹划方法，对企业合并分立中的涉税事项进行税务筹划；

（2）能够在掌握本项目企业合并分立的税务筹划案例及方法的基础上，创造性地对企业合并分立中的涉税事项进行税务筹划。

任务 13.1　通过合并转换增值税纳税人身份的税务筹划

任务案例

【例 13-1】 甲公司为商业企业，属于小规模纳税人，年应税销售额 60 万元，该企业购货金额为 55 万元。另有乙公司也为商业企业，年应税销售额 50 万元，该企业购货金额为 45 万元（以上金额均不含税）。此时，假设甲公司有机会合并乙公司，且是否合并乙公司对自身经营基本没有影响。请对其进行税务筹划。

任务准备

［税法依据］

一般纳税人应纳增值税税额＝销项税额－进项税额

其中：销项税额=销售额×税率

进项税额=可抵扣的购进项目金额×税率

小规模纳税人应纳增值税税额=销售额×征收率

[筹划思路]

由于一般纳税人可抵扣进项税额，因而小规模纳税人的税负往往重于一般纳税人。若小规模纳税人自身不具备转化为一般纳税人的条件（主要是年应税销售额未达标准），则可以考虑合并其他小规模纳税人的方式来转化为一般纳税人，从而享有一般纳税人可以抵扣进项税额的税收待遇。

任务执行

方案一：甲公司不合并乙公司。

甲公司应纳增值税=60×3%=1.8（万元）

乙公司应纳增值税=50×3%=1.5（万元）

甲公司与乙公司共应纳税额=1.8+1.5=3.3（万元）

方案二：甲公司合并乙公司，并申请为一般纳税人。

合并后的集团公司应纳增值税=(60+50)×17%-(55+45)×17%=1.7（万元）

任务结论

方案二比方案一本期少缴纳增值税1.6万元（3.3万-1.7万），因此，应当选择方案三。

任务点评

小规模纳税人通过合并一旦转化为一般纳税人，就不能再恢复为小规模纳税人了。如果企业的销售客户大多是小规模纳税人，则企业本身是不适合作为一般纳税人的。因此，通过合并变“小规模纳税人”为“一般纳税人”，不能单纯考虑税负因素。

任务13.2 通过合并来抵扣增值税进项税的税务筹划[①]

任务案例

【例13-2】乙公司期初有价值为220万元的原材料，可以用于抵扣增值税进项税（上期未抵扣完），乙公司本期预计销售额为50万元，预计本期不再购入原材料。甲公司本期预计销售额为200万元（以上均为不含税金额），可抵扣的增值税进项税额为4万元。此时，假设甲公司有机会合并乙公司，且是否合并乙公司对自身经营基本没有影响。请对其进行税务筹划。

---

① 梁文涛．企业合并在税务筹划中的应用［J］．财会月刊：会计，2008（12）．

任务准备

[税法依据]

应交增值税=增值税销项税额-增值税进项税额。也就是说，增值税进项税额可从本期的销项税额中抵扣，不足抵扣的部分可结转下期继续抵扣。

[筹划思路]

如果目标企业有大量的期初存货可以用于抵扣进项税，则合并企业在合并当期的应纳增值税税额就会减少，从而充分利用了货币的时间价值。

任务执行

方案一：甲公司不合并乙公司。

甲公司应纳增值税 = 200×17% - 4 = 30（万元）；乙公司应纳增值税 = 50×17% - 220×17% =-28.9（万元），即乙公司本期不缴增值税，28.9万元的增值税进项税留待下期抵扣。

甲公司与乙公司共应纳税额=30+0=30（万元）

方案二：甲公司合并乙公司。

合并后的集团公司应纳增值税=(200+50)×17% -4-220×17% =1.1（万元）

任务结论

方案二比方案一本期少缴纳增值税28.9万元(30万-1.1万)，因此，应当选择方案二。

任务点评

企业是否选择合并应充分考虑到合并成本、合并后的发展前景、职工安置等各方面的因素，不能单纯考虑税负因素。

任务13.3 通过合并变销售不动产为转让企业产权的税务筹划①

任务案例

【例13-3】 A公司2013年12月31日，资产总额9 800万元（其中不动产8 000万元），负债10 000万元，净资产-200万元。A公司股东决定清算并终止经营。B公司为扩大规模，决定出资10 000万元购买A公司全部资产，A公司将资产出售收入全部用于偿还债务和缴纳欠税，然后将公司解散。A公司在该交易中涉及销售不动产（即B公司购买不动产）共8 000万元。请对其进行税务筹划。

① 梁文涛．企业合并在税务筹划中的应用［J］．财会月刊：会计，2008（12）．

任务准备

[税法依据]

转让企业产权是整体转让企业资产、债权、债务及劳动力的行为，其转让价格不仅仅是由资产价值决定的。所以，企业转让产权与企业销售不动产、销售货物及转让无形资产的行为完全不同，既不属于营业税征收范围，也不属于增值税征收范围，因此，转让企业产权既不应缴纳营业税，也不应缴纳增值税。股权转让中涉及的以无形资产、不动产投资入股，参与接受投资方利润分配，共同承担风险的行为，不征收营业税，在投资期内转让其股权的也不征收营业税。

[筹划思路]

企业合并可以改变企业的组织形式及内部股权关系；通过企业合并，可以实现关联性企业或上下游企业流通环节的减少，合理规避流转税，这是企业合并的优势所在。以股权或者产权交易代替不动产交易，可以规避销售不动产环节的高额税负。通过“合并”变“销售不动产”为“转让企业产权”，便能达到这样的节税效果。

任务执行

方案一：A 公司采取销售不动产的方式（即 B 公司购买不动产）。

A 公司应纳营业税 = 8 000×5% = 400（万元）

应纳城建税及教育费附加 = 400×(7% +3%) = 40（万元）

方案二：通过“合并”变“销售不动产”为“转让企业产权”。

对于上述交易，如果 B 公司采用购买 A 公司企业产权的方式，则不必缴纳营业税和相应的城建税及教育费附加。

任务结论

方案二比方案一少缴纳营业税和城建税及教育费附加 440 万元（400 万+40 万），因此，应当选择方案二。

任务点评

企业是否选择合并应充分考虑到合并成本、合并后对被合并方负债的承担、职工安置等各方面的因素，不能单纯考虑税负因素。

任务 13.4　通过分立转换增值税纳税人身份的税务筹划①

任务案例

【**例 13-4**】甲公司属于增值税一般纳税人，年不含税销售收入为 500 万元，适用增值税

① 梁文涛．增值税的税收筹划［J］．注册税务师，2011（11）．

税率17%，购进材料可抵扣金额为30万元，销售过程中既有开具增值税专用发票的业务，也有开具增值税普通发票的业务，其中开具普通发票的业务不含税收入为50万元。请对其进行税务筹划。

任务准备

［税法依据］

增值税的一般纳税人可以领购、开具增值税专用发票，且可以抵扣进项税；小规模纳税人不能领购、开具增值税专用发票，只能自身开具增值税普通发票，或申请主管税务机关代开税率为3%的专用发票，但不能抵扣进项税。

［筹划思路］

企业具有较高的销项税和较低的进项税，会使得增值税税负较重。这种情况下，若作为小规模纳税人，则征收率为3%，虽不能抵扣进项税，但整体增值税税负较低。因此对于规模不大的此类企业可以选择作为小规模纳税人。而对于规模较大的此类企业，由于其具备一般纳税人资格，可以考虑分立出一个小规模纳税人，对于与其他小规模纳税人发生的业务由此分立出的小规模纳税人进行交易，这样便可以在一定程度上降低了增值税税负。

任务执行

方案一：继续维持增值税一般纳税人身份。

$$该公司应纳增值税=500\times17\%-30\times17\%=79.9（万元）$$

方案二：将开具普通发票的业务分立出去，重新注册一个A公司，并将销售收入控制在50万元或50万元以下。

$$原公司应纳增值税=(500-50)\times17\%-30\times(500-50)/500\times17\%=71.91（万元）$$

$$A公司应纳增值税=50\times3\%=1.5（万元）$$

$$共需缴纳增值税\ 71.91+1.5=73.41（万元）$$

任务结论

方案二比方案一少缴纳增值税6.49万元（79.9万−73.41万），因此，应当选择方案二。

任务点评

如果企业的销售客户大多是一般纳税人，则企业本身是不适合作为小规模纳税人的。因此，通过分立进行增值税纳税人身份的转化的税务筹划要具体情况具体分析。

任务13.5　通过分立变“混合销售行为”为两种单一行为的税务筹划[①]

任务案例

【例13-5】甲商业企业2014年9月销售设备10台，取得销售额234万元（含税），与

① 梁文涛．利用分立巧节税［J］．企业管理，2008（6）．

设备相关的可抵扣进项税额为 15 万元。由于设备的特殊性，同时须由其下设的安装部门为客户提供上门安装业务，取得安装费 100 万元，在甲公司年设备销售额与安装业务营业额的合计数中，年销售业务全额超过 50%。请对其进行税务筹划。

任务准备

[税法依据]

一项销售行为如果既涉及货物又涉及非增值税应税劳务，为混合销售行为。在混合销售行为中，若应征增值税的销售成为“经营主业”，则应合并缴纳增值税；若应征营业税的劳务成为“经营主业”，则应合并缴纳营业税。

[筹划思路]

在混合销售行为中，若应征增值税的业务成为“经营主业”，则应合并缴纳增值税。若此时增值税税负大于营业税税负，企业不妨把一项销售行为涉及的增值税应税货物以及营业税应税劳务分给两个核算主体（其中一个核算主体是由原核算主体分立出去的），这样，可以各自缴纳增值税和营业税，从而达到了降低税负的目的。

任务执行

方案一：由甲公司下设的安装部门为客户提供上门安装业务。

此时，由于年销售业务金额超过 50%，成为“经营主业”，因此，应合并缴纳增值税。

应纳增值税 = [234÷(1+17%)]×17% −15+600×17% = 36（万元）

方案二：甲公司把安装部门分立出来，设立独立核算的安装公司。

此时，安装业务缴纳营业税，销售业务缴纳增值税。

应纳增值税 = [234÷(1+17%)]×17% −15 = 19（万元）

应纳营业税 = 100×3% = 3（万元）

应纳税额合计 = 19+3 = 22（万元）

任务结论

方案二比方案一少缴税 14 万元（36 万−22 万），因此，应当选择方案二。

任务点评

分立设立安装公司必然发生一定的开办费用以及后续的管理费用。另外，购买方能否接受销售方同时开具的两种发票也是个问题，这些在一定程度上限制了此类税务筹划方案的实施。

任务 13.6　通过分立成立销售公司的税务筹划[①]

任务案例

【例 13-6】 甲生产企业尚未设立独立的销售公司，假定 2015 年预计实现的销售收入为 5 000 万元，预计广告费支出、业务宣传费支出共计 1 200 万元。其他可税前扣除的成本费

① 梁文涛．浅谈白酒生产企业的税务筹划［J］．财会月刊：会计（中），2009（10）．有改动。

用为 2 600 万元。请对其进行税务筹划。

任务准备

[税法依据]

广告费和业务宣传费支出不超过当年销售收入 15% 的部分，可以据实扣除，超过比例的部分可结转到以后年度扣除。

[筹划思路]

很多生产企业存在广告费和业务宣传费超支而不能在税前全部扣除的现象。而若把其销售部门分立出去，成立独立核算的销售公司，可以原企业的名义列支上述费用，这样原本超额不能列支的费用就可以在销售公司列支了，从而起到降低企业集团整体所得税税负的作用。

任务执行

方案一：不设立销售公司。

则该企业广告费和业务宣传费扣除限额为 750 万元（5 000 万×15%），超支 450 万元（1 200 万-750 万），因此只能按照 750 万元进行税前扣除。

应纳企业所得税 =(5 000-2 600-750)×25% =412. 5（万元）

税后净利润 = 5 000-2 600-1 200-412. 5 = 787. 5（万元）

方案二：甲公司把销售部门分立出来，设立独立核算的销售公司。

假设甲企业以 4 000 万元的价格先把产品销售给销售公司，销售公司再以 5 000 万元的价格对外销售。且由甲企业负担广告费支出、业务宣传费支出 600 万元，同时销售公司负担广告费支出、业务宣传费支出 600 万元。

经计算，广告费和业务宣传费可全部税前扣除。(计算方法同方案一，不再赘述)

同时，因甲企业和销售公司之间构成销售关系，需要多缴纳印花税 2. 4 万元（4 000 万×0. 000 3×2）。

整体应纳企业所得税 =(5 000-2 600-600-600-2. 4)×25% =299. 4（万元）

税后净利润 = 5 000-2 600-600-600-2. 4-299. 4 = 898. 2（万元）

任务结论

方案二比方案一少缴纳企业所得税 113. 1 万元（412. 5 万-299. 4 万），多获取净利润 110. 7 万元（898. 2 万-787. 5 万），因此，应当选择方案二。

任务点评

通过分立设立销售公司必然发生一定的开办费用以及后续的管理费用，这在一定程度上限制了此类税务筹划方案的实施。

任务 13.7 企业清算的税务筹划

任务案例

【例 13-7】甲公司董事会于 2014 年 8 月向股东会提交解散申请书，股东会于 9 月 20 日通过并作出决议，清算开始日定于 10 月 1 日，清算期间为两个月。该公司财务部经理在开始清算后发现，1—9 月底公司预计盈利 100 万元（适用企业所得税税率 25%），并且公司在清算初期会发生巨额的清算支出。假定整个清算期间（10 月 1 日至 11 月 30 日）的清算损失为 150 万元，其中 10 月 1 日至 10 月 14 日会发生清算支出 100 万元，10 月 15 日至 11 月 30 日会发生清算支出 50 万元。请对其进行税务筹划。

任务准备

[税法依据]

企业在清算年度，应划分为两个纳税年度，从 1 月 1 日到清算开始日为一个生产经营纳税年度，从清算开始日到清算结束日的清算期间为一个清算纳税年度。

[筹划思路]

企业的清算日期不同，对两个纳税年度应税所得的影响不同。企业可以利用推迟或提前清算日期的方法来影响企业清算期间应税所得额，从而达到降低应纳企业所得税税负的目的。

任务执行

方案一：清算开始日定于 10 月 1 日。

生产经营年度（1 月 1 日至 9 月 30 日）应纳企业所得税 = 100×25% = 25（万元）

清算年度（10 月 1 日至 11 月 30 日）清算所得为清算损失 150 万元，不纳企业所得税。

方案二：清算开始日定于 10 月 15 日。

生产经营年度（1 月 1 日至 10 月 14 日）应纳企业所得税 = (100−100)×25% = 0（万元）

清算年度（10 月 15 日至 11 月 30 日）清算所得为清算损失 50 万元，不纳企业所得税。

任务结论

方案二比方案一少缴纳企业所得税 25 万元，因此，应当选择方案二。

任务点评

本案例通过改变清算开始日期，合理调整正常生产经营所得和清算所得，从而达到降低整体税负的目的。

本项目关键词

转换增值税纳税人身份 抵扣增值税进项税 转让企业产权 混合销售行为 销售公司 债务重组 企业清算

本项目思考题

1. 如何利用分立对不同税种进行税务筹划？（至少说出四个税种）
2. 如何利用合并对不同税种进行税务筹划？（至少说出四个税种）

推荐网站

1. http：//www. tjcsw. com （天津财税信息网）
2. http：//www. taxexpert. com. cn （中国税务专家咨询网）

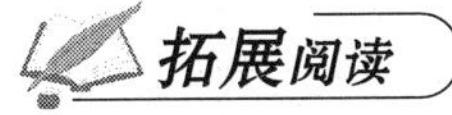

拓展阅读

企业合并中所得税的筹划[①]

1. 企业合并中所得税的基本规范

企业合并中所得税的基本规范，是2009年4月30日财政部和国家税务总局联合出台的《关于企业重组业务企业所得税处理若干问题的通知》（财税〔2009〕59号文）。

依照该文件的规定，一般情况下，企业合并应按照下列规定进行税务处理：（1）合并企业应按公允价值确定接受被合并企业各项资产和负债的计税基础；（2）被合并企业及其股东都应按清算进行所得税处理；（3）被合并企业的亏损不得在合并企业结转弥补。

在企业合并过程中，如果同时满足下述条件，可以进行特殊性税务处理：（1）具有合理的商业目的，且不以减少、免除或者推迟缴纳税款为主要目的；（2）被收购、合并或分立部分的资产或股权比例符合本通知规定的比例（对于企业合并而言，该比例指下文中提到的“企业股东在该企业合并发生时取得的股权支付金额不低于其交易支付总额的85%”）；（3）企业重组后的连续12个月内不改变重组资产原来的实质性经营活动；（4）重组交易对价中涉及股权支付金额符合本通知规定比例；（5）企业重组中取得股权支付的原主要股东，在重组后连续12个月内，不得转让所取得的股权。

在满足以上条件的前提下，如果企业股东在该企业合并发生时取得的股权支付金额不低于其交易支付总额的85%，以及同一控制下且不需要支付对价的企业合并，可以选择按以下规定执行特殊税务处理方式：（1）合并企业接受被合并企业资产和负债的计税基础，以被合并企业的原有计税基础确定；（2）被合并企业合并前的相关所得税事项由合并企业承继；（3）可由合并企业弥补的被合并企业亏损的限额=被合并企业净资产公允价值×截至合

① 黄凤羽．税收筹划：策略、方法与案例［M］．2版．大连：东北财经大学出版社，2011：189-191.

并业务发生当年年末国家发行的最长期限的国债利率；（4）被合并企业股东取得合并企业股权的计税基础，以其原持有的被合并企业股权的计税基础确定。

在企业吸收合并中，合并后的存续企业性质及适用税收优惠的条件未发生改变的，可以继续享受合并前该企业剩余期限的税收优惠，其优惠金额按存续企业合并前一年的应纳税所得额（亏损计为零）计算。

2. 企业合并所得税筹划的策略和方法

财税〔2009〕59 号文件的出台使得企业合并税收筹划条件更为严格，使得企业合并的所得税筹划空间趋小，因此，研究企业合并税收筹划更要重视全流程的整体安排，并将税收筹划的重点放在对“一般税务处理”与“特殊税务处理”的选择上，见表 13-1。

表 13-1 企业合并中的一般税务处理与特殊税务处理对比

		一般税务处理	特殊税务处理
合并企业方的处理	被合并企业的资产、负债的计税基础	按公允价值确定计税基础	以被合并企业原有计税基础确定
	被合并企业的亏损	不得在合并企业结转弥补	由合并企业承继（有弥补限额）
被合并企业方的处理	被合并企业及其股东的所得	按清算进行所得税处理	所取得合并企业股权的计税基础，以其原持有的被合并企业股权的计税基础确定

根据表 13-1 的比较我们可以发现，在新制度下企业合并中税收筹划的亮点在于，当企业采取特殊税务处理方法时，可以递延纳税，暂不计算评估增值部分所得，且可以将目标企业的未弥补亏损转由合并后的企业进行税前抵扣，减轻了企业重组的税收成本，有利于企业开展重组，进行资源的重新整合、布置。

【案例】甲公司要兼并一家亏损的乙公司，乙公司当时尚有 200 万元的亏损未弥补，税前弥补期限尚有 3 年，被合并的乙企业净资产的公允价值为 1 000 万元。双方股东谈判达成协议，交易价格为 1 000 万元，甲公司股东表示出让相当于 800 万元价值的股份给原乙公司股东，同时结转给乙公司股东 200 万元的现金。假设预计合并后的企业丙在 2009 年、2010 年、2011 年未弥补亏损前的应税所得额分别为 100 万元、200 万元、300 万元。2009 年、2010 年、2011 年国家发行的最长期限国债利率为 4%。

根据财税〔2009〕59 号文中的指标，计算该合并业务中的股权支付比例：

$$股权支付比例=800\div(800+200)\times100\%=80\%$$

因其股权支付额未超过 85%，所以合并企业不能进行特殊税务处理，应按照一般方法纳税，被合并企业的亏损不得在合并企业结转弥补。因此，2009 年至 2011 年共应缴纳企业所得税为：

$$应纳所得税=(100+200+300)\times25\%=150\ （万元）$$

【筹划操作】按照财税〔2009〕59 号文的规定，企业合并中，企业股东在该企业合并发生时取得的股权支付金额不低于其交易支付总额的 85%，以及同一控制下且不需要支付对价的企业合并，这时合并企业可以进行特殊税务处理，享受被合并企业未弥补的亏损，弥补亏损限额计算公式为：

合并企业弥补的被合并企业亏损的限额＝被合并企业净资产公允价值×截至合并业务发生当年末国家发行的最长期限的国债利率

甲公司股东应该提高股权支付额的比重，即甲公司股东可以出让相当于850万元价值的股份给原乙公司股东，同时支付给乙公司股东150万元的现金（或其他非股权支付方式），此时的股权支付额就达到了85%的比重，可以选择文件中规定的特殊税务处理方式，由合并后的企业承继被合并企业合并前的相关所得税事项，进行亏损弥补。

2009年：可弥补亏损＝1 000×4%＝40（万元）

应纳所得税＝(100−40)×25%＝15（万元）

2010年：可弥补亏损＝1 000×4%＝40（万元）

应纳所得税＝(200−40)×25%＝40（万元）

2011年：可弥补亏损＝1 000×4%＝40（万元）

应纳所得税＝(300−40)×25%＝65（万元）

三年共计应纳所得税：15+40+65＝120（万元）

【筹划结果】采用第二种合并方式，提高股权支付比例后，企业在未来三年内可降低所得税负担30万元（150万−120万）。

【特别提示】本案例中的税收筹划原理，针对的是企业合并的情况，而对股权收购方式的产权重组，效果完全不同。股权收购是收购公司与目标公司的股东之间的交易行为，并不涉及目标公司这一法人主体。因此，无论收购了目标公司多大比例的股权，目标公司本身未发生变化，并未丧失法律人格，其权利义务仍由目标公司自身承担。因此，财税〔2009〕59号文明确，企业股权收购后，被收购方应确认股权、资产转让所得或损失；收购方取得股权或资产的计税基础应以公允价值为基础确定；而被收购企业的相关所得税事项原则上保持不变。即使在文件规定的特殊处理方式下，仍明确“收购企业、被收购企业的原有各项资产和负债的计税基础和其他相关所得税事项保持不变”。因此，本案例中的税收筹划方法，只适用于企业合并，不适用于股权收购。也就是说，目标企业的法人地位必须随合并而消失，否则将不能实现本案例中分析的税收筹划效果。

本项目技能训练

职业能力选择

一、单项选择题

1. 凡年应税销售额在（　　）万元以下的小规模商业企业、企业性单位以及以从事货物批发或零售为主并兼营货物生产或提供应税劳务的企业、企业性单位，无论财务核算是否健全，一律不得认定为增值税一般纳税人。

A. 180　　B. 80　　C. 100　　D. 150

2. 新认定为一般纳税人的小型商贸批发企业实行纳税辅导期管理的期限为（　　）个月，其他一般纳税人实行纳税辅导期管理的期限为（　　）个月。

A. 3，6　　B. 6，3　　C. 3，9　　D. 9，3

3. 企业重组中取得股权支付的原主要股东，在重组后连续（　　）后月内，不得转让其所取得的股权。

A. 3　　B. 6　　C. 9　　D. 12

4. 广告费和业务宣传费支出不超过当年销售收入（　　）的部分，可以据实扣除，超过比例的部分可结转到以后年度扣除。

A. 5%　　B. 10%　　C. 15%　　D. 20%

5. 下列行为既不应缴纳营业税，也不应缴纳增值税的是（　　）。

A. 企业销售不动产　　B. 企业销售货物

C. 企业转让无形资产　　D. 企业转让产权

6. 在混合销售行为中，若应征增值税的销售成为“经营主业”，一般情况下则应（　　）。

A. 合并缴纳增值税　　B. 合并缴纳营业税

C. 分别缴纳增值税和营业税　　D. 由纳税人自己选择缴纳增值税或营业税

二、多项选择题

1. 企业转让产权不应缴纳（　　）。

A. 增值税　　B. 营业税

C. 城市维护建设税　　D. 教育费附加

2. 企业合并，企业股东在该企业合并发生时，取得的股权支付金额不低于其交易支付金额的85%，以及同一控制下且不需要支付对价的企业合并，可以选择按以下规定处理（　　）。

A. 合并企业接受被合并企业资产和负债的计税基础，以被合并企业的原有的计税基础确定

B. 被合并企业合并前的相关所得税事项由合并企业承继

C. 可有合并企业弥补的被合并企业亏损的限额=被合并企业净资产公允价值×截至合并业务发生当年年末国家发行的最长期限的国债利率

D. 被合并企业股东取得合并企业股权的计税基础，以其原持有的被合并企业股权的计税基础确定

3. 企业债务重组可采取以下几种方式（　　）。

A. 以现金清偿债务

B. 以非现金资产清偿债务

C. 债务转为资本

D. 修改其他债务条件，如减少债务本金、减少债务利息等

4. 从2009年1月1日起，小规模纳税人的基本标准是（　　）。

A. 从事货物生产或者提供应税劳务为主的纳税人，年应征增值税销售额（以下简称应税销售额）在50万元以下（含）的

B. 从事货物生产或者提供应税劳务为主的纳税人，年应征增值税销售额（以下简称应税销售额）在100万元以下（含）的

C. 以货物批发或者零售为主的纳税人，年应税销售额在80万元以下（含）的

D. 以货物批发或者零售为主的纳税人，年应税销售额在180万元以下（含）的

5. 若企业有较多的广告费、业务宣传费、业务招待费，不能全部税前扣除，采取以下

措施可能达到节税目的的是（　　）。

A. 通过分立销售部门为销售公司，增加一道销售环节，多确认一次收入

B. 由分立出的销售公司负担一半的广告支出

C. 减少业务招待费，相应增加广告费和业务宣传费

D. 减少广告费和业务宣传费，相应增加业务招待费

职业能力判断

1. 小规模纳税人通过合并一旦转化为一般纳税人，可以再恢复为小规模纳税人。（　　）

2. 股权转让应缴纳增值税不缴纳营业税。（　　）

3. 企业在进行债务重组时，一般只涉及流转税和企业所得税。（　　）

4. 增值税进项税额可从本期的销项税额中抵扣，不足抵扣的部分可结转下期继续抵扣。（　　）

5. 企业在清算年度，应划分为两个纳税年度，从 1 月 1 日到清算开始日为一个生产经营纳税年度，从清算开始日到清算结束日的清算期间为一个清算纳税年度。（　　）

6. 转让企业产权既不应缴纳营业税，但须缴纳增值税。（　　）

项目实训

1. 甲白酒生产企业主要生产粮食白酒。企业销售给批发商的价格为每箱 1 800 元（不含税），销售给零售户及消费者的价格为每箱 2 000 元（不含税）。2015 年，预计零售户及消费者到甲企业直接购买的白酒大约 10 000 箱（每箱 12 瓶，每瓶 500 克）。已知粮食白酒的比例税率为 20%，定额税率为每斤 0.5 元。请利用分立对其进行税务筹划。

2. 乙公司因经营不善，连年亏损，2014 年 12 月 31 日，资产总额 1 500 万元（其中，房屋、建筑物 1 000 万元），负债 1 510 万元，净资产−10 万元。公司股东决定清算并终止经营。甲公司与乙公司经营范围相同，为了扩大公司规模，决定出资 1 510 万元购买乙公司全部资产，乙公司将资产出售收入全部用于偿还债务和缴纳欠税，然后将公司解散。乙公司在该交易中涉及不动产销售，需缴纳营业税和相关城建税及教育费附加，纳税情况如下：应纳营业税 = 1 000×5% = 50（万元），应纳城建税及教育费附加 = 50×(7% + 3%) = 5（万元）。请对其进行税务筹划。

3. 甲白酒生产企业委托乙白酒生产企业为其加工酒精 8 吨，粮食由委托方提供，发生粮食成本 5 100 000 元，支付加工费 800 000 元，增值税 136 000 元，以银行存款支付。受托方无同类酒精销售价。收回的酒精全部用于连续生产白酒 100 吨，每吨不含税售价 40 000 元，当月全部实现销售。若甲白酒生产企业有机会兼并乙白酒生产企业，请对其进行税务筹划。

附录 A

技能训练参考答案

项　目　1

职业能力选择答案

一、1. D　2. B　3. B　4. C　5. A　6. A　7. D　8. D　9. A　10. C　11. B　12. C
13. C　14. B　15. B　16. C　17. B　18. A　19. A　20. B

二、1. AB　2. BCD　3. ACD　4. ABCD　5. AD　6. ABCD　7. ABCD　8. ACD
9. ABC　10. ABC　11. ABCD　12. ACD　13. ABCD　14. AC

职业能力判断答案

1. √　2. ×　3. √　4. ×　5. √　6. √　7. √　8. ×　9. √　10. √　11. √
12. ×　13. ×　14. √

项　目　2

职业能力选择答案

一、1. A【解析】税务筹划风险可以带来损失但又可以带来收益是指税务筹划风险的损失与收益的对立统一性。

2. D　3. A　4. C　5. B　6. D　7. A

二、1. ABCD　2. AB　3. ABD　4. ACD　5. ABCD　6. ABCD　7. ABC

职业能力判断答案

1. √　2. √　3. ×　4. √　5. ×　6. √　7. ×　8. √　9. √

项　目　3

职业能力选择答案

一、1. C【解析】增值税的税收负担由商品的最终消费者承担。

2. C【解析】选项 A 属于增值税项目于应纳营业税项目的兼营；选项 B 属于增值税的兼营选项；选项 D 属于营业税的混合销售。

3. C

4. A【解析】由于该纳税人分别核算，因此装潢收入按照建筑业缴纳营业税；修理修配和配件销售收入应纳增值税；$[(20+10)\div(1+3\%)]\times3\%=0.87$（万元）。

5. C　6. B　7. B

8. B【解析】$100\,000\times13\%+2\,000\times11\%=13\,220$（元）。

9. A

10. A【解析】进项税额＝65 830×13%＝8 557.90（元）

采购成本＝65 830×(1－13%)＝57 272.10（元）

11. D 12. D 13. D 14. A

二、1. BD【解析】租赁业务和修理不动产属于营业税劳务。

2. CD【解析】以物易物销售货物双方是有买有卖，按购销处理；以旧换新业务中只有金银首饰以旧换新，按实际收取的不含增值税的价款计税。其他货物以旧换新应按货物不含税价计税，不得扣除旧货物的收购价格。

3. ABCD 4. ABC 5. BCD 6. AD 7. AC

8. AD【解析】对商业企业向供货方收取的与商品销售量、销售额挂钩（如以一定比例、金额、数量计算）的各种返还收入，均应按照平销返利行为的有关规定冲减当期增值税进项税金。当期商场应按平价销售时的不含税销售价格计算销售额；返利应冲减进项税金＝4.8÷(1+17%)×17%＝0.7（万元），则当期可抵扣进项税额＝20.4－0.7＝19.4（万元）。

9. AC 10. ABD

职业能力判断答案

1. ×【解析】中华人民共和国境外的单位或者个人在境内提供应税劳务，在境内未设有经营机构的以其境内代理人为扣缴义务人；在境内没有代理人的，以购买人为扣缴义务人。

2. √

3. ×【解析】根据税法规定纳税人的混合销售行为原则上依据纳税人的主营业务进行判断是增值税还是营业税，属于增值税的混合销售行为只征增值税。

4. × 5. √ 6. √ 7. √ 8. × 9. √

项目实训答案

1. 方案一：设立一个增值税一般纳税人企业。

应纳增值税额＝80×17%－80×17%×15%＝13.6－2.04＝11.56（万元）

方案二：设立为两个小规模纳税人企业。

应纳增值税额＝45×3%＋35×3%＝1.35+1.05＝2.4（万元）。

由此可见，方案二比方案一少缴纳增值税 9.16 万元（11.56 万－2.4 万），因此，应当选择方案二。

2. 方案一：销售空调同时提供安装服务，属于增值税的混合销售行为，收取的安装费应一并缴纳增值税。

应纳税额＝800×17%＋[35.1÷(1+17%)]×17%－100＝136+5.1－100＝41.1（万元）

方案二：把安装部设成独立的安装公司，收取的安装费按建筑业税 3%率交营业税。

安装公司应纳营业税＝35.1×3%＝1.05（万元）

甲超市应纳增值税＝800×17%－100＝136－100＝36（万元）

合计应纳税额＝1.05+36＝37.05（万元）

由此可见，方案二比方案一少缴税 4.05 万元（41.1 万－37.05 万），因此，应当选择方案二。但方案二存在限制条件：一是客户未必能够接受安装公司和甲超市分别开具的营业税和增值税发票；二是设立独立安装公司需要有一定的额外支出。

3. 方案一：不分别核算，一律从高适用税率。

增值税销项税额=[(900+100)÷(1+17%)]×17%=145.3（万元）

方案二：分别核算，分别按适用税率计算。

增值税销项税额=[900÷(1+17%)]×17%+[100÷(1+13%)]×13%=142.27（万元）

由此可见，方案二比方案一少缴纳增值税3.03万元（145.3万-142.27万），因此，应当选择方案二。

4. 方案一：采用“买一赠一”方式促销。

甲公司应纳增值税=[1 000÷(1+17%)]×17%-[700÷(1+17%)]×17%+[300÷(1+17%)]×17%-[210÷(1+17%)]×17%=56.67（元）

方案二：采用“直接打折”（商业折扣）方式促销。

甲公司应纳增值税=[(1 000+300-300)÷(1+17%)]×17%-[700÷(1+17%)]×17%-[210÷(1+17%)]×17%=13.08（元）

由此可见，方案二比方案一少缴纳增值税43.59元（56.67-13.08），因此，应当选择方案二。

5. 方案一：从一般纳税人采购。

应纳增值税=374-340=34（元）

应纳城建税及教育费附加=34×(7%+3%)=3.4（元）

净利润=(2 200-2 000-3.4)×(1-25%)=147.45（元）

方案二：从小规模纳税人采购。

应纳增值税=2 200×17%-1 800×3%=320（元）

应纳城建税及教育费附加=320×(7%+3%)=32（元）

净利润=(2 200-1 800-32)×(1-25%)=276（元）

由此可见，方案二比方案一多获取净利润128.55元（276-147.45），因此，应当选择方案二。

项　目　4

职业能力选择答案

一、1. A【解析】选A因为改在零售环节征收消费税的金银首饰仅限于金基、银基合金首饰以及金、银和金基、银基合金的镶嵌首饰，在零售环节征收消费税的还有钻石和钻石饰品，故选A。

2. D【解析】电动汽车、沙滩车、雪地车、卡丁车、高尔夫车不属于消费税征收范围，不征收消费税。

3. B　4. C　5. C

6. C【解析】A型啤酒：(60 000+2 000÷1.17)÷20=3 085.47（元）>3 000元，适用单位税额为250元/吨。

B型啤酒：(32 000+1 000)÷1.17÷10=2 820.51（元）<3 000元，适用单位税额为220元/吨。

消费税=20×250+10×220=7 200（元）

7. A【解析】应纳增值税=100×17%+[200×200÷10 000]×17%=17.68（万元）

应纳消费税 = 100×10% +［200×220÷10 000］×10% = 10.44（万元）

8. C【解析】纳税人将不同税率应税消费品组成成套消费品销售的，即使分别核算销售额也从高税率计算应纳消费税。该企业 12 月份应纳消费税 =（12 000×5+5 000）×20% + 12 000×0.5+6 000×200×20% +6 000×4×0.5 = 271 000（元）

9. A【解析】（1）组成计税价格 =（40+8+3）÷（1−15%）= 60（万元）

（2）应代收代缴消费税 = 60×15% = 9（万元）

10. B　11. B　12. D　13. C

14. C【解析】［93.6 ÷（1+17%）］×3% = 2.4（万元）

二、1. ABCD

2. BD【解析】判断是否为委托加工的关键是谁提供了原材料和主要材料，只有委托方提供主要材料和原材料才属于委托加工；选项 A、C 不属于委托加工，而属于受托方销售自产产品方式。

3. BC【解析】关税完税价格 30÷30% = 100 万元

进口环节消费税 =［（30+100）÷（1−3%）］×3% = 4.02（万元）

进口环节增值税 =［（100+30）÷（1−3%）］×17% = 22.78（万元）

4. ACD　5. ABC　6. BD　7. BCD　8. AB　9. BCD　10. AC　11. ABCD

职业能力判断答案

1. √　2. √

3. ×【解析】纳税人采取预收货款方式的，其纳税义务的发生时间为发出应税消费品的当天。

4. √　5. ×　6. √　7. √　8. √　9. √　10. ×　11. ×

项目实训答案

1. 方案一：包装物随同汽车轮胎销售。包装物既缴纳增值税也缴纳消费税。

应纳消费税 = 1 500×1 000×3% = 45 000（元）

方案二：采用收取包装物押金方式销售。包装物既不缴纳增值税也不缴纳消费税。

应纳消费税 = 1 500×（1 000−150）×3% = 38 250（元）

方案三：出厂时只卖汽车轮胎，不含包装物，过几天再单独卖包装物，然后在批发或零售环节再包装。包装物不缴纳消费税，但缴纳增值税。

然而，不是任何情况下都可采取收取包装物押金的形式，有些时候必须销售包装物。总之，方案二和方案三在不同的情况下各有优势，但都优于方案一。

2. 方案一：直接以小汽车对外投资。

应纳消费税 = 10.5×50×10% = 52.5（万元）

方案二：先将小汽车以每辆 10 万元的价格卖给被投资企业，然后再以“现金”来投资。

应纳消费税 = 10×50×10% = 50（万元）

由此可见，方案二比方案一少缴纳消费税 2.5 万元（52.5 万−50 万），因此，应当选择方案二。

3. 方案一：委托加工成半成品。

委托加工环节委托单位代收代缴消费税 =［（200+150）÷（1−20%）］×20% = 87.5（万元）

销售产成品应纳消费税＝1 200×30%－87.5＝272.5（万元）

A公司应纳消费税＝87.5+272.5＝360（万元）

方案二：自行加工成产成品。

应纳消费税＝1 200×30%＝360（万元）

方案三：委托加工成产成品。

受托方代收代缴的消费税＝(200+350)÷(1－30%)×30%＝785.71×30%＝235.71（万元）

由于售价1 200万元>785.71万元，因此需补缴消费税＝(1 200－785.71)×30%＝124.29（万元）

A公司应纳消费税共计＝235.71+124.29＝360（万元）

由此可见，采取方案一、方案二和方案三应纳的消费税税负相等，均为360万元，但从资金时间价值的角度，方案二缴税最晚，其次是方案一，最后是方案三。因此，方案二最优，其次是方案一，最后是方案三。

4. 方案一：每只手表1万元。则属于高档手表，高档手表属消费税应税项目

每只手表应纳消费税＝1 000×20%＝2 000（元）

每只手表净收入＝10 000－2 000＝8 000（元）

方案二：降价100元，每只手表9 900元。则不属于高档手表，不缴纳消费税：

每只手表净收入＝9 900（元）

可见，降价100元，每只手表多获取净收入1 900元。

令X为降低空间（元），则10 000－X≥10 000×(1－20%)，得X≤2 000（元）。

该手表有2 000元的降价空间，最多可降至8 000元。

5. 方案一：先包装后销售。

每套化妆品应纳消费税＝(28+12+15+50+12+6+18+10)×30%＝45.3（元）

方案二：先销售后包装（即先将各种产品分别销售给商场，待商场销售时再包装成成套化妆品）。

应纳消费税＝(28+12+15)×30%＝16.5（元）

由此可见，方案二比方案一少缴纳消费税28.8元（45.3－16.5），因此，应当选择方案二。

项 目 5

职业能力选择答案

一、1. C【解析】以不动产投资入股，参与接受投资方利润分配，共同承担投资风险的行为，不征收营业税。投资后转让其股权的收入也不征收营业税。

2. A【解析】一般贷款业务的计税依据为利息收入，转让股票的计税依据为卖出价减去买入价后的余额，融资租赁的计税依据为向承租方收取的全部价款和价外费用减去出租方承担的出租货物的实际成本后的余额，故B、C、D不对。

3. C【解析】A、B、D属于银行销售金银和典当行销售死当物品、修理修配劳务属于征增值税范围。

4. B

5. C【解析】包工包料工程，以料、工、费全额为营业额；甲建筑公司9月份应

纳营业税的营业额=200+120=320（万元）。

6. A

7. C【解析】娱乐业的应税营业额为向顾客收取的各项费用共计23万元（2万+6万+15万），应纳营业税=23×20%=4.6（万元）。

8. B【解析】铺设通信线路工程应缴纳的营业税=(500-100)×3%=12（万元）。

9. C 10. A

11. D【解析】轮胎不能跨税目进行消费税抵扣；酒水、溶剂油都不属于消费税连续加工的扣税项目；只有选项D符合消费税扣税规定。

12. D【解析】应纳营业税=600×5%=30（万元）。

二、1. ABCD

2. AC【解析】纳税人提供建筑业劳务的，其营业额应当包括工程所用的原材料、设备及其他物资和动力价款。B、D不包括在营业额中。

3. AB

4. BC【解析】游戏厅适用20%的税率，提供建筑劳务适用3%的税率。

5. ABC

6. BCD【解析】本题考核是营业税的征收范围，以及混合经营情况下的税务处理。木材厂为增值税的纳税人，包工包料装修为混合销售行为，应征增值税。装修公司为营业税的纳税人，包工包料装修也属混合销售，应征收营业税。C、D两项均属营业税的征收范围，应征收营业税。

7. AC

职业能力判断答案

1. ×

2. √ 3. √ 4. × 5. × 6. × 7. √ 8. √ 9. √ 10. × 11. √

项目实训答案

1. 方案一：采用以物易物方式，即甲以土地使用权换取房产。

甲相当于转让土地使用权，应纳营业税=2 000×5%=100（万元）

乙相当于销售不动产，应纳营业税=2 000×5%=100（万元）

方案二：甲以土地使用权投资入股，共担风险，共享利润。

双方都不缴纳营业税。

由此可见，方案二比方案一双方各少缴纳营业税100万元，因此，应当选择方案二。

2. 方案一：不分别核算各兼营项目。

应纳营业税=(1 000+200+100+100)×20%=280（万元）

方案二：分别核算各兼营项目。

应纳营业税=1 000×3%+(200+100)×5%+100×20%=65（万元）

由此可见，方案二比方案一少缴纳营业税215万元（280万-65万），因此，应当选择方案二。

3. 方案一：甲房地产开发公司在收取50 000万元房款的同时，收取各种代收款项10 000万元。

甲房地产开发公司应纳营业税=(50 000+10 000)×5%=3 000（万元）

方案二：甲房地产开发公司只收取50 000万元房款，其他相关代收款项10 000万元由其单独设立的物业管理公司收取。

甲房地产开发公司应纳营业税=50 000×5%=2 500（万元）

物业管理公司代收款项不征营业税。

由此可见，方案二比方案一甲房地产开发公司缴纳营业税500万元（3 000万-2 500万），因此，应当选择方案二。

项 目 6

职业能力选择答案

一、1. B【解析】选项A、D属于企业所得税的免税收入，选项C属于企业所得税的不征税收入。

2. D【解析】对从事股权投资业务的企业（包括集团公司总部、创业投资企业等），其从被投资企业所分配的股息、红利及股权转让收入，可按规定的比例计算业务招待费扣除限额。业务招待费支出限额=(6 000+800)×5‰=34（万元）<80×60%=48（万元）

应调增应纳税所得额=80-34=46（万元）

应纳所得税额=(6 000+800+200-6 500+46)×25%=136.5（万元）

3. D【解析】当期应纳增值税=450×90%×17%-200×17%=34.85（元）

应纳城市维护建设税及教育费附加=34.85×(5%+3%)

=2.788（元）

应纳企业所得税=(450×90%-200-2.788)×25%=50.553（元）

4. A 5. D 6. D 7. D 8. B 9. C

10. A【解析】

广告费和业务宣传费扣除标准=(3 000+200)×15%=480（万元）

广告费和业务宣传费实际发生额=600+40=640（万元），超标准640-480=160（万元）

调整所得就是160万元。

11. B【解析】公益捐赠的扣除限额=利润总额×12% =40×12%=4.8（万元），实际公益救济性捐赠为6万元，税前准予扣除的公益捐赠=4.8万元，纳税调增额=6-4.8=1.2万元。应纳企业所得税=(50+1.2)×25%=12.8（万元）。

二、1. BC【解析】自创商誉、单独估价作为固定资产入账的土地，不得在所得税前计提摊销或折旧扣除。

2. CD

3. AB【解析】广告费和业务宣传费在当年销售收入15%的范围内准予税前扣除。公益性捐赠支出，不超过年度利润总额12%的部分，准予扣除。

4. BD

5. AD【解析】选项A、D属于不征税收入；选项B属于免税收入；选项C属于应税收入。

6. ABCD

7. ABC【解析】花卉的种植为减半征收。

8. ACD 9. ABCD

职业能力判断答案

1. ×【解析】特许权使用费收入按照合同约定的特许权使用费人应付特许权使用费的日期确认收入的实现。

2. √ 3. √ 4. √ 5. × 6. √ 7. × 8. √ 9. × 10. √ 11. √

项目实训答案

1. 方案一：通过公益性捐赠8万元，直接捐赠4万元。

税前可扣除公益性捐赠限额=100×12%=12（万元）

公益性捐赠8万元可全额税前扣除：

应纳企业所得税=(100+4)×25%=26（万元）

方案二：将4万元的直接捐赠变为公益性捐赠。

公益性捐赠可税前扣除限额=100×12%=12（万元）

公益性捐赠12万元可全额扣除：

应纳企业所得税=100×25%=25（万元）。

由此可见，方案二比方案一少缴纳企业所得税1万元（26万-25万），因此，应当选择方案二。

2. 企业当年允许税前扣除的业务招待费的最高限额为业务招待费的发生额的60%，且不超过销售额的5‰。

设允许税前扣除的业务招待费的最高限额所对应的业务招待费发生额为X，则：

X×60%=2 000×5‰

得X=16.67（万元）

3. 方案一：（1）业务招待费发生额150万元

扣除限额计算：150×60%=90（万元）

8 000×5‰=40（万元）

业务招待费支出税前可扣除限额为40万元；税前不能扣除额为110万元（150万-40万）。

（2）广告费、业务宣传费扣除限额=8 000×15%=1 200（万元）

广告费、业务宣传费发生额=120+480=600（万元）

广告费、业务宣传费可全额税前扣除。

方案二：（1）缩减业务招待费支出，将业务招待费支出控制在66.67万元（8 000×5‰÷60%）以内。假设业务招待费正好为66.67万元［即将83.33万元（150万-66.67万）的业务招待费变为广告费或业务宣传费］。则：

66.67×60%=40（万元）

8 000×5‰=40（万元）

业务招待费税前可扣除40万元；税前不能扣除26.67万元（66.67万-40万）。

（2）同时适当增加83.33万元的广告费或业务宣传费支出，则广告费、业务宣传费发生额增加=120+480+83.33=683.33（万元），由于广告费、业务宣传费扣除限额=8 000×15%=1 200（万元），因此广告费、业务宣传费可全额税前扣除。

由此可见，方案二与方案一相比，广告费、业务宣传费均可全额扣除，但业务招待费税前不能扣除额减少了83.33万元（110万-26.67万），因此，应当选择方案二。

4. 方案一：设立乙子公司，子公司独立缴纳企业所得税。

乙子公司亏损 100 万元，则子公司不缴纳企业所得税：

甲企业应纳所得税 = 200×25% = 50（万元）

方案二：设立乙分公司，分公司汇总到母公司缴纳企业所得税。

甲企业应纳所得税 = (200−100)×25% = 25（万元）

由此可见，方案二比方案一可少缴纳企业所得税 25 万元（50 万−25 万），因此，应当选择方案二。

5. 方案一：不做任何调整。

2015 年应纳企业所得税 = 30.2×25% = 7.55（万元）

方案二：在 2015 年 12 月 31 日前安排支付一笔 0.3 万元的费用。

2015 年应纳税所得额 = 30.2−0.3 = 29.9（万元）

2015 年应纳企业所得税 = 29.9×20% = 5.98（万元）

由此可见，方案二比方案一少缴纳企业所得税 1.57 万元（7.55 万−5.98 万），因此，应当选择方案二。

项　目　7

职业能力选择答案

一、1. A【解析】应按 A、B 取得稿酬所得分别计算纳税应纳税合计 = 7 000×(1−20%)×20%×(1−30%)+(3 000−800)×20%×(1−30%) = 1 092（元）

2. D

3. D【解析】根据个人所得税法规定，个人公益性捐赠，捐赠额未超过纳税人申报的应纳税所得额 30% 的部分，可从其应纳税所得额中扣除。捐赠扣除限额 = 100 000×(1−20%)×30% = 24 000 元，实际发生 30 000 元，应扣除 24 000 元。本题应纳个人所得税 = [100 000×(1−20%)−24 000]×20%×(1−30%) = 7 840（元）

4. A【解析】应纳个人所得税 = 20 000×(1−20%)×20%×(1−30%)+(3 000−800)×20% = 2 680（元）。

5. B　6. D　7. B　8. C　9. C

二、1. ABD【解析】劳务报酬所得、特许权使用费所得、稿酬所得和财产租赁所得按照定额与定率相结合的方法扣除费用：每次收入不超过 4 000 元的，减除费用 800 元；4 000 元以上的，减除 20% 的费用，其余额为应纳税所得额。

2. BC【解析】选项 A 按“稿酬所得”缴纳个人所得税；选项 D 按照“个体工商户的生产、经营所得”征收个人所得税。

3. BC【解析】财产转让所得、财产租赁所得都是以每一次转让取得一次收入确定应纳税所得额。

4. AD　5. ABC　6. BCD　7. BCD　8. ABD　9. AC　10. BD

职业能力判断答案

1. √

2. ×【解析】个人审稿取得的收入按劳务报酬所得计税。

3. √　4. ×

5. ×【解析】超过 1 万元的，全额征收个人所得税。

6. √ 7. √ 8. √

9. ×【解析】企业购买国家发行的金融债券所取得的利息，征企业所得税。

10. √ 11. ×

项目实训答案

1. 方案一：去广州讲课。

应纳个人所得税＝50 000×（1－20%）×30%－2 000＝10 000（元）

净收入＝50 000－10 000－4 500＝35 500（元）

方案二：去深圳讲课。

应纳个人所得税＝45 000×（1－20%）×30%－2 000＝8 800（元）

净收入＝45 000－8 800＝36 200（元）

由此可见，方案二比方案一多获取净收入 700 元（36 200－35 500），因此，应当选择方案二。

2. 方案一：合并为一次纳税。

应纳个人所得税＝75 000×（1－20%）×40%－7 000＝17 000（元）

方案二：分为三次纳税。

应纳个人所得税＝［25 000×（1－20%）×30%－2 000］×3＝12 000（元）

由此可见，方案二比方案一少缴纳个人所得税 5 000 元（17 000－12 000），因此，应当选择方案二。

3. （1）王某，偶然所得超过 10 000 元。

应纳个人所得税＝11 000×20%＝2 200（元）

王某净收入＝11 000－2 200＝8 800（元）

（2）李某，偶然所得未超过 10 000 元，不缴纳个人所得税：

李某净收入＝10 000（元）

由此可见，李某比王某多获取净收入 1 200 元（10 000－8 800），因此，李某获益多。

4. 方案一：按员工每月绩效发放薪酬。

2014 年度刘某应纳个人所得税＝（4 000－3 500）×3%＋（4 500－3 500）×3%＋0＋0＋0＋0＋（4 000－3 500）×3%＋（4 000－3 500）×3%＋0＋0＋（4 500－3 500）×3%＋（7 000－3 500）×10%－105＝335（元）

方案二：先按年估计总工资额，然后按月平均发放，最后一个月多退少补。

2014 年度刘某应纳个人所得税＝（4 000＋4 500＋3 000＋2 000＋3 000＋2 000＋4 000＋4 000＋2 500＋1 000＋4 000＋7 000）÷12＝3 416. 66（元）

由于每月工资额未超过免征额 3 500 元，因此，2014 年度刘某应纳个人所得税税额为零。

由此可见，方案二比方案一少缴纳个人所得税 335 元，因此，应当选择方案二。

5. 方案一：签订劳务合同，按劳务报酬所得缴纳个人所得税。

全年应纳个人所得税＝20 000×（1－20%）×20%×12＝38 400（元）

方案二：签订雇佣合同，按工资、薪金所得缴纳个人所得税。

全年应纳个人所得税＝［（20 000－3 500）×25%－1 005］×12＝37 440（元）

由此可见，方案二比方案一少缴纳个人所得税 960 元（38 400－37 440），因此，应当选择方案二。

项 目 8

职业能力选择答案

一、1. C【解析】进口货物的收货人、出口货物的发货人、进出境物品的所有人，是关税的纳税义务人。对以邮递方式进境的物品，其收件人为所有人；对于携带进境的物品，其携带人为所有人；以邮递或其他运输方式出境的物品，其寄件人或托运人为所有人。

2. C【解析】转让旧房的，应按房屋及建筑物的评估价格、取得土地使用权所支付的地价款和按国家统一规定缴纳的有关税费作为扣除项目金额。

土地增值额=200-300×60%-8=12（万元）

增值率=12÷(300×60%+8)=6.38%

增值额未超过扣除项目金额的50%，税率为30%：

应纳土地增值税=12×30%=3.6（万元）

3. D【解析】应纳车船税额=2 500×3×5=37 500（元）。

4. B

5. D【解析】应纳房产税税额=600 000×(1-20%)×1.2%=5 760（元）。

6. A【解析】载有两个或两个以上应适用不同税率经济事项的同一凭证，如分别记载金额的，应分别计算应纳税额，相加后按合计税额贴花；如未分别记载金额的，按税率高的计算贴花。因此，甲企业应纳印花税额=400×0.5‰=0.2（万元）。

7. C【解析】房屋交换，以所交换房屋的价格差额为计税依据。乙应缴纳的契税税额=(70-50)×3%=0.6（万元）。

8. D【解析】应纳资源税=12 000×30-8 000×5=320 000（元）。

9. A【解析】增值额占扣除项目金额比例=[(5 000-4 000)÷4 000]×100%=25%，适用第一级税率，即30%。

10. A【解析】(1) 计税依据=(234 000+1 190+1 000+3 000+3 000)÷(1+17%)=207 000（元）；(2) 应纳税额=207 000×10%=20 700（元）。

11. D【解析】应纳车船税=12.2×80=976（元）。

12. C 13. D

二、1. ABD【解析】权利、许可证照按件贴花，包括政府部门发给的房屋产权证、工商营业执照、商标注册证、专利证、土地使用证。

2. ACD【解析】外国驻华使馆自用车辆免征车辆购置税。

3. AB【解析】从租计征房产税的纳税人适用的税率为12%，对于个人按市场价格出租的居民住房，税率为4%。

4. BD

5. BD【解析】应纳资源税=［5 000÷20%］×1.2=30 000（元）。

应纳增值税=1 800×5 000×17%=1 530 000（元）（注：从2009年1月1日起，铜矿砂及其精矿增值税税率由13%恢复到17%）。

6. ACD 7. AB 8. AB

职业能力判断答案

1. √

2. ×【解析】纳税人违反“三税”有关规定而加收滞纳金和罚款，不是征收城市维护建设税的计税依据。

3. ×【解析】车船税的纳税义务发生时间，为车船管理部门核发的车船登记证书或者行驶证中记载日期的“当月”（而非次月）。

4. ×【解析】在我国境内“承受”（获得）“土地、房屋权属”（土地使用权、房屋所有权）的单位和个人。

5. √ 6. √ 7. √

8. ×【解析】纳税人开采或生产应税产品自用的，以自用数量为资源税的课税数量。

9. √ 10. √ 11. √

12. √

13. × 14. √

项目实训答案

1. 方案一：未分别核算。

应纳印花税＝5 000 000×1‰＝5 000（元）

方案二：分别核算。

应纳印花税＝3 000 000×0. 5‰+2 000 000×1‰＝1 500+2 000＝3 500（元）

由此可见，方案二比方案一少缴纳印花税 1 500 元（5 000−3 500），因此，应当选择方案二。

2. 方案一：进口整机。

进口关税＝5 000×25%＝1 250（万元）

进口增值税＝(5 000+1 250)×17%＝1 062. 5（万元）

应纳增值税＝8 000×17%−1 062. 5＝297. 5（万元）

净利润＝[8 000−5 000−1 250−297. 5×(7%+3%)]×(1−25%)＝1 290. 19（万元）

方案二：进口零部件。

进口关税＝5 000×60%×20%＝600（万元）

进口增值税＝(5 000×60%+600)×17%＝612（万元）

应纳增值税＝8 000×17%−5 000×50%×17%−612＝323（万元）

净利润＝[8 000−5 000×60%−5 000×50%−600−323×(7%+3%)]×(1−25%)

＝1 400. 78（万元）

由此可见，方案二比方案一多获取净利润 110. 59 万元（1 400. 78 万−1 290. 19 万），因此，应当选择方案二。

3. 方案一：不分别核算。

则甲矿产企业应纳资源税＝(4 000+6 000)×10＝100 000（元）

方案二：分别核算。

则甲矿产企业应纳资源税＝4 000×10+6 000×3＝58 000（元）

由此可见，方案二比方案一少缴纳资源税 42 000 元（100 000−58 000），因此，应当选择方案二。

4. 方案一：将附属设施全部计入房产原值。

应缴纳的房产税额=12×(1−30%)×1.2%=0.1 008（亿元）

方案二：围墙、水塔、停车场、露天凉亭、游泳池等建筑物不计入房产原值，且注意将游泳池、停车场建成露天的。

应缴纳的房产税额=11×(1−30%)×1.2%=0.0 924（亿元）

由此可见，方案二比方案一少缴纳房产税 0.008 4 亿元（0.100 8 亿−0.092 4 亿），因此，应当选择方案二。

5. 方案一：销售价格为平均售价 2 000 元/m^2。

（1）确定转让房地产的收入为 91 000×2 000=18 200（万元）。

（2）确定转让房地产的扣除项目金额：

① 取得土地使用权所支付的金额为 2 000 万元；

② 房地产开发成本为 8 800 万元；

③ 房地产开发费用=(2 000+8 800)×10%=1 080（万元）；

④ 从事房地产开发加计扣除允许=(2 000+8 800)×20%=2 160（万元）；

⑤ 允许扣除的税费合计=18 200×5%×(1+7%+3%) =1 001（万元）；

⑥ 允许扣除项目金额合计=2 000+8 800+1 080+2 160+1 001=15 041（万元）。

（3）增值额=18 200−15 041=3 159（万元）。

（4）增值率=[3 159÷15 041]×100%=21%。

（5）应纳税额=增值额×适用税率−扣除项目金额×速算扣除系数=3 159×30%−0=947.7（万元）。

方案二：该公司将房价适当调低，由每平方米 2 000 元，降到每平方米 1 978 元，则售价总额为 17 999.8 万元。

（1）增值额=17 999.8−[2 000+8 800+(2 000+8 800)×(10%+20%)+17 999.8×5%×(1+7%+3%)]=17 999.8−15 029.99=2 969.81（万元）

（2）增值率=(2 969.81÷15 029.99)×100%=19.76%<20%

该公司开发普通标准住宅且增值额未超过扣除项目金额的 20%，按规定免征土地增值税。

方案二对房地产公司更有利。

两个方案实现的所得税前利润差=(18 200−2 000−8 800−1 000−1 001−947.7)−[17 999.8−2 000−8 800−1 000−17 999.8×5%×(1+7%+3%)]=−758.51（万元）

6. 方案一：采用出租方案。

应纳房产税=200×12%=24（万元）

应纳营业税=200×5%=10（万元）

应纳城建税及教育费附加=10×(7%+3%)=1（万元）

共支出额=24+10+1=35（万元）

方案二：采用仓储方案。

应纳房产税=2 000×(1−30%)×1.2%=16.8（万元）

应纳营业税=200×5%=10（万元）

应纳城建税及教育费附加＝10×(7%＋3%)＝1（万元）

应支付给保管人员＝2（万元）

共支出额＝16.8＋10＋1＋2＝29.8（万元）

由此可见，方案二比方案一少支出5.2万元（35万－29.8万），因此，应当选择方案二。

7. 方案一：A购买C房后将自己的房屋出售给B。

B应纳契税＝60×3%＝1.8（万元） A应纳契税＝60×3%＝1.8（万元）

方案二：A和C互相交换房屋后，B再购买A的房屋。

B应纳契税＝60×3%＝1.8（万元）

A不缴纳契税。

由此可见，方案二比方案一A少缴纳契税1.8万元（1.8万－0），因此，应当选择方案二。

项 目 9

职业能力选择答案

一、1. A 2. B 3. A

二、1. ABC 2. AB

职业能力判断答案

1. √ 2. × 3. √

项目实训答案

1. 方案一：合同记载甲铝合金门窗生产企业共收取加工费及原材料费共计300万元。

甲铝合金门窗生产企业应贴花＝500×0.5‰＝2 500（元）

方案二：合同记载甲铝合金门窗生产企业收取原材料价款为300万元，收取的加工费为200万元。

甲铝合金门窗生产企业应贴花＝300×0.3‰＋200×0.5‰＝1 900（元）

由此可见，方案二比方案一甲企业少贴花600元（2 500－1 900），因此，应当选择方案二。

2. 方案一：将合同金额确定为3 000万元。

甲和乙共需贴花＝3 000×1‰×2＝6（万元）

方案二：将合同金额确定为2 000万元，实际履行过程中若增加了履行金额则就增加部分补贴印花税票。

甲和乙共需贴花＝2 000×1‰×2＝4（万元）

由此可见，方案二比方案一甲和乙共少贴花2万元（6万－4万），因此，应当选择方案二。

项 目 10

职业能力选择答案

一、1. A【解析】在中国境内虽设有机构、场所且取得的所得与机构、场所设有关联的非居民企业与在中国境内未设立机构、场所的非居民企业减按10%；小型微利企业按20%税率计算。

2. B 3. A 4. C 5. B 6. D 7. B

二、1. AB【解析】我国境内新办软件生产企业认定后，自获利年度起，第1～2年免征企业所得税，第3～5年减半征收企业所得税。

2. AD【解析】企业购置并实际使用《环境保护专用设备企业所得税优惠目录》、《节能节水专用设备企业所得税优惠目录》和《安全生产专用设备企业所得税优惠目录》规定的环境保护、节能节水、安全生产等专用设备的，该专用设备投资额的10%可以从企业当年的应纳税额中抵免；当年不足抵免的，可以在以后5个纳税年度结转抵免。企业安置残疾人员，所支付的工资，按照残疾人工资的100%加计扣除。

3. ACD

4. ABC【解析】茶的种植为减半征收。

5. AB

职业能力判断答案

1. ×【解析】分公司不具有法人资格，子公司具有法人资格。

2. √

3. ×【解析】股份公司和有限责任公司不仅纳企业所得税，还要纳个人所得税。

4. ×【解析】最低折旧年限不得低于规定折旧年限的60%。

5. √ 6. √ 7. √

8. ×【解析】超过500万元的部分，减半征收企业所得税。

项目实训答案

1. 方案一：设在广州，前五年应纳企业所得税 = 1 000×15%×5 = 750（万元）

方案二：设在深圳，国家重点扶持的高新技术企业，设在经济特区可以享受自取得第一笔收入开始的前两年免税、后三年减半征收的优惠政策，前五年应纳企业所得税 = 1 000×25%÷2×3 = 375（万元）。

可见，方案二比方案一前五年少缴纳企业所得税375万元（750万−375万），因此，应当选择方案二。

2. 方案一：将甲公司、乙公司都设立为子公司。

甲公司应纳企业所得税 = 80×25% = 20（万元）

乙公司由于亏损，因此不缴纳企业所得纳税。

母公司应纳企业所得税 = 300×25% = 75（万元）

方案二：将甲公司设立为子公司，将乙公司设立为分公司。

甲公司应纳企业所得税 = 80×25% = 20（万元）

乙公司汇总到母公司缴纳企业所得税。

母公司应纳企业所得税 =（300−50）×25% = 62.5（万元）

可见，方案二比方案一母公司少缴纳企业所得税12.5万元（75万−62.5万），因此，应当选择方案二。

项　目　11

职业能力选择答案

一、1. C【解析】A、B、D属于免征项目。下列项目减半征收：① 花卉、茶及其他饮料作物和香料作物的种植；② 海水养殖、内陆养殖。

2. A【解析】国债利息收入、符合条件的非营利组织的收入符合条件的居民企业之间的股息、红利等权益性收益属于免税收入。

3. D【解析】以融资租赁方式租出的固定资产不得计提折旧，以融资租赁方式租入的固定资产可以计算折旧扣除。

4. B

5. B【解析】甲公司需补缴所得税=[500×30%÷(1−15%)]×(25%−15%)=17.65(万元)。

二、1. ABC【解析】外国企业向中国企业提供的优惠贷款取得的利息所得和企业承包建设国家重点扶持的公共基础设施项目的所得不实行免税政策；从事符合条件的环境保护的所得是两免三减半。

2. BCD【解析】以融资租赁方式租入的固定资产可以计算折旧扣除。

3. AC 4. ABD

5. AB【解析】在中国境内设立机构、场所的非居民企业从居民企业取得与该机构、场所有实际联系的股息、红利等权益性投资收益。该收益都不包括连续持有居民企业公开发行并上市流通的股票不足12个月取得的投资收益。

"依法收取并纳入财政管理的行政事业性收费、政府性基金"属于不征税收入。

职业能力判断答案

1. ×【解析】以融资租赁方式租出的固定资产不可税前扣除，以融资租赁方式租入的固定资产可以计算折旧扣除。

2. ×【解析】小型微利企业适用20%税率。

3. √ 4. √

5. ×【解析】国债利息收入免征企业所得税，国家发行的金融债券利息收入需征企业所得税。

项目实训答案

1.

资本结构	方案一：债务资本与权益资本比例=0：100，即债务0万元，所有者权益500万元	方案二：债务资本与权益资本比例=30：70，即债务150万元，所有者权益350万元	方案三：债务资本与权益资本比例=50：50，即债务250万元，所有者权益250万元	方案四：债务资本与权益资本比例=70：30，即债务350万元，所有者权益150万元	方案五：债务资本与权益资本比例=100：0，即债务500万元，所有者权益0万元
息税前利润	100	100	100	100	100
负债利率	8%	8%	8%	8%	8%
负债利息	0	12	20	28	40
税前利润	100	88	80	72	60
企业所得税	25	22	20	18	15
税后利润	75	66	60	54	45
税前权益资本收益率	20%	25.1%	32%	48%	—
税后权益资本收益率	15%	18.9%	24%	36%	—

由此可见，方案五企业所得税税负最轻，因此，若不考虑其他因素，应当选择方案五。

2. 方案一：购买国债。

利息收入 = 100×3% = 3（万元）

国债利息收入所得免缴企业所得税。

税后收入 = 3（万元）

方案二：购买国家重点建设债券。

利息收入 = 100×4.2% = 4.2（万元）

国家重点建设债券利息收入应纳企业所得税 = 4.2×25% = 1.05（万元）

税后收入 = 4.2−1.05 = 3.15（万元）

由此可见，方案二比方案一多获取净收入 0.15 万元（3.15 万−3 万），因此，应当选择方案二。

项　目　12

职业能力选择答案

一、1. D　2. B　3. D　4. B　5. A　6. A

二、1. ACD【解析】根据规定，自产自用应税消费品的，为应税消费品的移送使用数量。

2. ACD【解析】《企业会计准则第 1 号——存货》的规定，企业应当采用先进先出法、移动加权平均法、月末一次加权平均法和个别计价法确定发出存货的实际成本。

3. ABD　4. BCD

职业能力判断答案

1. ×【解析】对于固定资产的折旧方法，如果采取的是缩短折旧年限方法的，最低折旧年限不得低于规定折旧年限的 60%。

2. √

3. ×【解析】不一定，还要考虑到采购价格等因素。

4. √

5. ×【解析】不一定，在减免税期间，则应尽量采用较长的折旧年数对固定资产进行折旧。

6. √　7. ×

项目实训答案

1. 设不含税收入为 X 元。

方案一：从一般纳税人 a 处购买。

利润总额 = $X-12\,000\div(1+17\%)-\{17\%X-[12\,000\div(1+17\%)]\times17\%\}\times(7\%+3\%)=X-1.7\%X-10\,082.05$（元）

方案二：从小规模纳税人 b 公司购买。

利润总额 = $X-11\,000\div(1+3\%)-\{[17\%X-11\,000\div(1+3\%)]\times3\%\}\times(7\%+3\%)=X-1.7\%X-10\,647.57$（元）

方案三：从小规模纳税人 c 公司购买。

利润总额 = $X-10\,000-17\%X\times(7\%+3\%)=X-1.7\%X-10\,000$（元）

由此可见，从小规模纳税人c公司购买获得的利润最大，因此，应选择方案三。

2. 方案一：采用直线法计提折旧。

每年折旧额=20×(1-5%)÷5=3.8（万元）

第一年应纳企业所得税=(100-3.8)×25%=24.05（万元）

第二年应纳企业所得税=24.05（万元）

方案二：采用双倍余额递减法计提折旧。

第一年计提折旧额=20×2÷5=8（万元）

第二年计提折旧额=(20-8)×2÷5=4.8（万元）

第一年应纳企业所得税=(100-8)×25%=23（万元）

第二年应纳企业所得税=(100-4.8)×25%=23.8（万元）。

方案三：采用年数总和法计提折旧。

第一年折旧额=20×(1-5%)×5÷(1+2+3+4+5)=6.33（万元）

第二年折旧额=20×(1-5%)×4÷(1+2+3+4+5)=5.07（万元）

第一年应纳企业所得税=(100-6.33)×25%=23.42（万元）

第二年应纳企业所得税=(100-5.07)×25%=23.73（万元）

可见，方案一前两年应缴纳的企业所得税最多，但由于该企业前两年免税，因此，应当选择方案一。

3. 方案一：打折销售。

应纳增值税=(180÷1.17)×0.17-(160÷1.17)×0.17=2.91（元）

应纳税所得额=180÷1.17-160÷1.17=17.09（元）

应纳企业所得税=17.09×25%=4.27（元）

净利润=17.09-4.27=12.82（元）

方案二：返还现金。

应纳增值税=200÷1.17×0.17-160÷1.17×0.17=5.81（元）

代扣代缴个人所得税=［20÷(1-20%)］×20%=5（元）

应纳税所得额=200÷1.17-160÷1.17=34.19（元）

应纳企业所得税=34.19×25%=8.55（元）

净利润=200÷1.17-160÷1.17-20-5-8.55=0.64（元）

由此可见，方案一比方案二多获取净利润12.18元（12.82-0.64），因此，应当选择方案一。

项 目 13

职业能力选择答案

一、1. B 2. A 3. D 4. C 5. D 6. A

二、1. ABCD 2. ABCD 3. ABCD 4. AC 5. ABC

职业能力判断答案

1. ×

2. ×【解析】股权转让不缴纳增值税，也不缴纳营业税。

3. √ 4. √ 5. √

6. ×【解析】转让企业产权既不应缴纳营业税，也不应缴纳增值税。

项目实训答案

1. 方案一：直接销售给零售户及消费者。

应纳消费税=2 000×10 000×20%+0.5×1×12×10 000=4 060 000（元）

方案二：把销售部门分立出来，设立独立的销售公司，把生产的白酒以每箱1 800元卖给独立的销售公司，销售公司再以每箱2 000元卖给零售户及消费者。

应纳消费税=1 800×10 000×20%+0.5×1×12×10 000=3 660 000（元）

由此可见，方案二比方案一少缴纳消费税400 000元（4 060 000−3 660 000），因此，应当选择方案二。

2. 方案一：采用销售（购买）不动产的方式。

应纳营业税=1 000×5%=50（万元）

应纳城建税及教育费附加=50×(7%+3%)=5（万元）

方案二：变销售（购买）不动产为转让（购买）企业产权。

转让（购买）企业产权免缴营业税。

由此可见，方案二比方案一少缴纳税费55万元（50万+5万−0），因此，应当选择方案二。

3. 方案一：甲企业委托乙企业加工生产酒精。

乙企业加工酒精代收代缴消费税=[(510+80)÷(1−5%)]×5%=31.05（万元）

白酒应纳消费税=100×4×10%+100×2 000×0.5÷10 000=90（万元）

甲企业共负担消费税=31.05+90=121.05（万元）

方案二：甲白酒生产企业兼并乙白酒企业。

白酒应纳消费税=100×4×20%+100×2 000×0.5÷10 000=90（万元）

由此可见，方案二比方案一少缴纳消费税31.05万元（121.05万−90万），因此，应当选择方案二。

附录 B

“试点时期”营业税改征增值税的税务筹划

任务 B.1“营改增”后纳税人身份选择的税务筹划

任务案例

【例 B-1】2014 年 1 月某投资者欲在山东成立一家咨询服务公司，预计年含税销售额为 300 万元。该企业为小规模纳税人，但若申请成为一般纳税人，则含税可抵扣购进金额为 100 万元（假设该企业进项税平均税率为 6%）。请对其进行税务筹划。

任务准备

[税法依据]

《财政部　国家税务总局关于将铁路运输和邮政业纳入营业税改征增值税试点的通知》（财税〔2013〕106 号）的附件 1：《营业税改征增值税试点实施办法》的第三条至第五条规定：纳税人分为一般纳税人和小规模纳税人。应税服务的年应征增值税销售额（以下称应税服务年销售额）超过财政部和国家税务总局规定标准的纳税人为一般纳税人，未超过规定标准的纳税人为小规模纳税人。应税服务年销售额超过规定标准的其他个人不属于一般纳税人。应税服务年销售额超过规定标准但不经常提供应税服务的单位和个体工商户可选择按照小规模纳税人纳税。未超过规定标准的纳税人会计核算健全，能够提供准确税务资料的，可以向主管税务机关申请一般纳税人资格认定，成为一般纳税人。会计核算健全，是指能够按照国家统一的会计制度规定设置账簿，根据合法、有效凭证核算。符合一般纳税人条件的纳税人应当向主管税务机关申请一般纳税人资格认定。具体认定办法由国家税务总局制定。除国家税务总局另有规定外，一经认定为一般纳税人后，不得转为小规模纳税人。

财税〔2013〕106 号的附件 2：《营业税改征增值税试点有关事项的规定》规定，《试点实施办法》第三条规定的应税服务年销售额标准为 500 万元（含本数）。财政部和国家税务总局可以根据试点情况对应税服务年销售额标准进行调整。原增值税一般纳税人兼有应税服务，按照规定应当申请认定一般纳税人的，不需要重新办理一般纳税人认定手续。

《财政部　国家税务总局关于将铁路运输和邮政业纳入营业税改征增值税试点的通知》（财税〔2013〕106 号）的附件 1：《营业税改征增值税试点实施办法》的第十二条对营业税

改征增值税税率规定如下：（一）提供有形动产租赁服务，税率为 17%；（二）提供交通运输业服务、邮政业服务，税率为 11%；（三）提供现代服务业服务（有形动产租赁服务除外），税率为 6%；（四）财政部和国家税务总局规定的应税服务，税率为零。第十三条对营业税改征增值税征收率规定如下：增值税征收率为 3%。

[筹划思路]

增值税一般纳税人购买货物若取得增值税专用发票可抵扣进项税额，而增值税小规模纳税人购买货物不能抵扣进项税，只能将进项税额列入成本；一般纳税人销售货物时可以向其他一般纳税人开具增值税专用发票，但小规模纳税人却不可以（虽可申请税务机关代开，但税率很低，仅为 3%）。小规模纳税人销售货物因不开具增值税专用发票，即不必由对方负担销售价格的 17%、11%、6% 的增值税销项税，只需由对方负担销售价格 3% 的增值税，因此销售价格相对较低。尤其对一些不需专用发票或不能抵扣进项税额的购货方来说，就宁愿从增值税小规模纳税人那里进货。实际操作中可以通过比较不同纳税人身份下税负的大小来做出纳税人身份的选择。

[筹划方法]

现通过增值率判别法来对其进行探讨。

假定纳税人含税销售额为 S，含税可抵扣购进金额为 P，适用的增值税税率为 T，小规模纳税人税率为 3%，具体测算过程如下。

（1）确定“增值率”R。

增值率 $R=$(含税销售额$-$含税可抵扣购进金额)$\div$含税销售额$=(S-P)\div S$

由于 $R=(S-P)\div S$，可推出 $P=S-RS=S(1-R)$。

（2）计算应纳税额。

一般纳税人应纳税额$=$不含税销售额$\times$销货增值税税率$-$不含税可抵扣购进金额$\times$购货增值税税率$=[S\div(1+T)]\times T-[P\div(1+T)]\times T=[S\div(1+T)]\times T-[S(1-R)\div(1+T)]\times T=[SR\div(1+T)]\times T$

小规模纳税人应纳税额$=$不含税销售额$\times 3\%=[S\div(1+3\%)]\times 3\%$

（3）计算纳税均衡点。

令两种纳税人税负相等，则 $[SR\div(1+T)]\times T=[S\div(1+3\%)]\times 3\%$，得 $R=(1+T)\times 3\%\div[T\times(1+3\%)]$

当 $T=17\%$ 时，得 $R=20.05\%$

由此得出结论：当增值率 R＝20.05% 时，增值税一般纳税人和增值税小规模纳税人的税负是一样的，这时选择两种纳税人身份均可；当增值率$<$20.05% 时，小规模纳税人的税负重于增值税一般纳税人的税负，这时选择增值税一般纳税人这种身份有利；当增值率$>$20.05% 时，增值税一般纳税人的税负重于小规模纳税人的税负，这时选择小规模纳税人这种身份有利。

将增值税税率 17%、11%、6%，增值税征收率 3% 分别代入上式，计算出两类纳税人纳税均衡点下的增值率如表 B-1 所示。

表 B-1 两类纳税人纳税均衡点下的增值率（假设“营改增”的一般纳税人进项税平均税率与销项税税率一致）

营业税改征增值税一般纳税人税率	增值税小规模纳税人征收率	纳税均衡点增值率
17%	3%	20.05%
11%	3%	29.39%
6%	3%	51.46%

任务执行

增值率 $R=(S-P)\div S=(300-100)\div 300=66.67\%>51.46\%$，根据表 A-1 的结论，此时选择作为小规模纳税人可节税。具体验证如下。

方案一：申请成为增值税一般纳税人。

根据税法规定，新开业纳税人通过努力满足具有固定的生产经营场所和会计核算健全这两个条件，则可申请成为一般纳税人。

$$应纳增值税=[300\div(1+6\%)]\times 6\%-[100\div(1+6\%)]\times 6\%=11.32（万元）$$

方案二：保留增值税小规模纳税人身份。

$$应纳增值税=[300\div(1+3\%)]\times 3\%=8.74（万元）$$

任务结论

方案二比方案一少缴纳增值税 2.58 万元（11.32 万－8.74 万），因此，应当选择方案二。

任务点评

除了单纯考虑增值税税负因素外，在进行增值税纳税人身份的税务筹划时还需注意以下因素：除增值税以外的其他税负，纳税人身份转化成本，企业产品的性质对企业选择纳税人身份的制约，客户的要求对企业选择纳税人身份的制约，转换后导致的产品收入和成本的增加或减少等，其中对于客户的要求对企业选择纳税人身份的制约是特别需要考虑的。

任务 B.2 “营改增”后分别核算的税务筹划

任务案例

【例 B-2】河北省的美集公司在“营改增”试点后被认定为增值税一般纳税人，2014 年 1 月共取得营业额（销售额）为 600 万元（含税），其中提供设备租赁取得收入为 400 万元（含税），对境内单位提供信息技术咨询服务取得收入为 200 万元（含税），当月可抵扣的进项税额共为 30 万元。请对其进行税务筹划。

任务准备

[税法依据]

《财政部　国家税务总局关于将铁路运输和邮政业纳入营业税改征增值税试点的通知》

（财税〔2013〕106号）的附件1：《营业税改征增值税试点实施办法》第三十五条规定：纳税人提供适用不同税率或者征收率的应税服务，应当分别核算适用不同税率或者征收率的销售额；未分别核算的，从高适用税率。

财税〔2013〕106号的附件1：《营业税改征增值税试点实施办法》的第十二条对营业税改征增值税税率规定如下：（一）提供有形动产租赁服务，税率为17%；（二）提供交通运输业服务、邮政业服务，税率为11%；（三）提供现代服务业服务（有形动产租赁服务除外），税率为6%；（四）财政部和国家税务总局规定的应税服务，税率为零。第十三条对营业税改征增值税征收率规定如下：增值税征收率为3%。

[筹划思路]

纳税人应当尽量将不同税率或者征收率的应税服务分别核算，以适用不同的税率，从而规避从高适用税率，进而减轻企业负担。

任务执行

方案一：未分别核算销售额。

该公司应纳增值税=[600÷(1+17%)]×17%-30=57.18（万元）

方案二：分别核算销售额。

该公司应纳增值税=[400÷(1+17%)]×17%+[200÷(1+6%)]×6%-30=39.44（万元）

任务结论

方案二比方案一该公司少缴纳增值税17.74万元（57.18万-39.44万），因此，应当选择方案二。

任务点评

分别核算在一定程度上会加大核算成本，但若节税额比较大，当然是非常值得的。

任务B.3 “营改增”后小规模纳税人转化为一般纳税人的税务筹划

任务案例

【例B-3】山东省的汇信咨询服务公司于2013年8月1日起“营改增”试点，2014年1月经测算应税服务年销售额为450万元（不含税），则该公司可作为小规模纳税人。而若申请成为一般纳税人，则可抵扣进项税为18万元。请对其进行税务筹划。

任务准备

[税法依据]

《财政部　国家税务总局关于将铁路运输和邮政业纳入营业税改征增值税试点的通知》（财税〔2013〕106号）的附件1：《营业税改征增值税试点实施办法》的第三条至第五条规定：纳税人分为一般纳税人和小规模纳税人。应税服务的年应征增值税销售额（以下称应税服务年销售额）超过财政部和国家税务总局规定标准的纳税人为一般纳税人，未超过规定标准的纳税人为小规模纳税人。应税服务年销售额超过规定标准的其他个人不属于一般纳税人。应税服务年销售额超过规定标准但不经常提供应税服务的单位和个体工商户可选择按照小规模纳税人纳税。未超过规定标准的纳税人会计核算健全，能够提供准确税务资料的，可以向主管税务机关申请一般纳税人资格认定，成为一般纳税人。会计核算健全，是指能够按照国家统一的会计制度规定设置账簿，根据合法、有效凭证核算。符合一般纳税人条件的纳税人应当向主管税务机关申请一般纳税人资格认定。具体认定办法由国家税务总局制定。除国家税务总局另有规定外，一经认定为一般纳税人后，不得转为小规模纳税人。

财税〔2013〕106号的附件2：《营业税改征增值税试点有关事项的规定》规定，《试点实施办法》第三条规定的应税服务年销售额标准为500万元（含本数）。财政部和国家税务总局可以根据试点情况对应税服务年销售额标准进行调整。原增值税一般纳税人兼有应税服务，按照规定应当申请认定一般纳税人的，不需要重新办理一般纳税人认定手续。

[筹划思路]

对于年应税销售额未超过500万元及新开业的试点纳税人，若经测算发现作为增值税一般纳税人更有利，则应当在满足有固定生产经营场所、以及会计核算健全这两个条件的基础上，主动向主管税务机关申请成为一般纳税人。

任务执行

方案一：仍作为小规模纳税人。

应纳增值税＝450×3%＝13.5（万元）

方案二：在满足有固定生产经营场所、以及会计核算健全这两个条件的基础上，主动向主管税务机关申请成为一般纳税人。

应纳增值税＝450×6%－18＝9（万元）

任务结论

方案二比方案一少缴纳增值税4.5万元（13.5万－9万），因此，应当选择方案二。

任务点评

通过主动创造条件来满足税法规定，是税务筹划常用的思路，但应当注意的是，企业一旦转化为一般纳税人就不能再恢复为小规模纳税人。

任务B.4 “营改增”后选择运输服务提供方的税务筹划

任务案例

【例B-4】甲企业为增值税一般纳税人，2014年1月欲接受一家企业提供交通运输服务，现有以下几种方案可供选择：一是接受乙企业（增值税一般纳税人）提供的运输服务，取得增值税专用发票上注明的价款为31 000元（含税）；二是接受丙企业（增值税小规模纳税人）提供的运输服务，取得由税务机关代开的增值税专用发票，价税合计为30 000元；三是接受丁企业（增值税小规模纳税人）提供的运输服务，取得普通发票，价税合计为29 000元。请对其进行税务筹划。

任务准备

[税法依据]

《财政部　国家税务总局关于将铁路运输和邮政业纳入营业税改征增值税试点的通知》（财税〔2013〕106号）的附件1：《营业税改征增值税试点实施办法》的第二十二条规定，下列进项税额准予从销项税额中抵扣：

（一）从销售方或者提供方取得的增值税专用发票（含货物运输业增值税专用发票、税控机动车销售统一发票，下同）上注明的增值税额。

（二）从海关取得的海关进口增值税专用缴款书上注明的增值税额。

（三）购进农产品，除取得增值税专用发票或者海关进口增值税专用缴款书外，按照农产品收购发票或者销售发票上注明的农产品买价和13%的扣除率计算的进项税额。计算公式为：

进项税额=买价×扣除率

买价，是指纳税人购进农产品在农产品收购发票或者销售发票上注明的价款和按照规定缴纳的烟叶税。

购进农产品，按照《农产品增值税进项税额核定扣除试点实施办法》抵扣进项税额的除外。

（四）接受境外单位或者个人提供的应税服务，从税务机关或者境内代理人取得的解缴税款的中华人民共和国税收缴款凭证（以下称税收缴款凭证）上注明的增值税额。

[筹划思路]

2013年8月1日交通运输业在全国推行“营改增”后，以前按运输费用结算单据计算进项税额的方式已无必要，因此，通知取消了运输费用进项税的抵扣政策：取消了试点纳税人和原增值税纳税人，按交通运输费用结算单据上注明的运输费用金额和7%的扣除率计算进项税额的政策；取消了试点纳税人接受试点小规模纳税人提供交通运输服务，按增值税专用发票注明金额和7%的扣除率计算进项税额的政策。上述政策于2013年8月1日取消后，纳税人除了取得铁路运输费用结算单据外（由于2013年8月1日至2013年12月31日交通运输业中只有铁路运输未实行“营改增”，因此在这段时间内纳税人取得的铁路运输费用结算单据仍可抵扣进项税额），将统一按照增值税专用发票的票面税额抵扣进项税额。另外，自2014年1月1日起，铁路运输也纳入“营改增”，自此交通运输业全部纳入“营改增”，按交通运输费用结算单据上注明的运输费用金额和7%的扣除率计算进项税额的政策全部取消。

接受运输服务的企业应当综合考虑接受运输服务的价格和可抵扣的进项税两方面因素，其中对于存在的可抵扣的进项税（会使增值税税负减少），又会相应地减少城市维护建设税和教育费附加。这样可通过比较不同方案下的现金净流量或现金流出量的大小，最终选择现金净流量最大或现金流出量最小的方案。

任务执行

方案一：接受乙企业（增值税一般纳税人）提供的运输服务，取得增值税专用发票上注明的价款为 31 000 元（含税）。

甲企业现金流出量=31 000−[31 000÷(1+11%)]×11%×(1+7%+3%)=27 620.721（元）

方案二：接受丙企业（增值税小规模纳税人）提供的运输服务，取得由税务机关代开的增值税专用发票，价税合计为 30 000 元。

甲企业现金流出量=30 000−[30 000÷(1+3%)]×3%×(1+7%+3%)=29 038.835（元）

方案三：接受丁企业（增值税小规模纳税人）提供的运输服务，取得普通发票，价税合计为 29 000 元。

甲企业现金流出量=29 000（元）

任务结论

方案一比方案二现金流出量少 1 418.114 万元（29 038.835 万−27 620.721 万），方案一比方案三现金流出量少 1 379.279 万元（29 000 万−27 620.721 万），因此，应当选择方案一。

任务点评

值得注意的是，选择提供运输服务方时，不能仅考虑价格和税负因素，还应考虑到对方提供的运输服务的质量、信用、耗用时间等多种因素。

任务 B.5 “营改增”后变一般纳税人为小规模纳税人的税务筹划

任务案例

【例 B−5】 甲咨询公司现为小规模纳税人，预计 2014 年全年应税服务年销售额将达到为 689 万元（含税），全年可抵扣进项税额为 10 万元。请对其进行税务筹划。

任务准备

[税法依据]

《财政部　国家税务总局关于将铁路运输和邮政业纳入营业税改征增值税试点的通知》（财税〔2013〕106 号）的附件 1：《营业税改征增值税试点实施办法》的第三条至第五条规定：纳税人分为一般纳税人和小规模纳税人。应税服务的年应征增值税销售额（以下称应税服务年销售额）超过财政部和国家税务总局规定标准的纳税人为一般纳税人，未超过规定标准的纳税人为小规模纳税人。应税服务年销售额超过规定标准的其他个人不属于一般纳税人。应税服务年销售额超过规定标准但不经常提供应税服务的单位和个体工商户可选择按照小规模纳税人纳税。未超过规定标准的纳税人会计核算健全，能够提供准确税务资料的，可以向主管税务机关申请一般纳税人资格认定，成为一般纳税人。会计核算健全，是指能够按照国家统一的会计制度规定设置账簿，根据合法、有效凭证核算。符合一般纳税人条件的纳税人应当向主管税务机关申请一般纳税人资格认定。具体认定办法由国家税务总局制定。除国家税务总局另有规定外，一经认定为一般纳税人后，不得转为小规模纳税人。

财税〔2013〕106 号的附件 2：《营业税改征增值税试点有关事项的规定》规定，《试点实施办法》第三条规定的应税服务年销售额标准为 500 万元（含本数）。财政部和国家税务总局可以根据试点情况对应税服务年销售额标准进行调整。原增值税一般纳税人兼有应税服务，按照规定应当申请认定一般纳税人的，不需要重新办理一般纳税人认定手续。

《财政部 国家税务总局关于将铁路运输和邮政业纳入营业税改征增值税试点的通知》（财税〔2013〕106号）的附件1：《营业税改征增值税试点实施办法》的第十二条对营业税改征增值税税率规定如下：（一）提供有形动产租赁服务，税率为17%；（二）提供交通运输业服务、邮政业服务，税率为11%；（三）提供现代服务业服务（有形动产租赁服务除外），税率为6%；（四）财政部和国家税务总局规定的应税服务，税率为零。第十三条对营业税改征增值税征收率规定如下：增值税征收率为3%。

[筹划思路]

对于交通运输业和部分现代服务业来说，“营改增”后成为一般纳税人后的适用税率高于小规模纳税人的征收率，当企业可抵扣进项税额较少时，在符合成为一般纳税人的条件（应税服务年销售额标准为500万元）之前，企业应当尽量拆分为小规模纳税人，以降低企业增值税税负，达到节税的目的。

任务执行

方案一：年销售额将达到689万元，应当申请为增值税一般纳税人。

应纳增值税=[689÷(1+6%)]×6%-10=29（万元）

方案二：在年销售额尚未超过500万元之前，将阳光咨询公司分拆为A公司和B公司，全年应税服务额的206.7万元由A公司提供、482.3万元由B公司提供。

则A公司和B公司都可作为小规模纳税人。

A公司应纳增值税=[206.7÷(1+3%)]×3%=6.02（万元）

B公司应纳增值税=[482.3÷(1+3%)]×3%=14.05（万元）

合计应纳税额=6.02+14.05=20.07（万元）

任务结论

方案二比方案一甲咨询公司少缴纳增值税8.93万元（29万-20.07万），因此，应当选择方案二。

任务点评

小规模纳税人征收率比一般纳税人税率要低很多，对于规模不大的企业，当可抵扣进项税额较少时，可以根据自己的营收状况、资产状况，通过分拆业务、新设公司等方式成为小规模纳税人，享受小规模纳税人3%的征收率。但同时又应当考虑到自身客户和供应商因素，最终选择适合自身的纳税人身份。

任务B.6 “营改增”后一般计税方法与简易计税方法选择的税务筹划

任务案例

【例B-6】陕西省的甲公司是一家设备租赁公司，于2013年8月1日起“营改增”试点，属于增值税一般纳税人，2014年1月1日将2013年5月购进的3台设备对外租赁给乙公司，租期为1年，共收取租赁费100万元（含税），租赁结束时甲公司收回该设备继续用于出租。2014年1月1日至2014年12月31日可抵扣进项税共为1万元。请对其进行税务筹划。

任务准备

［税法依据］

财税〔2013〕106号的附件2：《营业税改征增值税试点有关事项的规定》规定：1. 试点纳税人中的一般纳税人提供的公共交通运输服务，可以选择按照简易计税方法计算缴纳增值税。公共交通运输服务，包括轮客渡、公交客运、地铁、城市轻轨、出租车、长途客运、班车。其中，班车，是指按固定路线、固定时间运营并在固定站点停靠的运送旅客的陆路运输。2. 试点纳税人中的一般纳税人，以该地区试点实施之日前购进或者自制的有形动产为标的物提供的经营租赁服务，试点期间可以选择按照简易计税方法计算缴纳增值税。3. 自本地区试点实施之日起至2017年12月31日，被认定为动漫企业的试点纳税人中的一般纳税人，为开发动漫产品提供的动漫脚本编撰、形象设计、背景设计、动画设计、分镜、动画制作、摄制、描线、上色、画面合成、配音、配乐、音效合成、剪辑、字幕制作、压缩转码（面向网络动漫、手机动漫格式适配）服务，以及在境内转让动漫版权（包括动漫品牌、形象或者内容的授权及再授权），可以选择按照简易计税方法计算缴纳增值税。动漫企业和自主开发、生产动漫产品的认定标准和认定程序，按照《文化部财政部国家税务总局关于印发〈动漫企业认定管理办法（试行）〉的通知》（文市发〔2008〕51号）的规定执行。4. 试点纳税人中的一般纳税人提供的电影放映服务、仓储服务、装卸搬运服务和收派服务，可以选择按照简易计税办法计算缴纳增值税。5. 试点纳税人中的一般纳税人兼有销售货物、提供加工修理修配劳务的，凡未规定可以选择按照简易计税方法计算缴纳增值税的，其全部销售额应一并按照一般计税方法计算缴纳增值税。

［筹划思路］

试点一般纳税人将该地区试点实施之前购进的有形动产对外提供经营租赁时，由于该有形资产在试点前购进，当时其进项税不予抵扣，这样在其试点后可抵扣的进项税较少，因此一般情况下选择适用简易计税方法计算缴纳增值税，可达到节税的目的。

任务执行

方案一：选择一般计税方法。

$$甲公司应纳增值税=[100\div(1+17\%)]\times17\%-1=13.5\ （万元）$$

方案二：选择简易计税方法。

$$甲公司应纳增值税=[100\div(1+3\%)]\times3\%=2.9\ （万元）$$

任务结论

方案二比方案一甲公司少缴纳增值税10.6万元（13.5万-2.9万），因此，应当选择方案二。

任务点评

试点一般纳税人在试点期间提供有形动产经营租赁服务，一旦选择适用简易计税方法计算缴纳增值税，在36个月内就不得变更了，因此，企业应当权衡利弊，综合考虑，慎重选择计税方法。

任务B.7 “营改增”后固定资产购置时机选择的税务筹划

任务案例

【例B-7】山东福瑞公司（小规模纳税人）从事信息技术咨询服务，2014年1月由于规模扩大将申请成为一般纳税人，2014年1月对境内单位提供信息技术咨询服务取得收入为100万元（含税），假设该公司2013年12月购进信息技术专用设备的价款为23.4万元（含税）。请对其进行税务筹划。

任务准备

[税法依据]

《财政部　国家税务总局关于将铁路运输和邮政业纳入营业税改征增值税试点的通知》（财税〔2013〕106号）的附件1：《营业税改征增值税试点实施办法》的第二十二条规定：下列进项税额准予从销项税额中抵扣：

（一）从销售方或者提供方取得的增值税专用发票（含货物运输业增值税专用发票、税控机动车销售统一发票，下同）上注明的增值税额。

（二）从海关取得的海关进口增值税专用缴款书上注明的增值税额。

（三）购进农产品，除取得增值税专用发票或者海关进口增值税专用缴款书外，按照农产品收购发票或者销售发票上注明的农产品买价和13%的扣除率计算的进项税额。计算公式为：

$$进项税额=买价\times扣除率$$

买价，是指纳税人购进农产品在农产品收购发票或者销售发票上注明的价款和按照规定缴纳的烟叶税。

购进农产品，按照《农产品增值税进项税额核定扣除试点实施办法》抵扣进项税额的除外。

（四）接受境外单位或者个人提供的应税服务，从税务机关或者境内代理人取得的解缴税款的中华人民共和国税收缴款凭证（以下称税收缴款凭证）上注明的增值税额。

第二十四条规定：下列项目的进项税额不得从销项税额中抵扣：

（一）用于简易计税方法计税项目、非增值税应税项目、免征增值税项目、集体福利或者个人消费的购进货物、接受加工修理修配劳务或者应税服务。其中涉及的固定资产、专利技术、非专利技术、商誉、商标、著作权、有形动产租赁，仅指专用于上述项目的固定资产、专利技术、非专利技术、商誉、商标、著作权、有形动产租赁。

（二）非正常损失的购进货物及相关的加工修理修配劳务或者交通运输业服务。

（三）非正常损失的在产品、产成品所耗用的购进货物（不包括固定资产）、加工修理修配劳务或者交通运输业服务。

（四）接受的旅客运输服务。

[筹划思路]

“营改增”试点企业在申请成为一般纳税人之前，在不影响正常经营的前提下，可以适当推迟固定资产的购置时间，以便使得这部分固定资产的进项税额获得抵扣，从而降低增值税税负，达到节税的目的。

任务执行

方案一：2013 年 12 月购进信息技术专用设备，并取得增值税普通发票。

福瑞公司 2014 年 1 月份应纳增值税 = [100÷(1+6%)]×6% = 5.66（万元）

方案二：2014 年 1 月购进信息技术专用设备，并取得增值税专用发票。

福瑞公司 2014 年 1 月份应纳增值税 = 100÷(1+6%)×6% −23.4÷(1+17%)×17%
= 2.26（万元）

任务结论

方案二比方案一该公司少缴纳增值税 3.4 万元（5.66 万−2.26 万），因此，应当选择方案二。

任务点评

此税务筹划思路同样适用于：尚未试点行业的营业税纳税人应尽量在试点之后，即变为增值税一般纳税人以后再购买设备或其他物资，以达到抵扣进项税的目的。

任务 B.8 “营改增”后起征点的税务筹划

任务案例

【例 B-8】个体工商户李某为“营改增”试点小规模纳税人，2014 年 1 月取得咨询服务收入总额为 20 601 元（含税），当地规定的增值税起征点为 20 000 元。请对其进行税务筹划。(假设不考虑城市维护建设税和教育费附加)

任务准备

[税法依据]

《财政部 国家税务总局关于将铁路运输和邮政业纳入营业税改征增值税试点的通知》(财税〔2013〕106 号）的附件 1:《营业税改征增值税试点实施办法》的第四十五条和第四十六条规定：个人提供应税服务的销售额未达到增值税起征点的，免征增值税；达到起征点的，全额计算缴纳增值税。

增值税起征点不适用于认定为一般纳税人的个体工商户。

增值税起征点幅度如下：

（一）按期纳税的，为月应税销售额 5 000~20 000 元（含本数）；

（二）按次纳税的，为每次（日）销售额 300~500 元（含本数）。

起征点的调整由财政部和国家税务总局规定。省、自治区、直辖市财政厅（局）和国家税务局应当在规定的幅度内，根据实际情况确定本地区适用的起征点，并报财政部和国家税务总局备案。

[筹划思路]

在涉及起征点的情况下，若销售收入刚刚达到或超过起征点，则应减少收入使其在起征点以下，以便享受免税待遇。

任务执行

方案一：将月含税收入额仍保持为 20 601 元。

则不含税收入额 = 20 601÷(1+3%) = 20 000.97（元），超过当地规定的增值税起征点 20 000 元，则李某应纳增值税 = 20 000.97×3% = 600.03（元）。

税后收入 = 20 601−600.03 = 20 000.97（元）

方案二：将月含税收入额降至 20 599 元。

则不含税销售额 = 20 599÷(1+3%) = 19 999.03（元），未超过当地规定的增值税起征点 20 000 元。因此，免征增值税。

税后收入 = 20 599（元）

任务结论

方案二比方案一李某少缴纳增值税 600.03 元（600.03−0），多获取税后收入 598.03 元（20 599−20 000.97），因此，应当选择方案二。

任务点评

起征点的税务筹划仅适用于小规模纳税人销售额刚刚达到或超过起征点的情况，因此，其应用空间较小。若遇到税务机关核定销售额的情况，则其应用空间更小。

参 考 文 献

[1] 威廉姆斯. 风险管理与保险 [M]. 陈伟, 译. 北京: 中国商业出版社, 1990.

[2] SEHENEPPER J A. Income tax planning under the new law [J]. USA Today, 2001 (9).

[3] 苏春林. 纳税筹划 [M]. 北京: 北京大学出版社, 2002.

[4] 应小陆, 赵军红. 税务筹划 [M]. 上海: 复旦大学出版社, 2010.

[5] 于岩. 税收筹划风险及风险控制研究 [D]. 大连: 东北财经大学, 2007.

[6] 王亚卓. 新税法下纳税申报与纳税筹划操作实务 [M]. 北京: 电子工业出版社, 2008.

[7] 翟继光, 张晓冬. 新税法下企业纳税筹划 [M]. 北京: 电子工业出版社, 2008.

[8] 冯群英, 马娟. 税务筹划 [M]. 镇江: 江苏大学出版社, 2008.

[9] 盖地. 税务筹划 [M]. 修订 3 版. 北京: 首都经济贸易大学出版社, 2009.

[10] 毛夏鸾, 叶青. 纳税筹划 [M]. 北京: 首都经济贸易大学出版社, 2008.

[11] 刘颖. 东奥会计在线注会网上辅导税法基础班讲义. 2014.

[12] 叶青. 中华会计网校注会网上辅导税法基础班讲义. 2014.

[13] 张中秀. 税务筹划教程 [M]. 2 版. 北京: 中国人民大学出版社, 2009.

[14] 王素荣. 税务会计与税收筹划 [M]. 北京: 机械工业出版社, 2009.

[15] 中国注册会计师协会. 税法 [M]. 北京: 经济科学出版社, 2014.

[16] 中国注册会计师协会. 财务成本管理 [M]. 北京: 经济科学出版社, 2014.

[17] 王彦. 税务筹划方法与实务 [M]. 北京: 机械工业出版社, 2009.

[18] 计金标. 税收筹划 [M]. 3 版. 北京: 中国人民大学出版社, 2010.

[19] 黄凤羽. 税收筹划: 策略、方法与案例 [M]. 2 版. 大连: 东北财经大学出版社, 2011.

[20] 葛长银. 节税筹划案例与实操指南 [M]. 北京: 机械工业出版社, 2010.

[21] 高允斌. 公司税制与纳税筹划 [M]. 北京: 中信出版社, 2011.

[22] 宋洪祥. 不缴糊涂税 [M]. 北京: 经济日报出版社, 2010.

[23] 李明俊, 李柳田. 企业领导者如何"税"得香 [M]. 北京: 企业管理出版社, 2010.

[24] 庄粉荣. 制造企业财税筹划实务 [M]. 北京: 中国经济出版社, 2011.

[25] 刘玉章. 土地增值税清算大成 [M]. 2 版. 北京: 机械工业出版社, 2010.

[26] 庄粉荣. 纳税筹划大败局 [M]. 北京: 机械工业出版社, 2010.

[27] 解宏. 企业纳税筹划策略与案例解读 [M]. 北京: 化学工业出版社, 2009.

[28] 龚厚平. 增值税筹划常见的两个问题分析 [J]. 财务与会计, 2009 (7).

[29] 庄粉荣. 纳税筹划实战精选百例 [M]. 3 版. 北京: 机械工业出版社, 2010.

[30] 梁文涛. 企业纳税方案优化设计 120 例 [M]. 北京: 中国税务出版社, 2014.

[31] 梁文涛. 税务会计 [M]. 2 版. 北京: 北京交通大学出版社, 2014.

[32] 梁文涛. 纳税筹划 [M]. 3 版. 北京: 北京交通大学出版社, 2014.

[33] 梁文涛. 纳税筹划实务 [M]. 3 版. 北京: 北京交通大学出版社, 2014.

[34] 梁文涛．折扣销售与纳税筹划［J］．企业管理，2007（9）．
[35] 梁文涛．浅探运费的纳税筹划［J］．财会月刊：会计，2007（10）．
[36] 梁文涛．与产品包装有关的消费税纳税筹划［J］．财会月刊：会计，2007（12）．
[37] 梁文涛．论企业分立在纳税筹划中的应用［J］．财会学习，2008（1）．
[38] 梁文涛．销货企业收取运费的纳税筹划［J］．财会月刊：会计，2008（2）．
[39] 梁文涛．白酒生产企业加工方式选择的纳税筹划［J］．财会学习，2008（2）．
[40] 梁文涛．促销方式与纳税筹划［J］．财会学习，2008（3）．
[41] 梁文涛．有关包装物押金的纳税筹划［J］．财会月刊：会计，2008（4）．
[42] 梁文涛．购货企业支付运费的纳税筹划［J］．财会月刊：综合，2008（5）．
[43] 梁文涛．购销业务中运输费用的纳税筹划［J］．企业管理，2008（5）．
[44] 梁文涛．企业增值税纳税人身份选择方式的传统理论质疑［J］．财会学习，2008（5）．
[45] 梁文涛．试探折扣的纳税筹划［J］．财会月刊：会计，2008（6）．
[46] 梁文涛．利用分立巧节税［J］．企业管理，2008（6）．
[47] 梁文涛．混合销售与兼营行为的纳税筹划［J］．企业管理，2008（7）．
[48] 梁文涛．运用净利润法选择购货对象的纳税筹划［J］．财会学习，2008（8）．
[49] 梁文涛．生产企业采购废旧物资的纳税筹划［J］．财会月刊：综合，2008（8）．
[50] 梁文涛．利用并购对不同税种进行税收筹划［J］．企业管理，2008（9）．
[51] 梁文涛．现金净流量法在混合销售纳税筹划中的运用［J］．财会月刊：会计，2008（10）．
[52] 梁文涛．试析混合销售与兼营行为的纳税筹划［J］．财会月刊：综合，2008（11）．
[53] 梁文涛．企业合并在纳税筹划中的应用［J］．财会月刊：会计，2008（12）．
[54] 梁文涛．新税法下增值税的纳税筹划［J］．企业管理，2009（2）．
[55] 梁文涛．新税法下消费税的纳税筹划［J］．企业管理，2009（3）．
[56] 梁文涛．新条例下增值税的纳税筹划［J］．财会月刊：会计，2009（4）．
[57] 梁文涛．浅谈增值税转型改革对各类企业的影响［J］．财会月刊：综合，2009（4）．
[58] 梁文涛．运输车队独立与否的税收筹划探讨［J］．商业会计，2009（8）．
[59] 梁文涛．企业物资采购的纳税筹划［J］．商业会计，2009（10）．
[60] 梁文涛．净利润法在混合销售税务筹划中的应用［J］．财会通讯：综合（中），2009（5）．
[61] 梁文涛，柏海燕．卷烟生产企业设立调拨站的纳税筹划［J］．财会月刊：会计（中），2009（6）．
[62] 梁文涛．浅议建筑安装企业税务筹划［J］．财会通讯：综合（中），2009（6）．
[63] 梁文涛，张建峰．风险管理理论探微［J］．中国商贸，2009（6）．
[64] 梁文涛．企业向灾区捐赠的纳税筹划［J］．财会月刊：会计（上），2009（7）．
[65] 梁文涛．新企业所得税法下的纳税筹划［J］．财会月刊，2009（8）．
[66] 梁文涛．浅析净利润法在兼营行为中的税务筹划［J］．财会通讯：综合（中），2009（8）．
[67] 梁文涛．浅谈卷烟生产企业税务筹划［J］．财会通讯：综合（中），2009（9）．
[68] 梁文涛．浅谈白酒生产企业的纳税筹划［J］．财会月刊：会计（中），2009（10）．

[69] 梁文涛．以税负最小化为目标的兼营行为税务筹划［J］．财会通讯：综合（中），2009（10）．
[70] 梁文涛．关税的纳税筹划［J］．财政监督：财会，2009（11）．
[71] 梁文涛．我国企业纳税筹划风险管理的现存问题与改进措施［J］，山东纺织经济，2009（11）．
[72] 梁文涛．纳税筹划风险管理的准备探讨［J］．中国集体经济，2009（11）．
[73] 梁文涛．新增值税条例下混合销售行为的纳税筹划［J］．国际商务财会，2009（12）．
[74] 梁文涛．纳税筹划风险管理的监控探讨［J］．中国集体经济，2009（12）．
[75] 梁文涛．与纳税筹划相关的概念辨析［J］．中国集体经济，2009（12）．
[76] 梁文涛．纳税筹划的内涵研究［J］．山东纺织经济，2010（1）．
[77] 梁文涛．现金净流量法在增值税纳税人身份选择中的应用［J］．绿色财会，2010（2）．
[78] 梁文涛．房产税的纳税筹划案例分析［J］．商业会计，2010（3）．
[79] 梁文涛．新条例下现金流量法在兼营行为纳税筹划中的应用［J］．财政监督（下半月刊），2010（3）．
[80] 梁文涛．存货业务纳税筹划浅析［J］．财会月刊：会计（中），2010（3）．
[81] 梁文涛．企业纳税筹划风险的五种应对策略［J］．财会月刊：会计（上），2010（4）．
[82] 梁文涛．税务筹划目标研究［J］．财会通讯：综合（中），2010（4）．
[83] 梁文涛．营业税的纳税筹划探讨［J］．财政监督（下半月刊），2010（4）．
[84] 梁文涛．与增值税纳税人身份相关的纳税筹划方案风险分析［J］．财会月刊：会计（上），2010（5）．
[85] 梁文涛．增值税纳税人身份的纳税筹划误区及更正［J］．会计之友，2010（5）．
[86] 梁文涛．产品代销行为的纳税筹划［J］．财会月刊：会计（中），2010（5）．
[87] 梁文涛．新政策下兼营及让利行为的节税策略［J］．中国管理信息化，2010（5）．
[88] 梁文涛．不同代销方式下会计处理及其选择［J］．财会通讯：综合（上），2010（8）．
[89] 梁文涛．对业务招待费税务筹划的思考［J］．财会通讯：综合（中），2010（6）．
[90] 梁文涛．个人捐赠税务筹划探讨［J］．财会通讯：综合（中），2010（8）．
[91] 梁文涛．生产企业出口退税“免抵退”会计处理［J］．财会通讯：综合（上），2010（9）．
[92] 梁文涛．增值税纳税人购销业务会计处理及身份选择［J］．财会通讯：综合（上），2010（10）．
[93] 梁文涛．新闻出版业增值税税务筹划［J］．财会通讯：综合（中），2010（10）．
[94] 梁文涛．新条例下现金净流量法在税务筹划中的运用［J］．财会通讯：综合（中），2010（11）．
[95] 梁文涛．不同运输方式购销业务会计处理及其选择［J］．财会通讯：综合（上），2010（12）．
[96] 梁文涛．税务筹划决策中公式模型研究［J］．财会通讯：综合（中），2011（1）．
[97] 梁文涛．增值税进项税额抵扣的纳税筹划［J］．财会月刊：会计（上），2011（3）．
[98] 梁文涛．纳税人身份或类型选择的纳税筹划［J］．企业管理，2011（3）．
[99] 梁文涛．与农产品有关的增值税纳税筹划［J］．财会月刊：会计（上），2011（5）．

[100] 梁文涛. 企业所得税节税技巧 [J]. 注册税务师, 2011 (6).
[101] 梁文涛, 彭新媛. 新税制下工资个人所得税的变化及节税技巧 [J]. 企业管理, 2011 (10).
[102] 梁文涛. 新税法下工资薪金个人所得税的纳税筹划 [J]. 财会月刊: 会计 (上), 2011 (10).
[103] 梁文涛, 任娟娟. 新《个人所得税法》的税收筹划 [J]. 注册税务师, 2011 (10).
[104] 梁文涛. 高新技术企业纳税筹划的基本思路 [J]. 财会月刊: 会计 (上), 2011 (11).
[105] 梁文涛. 经济合同签订的相关纳税筹划 [J]. 财会月刊: 会计 (中), 2011 (11).
[106] 梁文涛. 增值税的税收筹划 [J]. 注册税务师, 2011 (11).
[107] 梁文涛. 出口退税的纳税筹划 [J]. 财会月刊: 会计 (上), 2011 (12).
[108] 梁文涛. 企业技术创新的纳税筹划 [J]. 商业会计, 2012 (1).
[109] 梁文涛. 与商品房装修相关的土地增值税纳税筹划 [J]. 财会月刊: 会计 (上), 2012 (1).
[110] 梁文涛. 营业税节税的六种技巧 [J]. 财会月刊: 会计 (中), 2012 (2).
[111] 梁文涛. 税务筹划方法例解 [J]. 财会通讯: 综合, 2012 (5).
[112] 梁文涛, 袁伟婷. 消费税的税收筹划 [J]. 注册税务师, 2012 (8).
[113] 梁文涛. 论纳税筹划的八种境界 [J]. 中国内部审计, 2012 (11).
[114] 彭新媛, 梁文涛. 关于地下建筑经营方式的纳税筹划 [J]. 财会月刊 (上), 2013 (2).
[115] 孙丕顺, 梁文涛. 有关固定资产四个方面的税收筹划 [J]. 注册税务师, 2013 (2).
[116] 梁文涛. 基于利润最大化目标的代购方式选择及涉税风险防范 [J]. 财会月刊 (上), 2013 (3).
[117] 梁文涛. 代购行为在四种不同情况下的税务筹划 [J]. 财会通讯: 综合 (中), 2013 (3).
[118] 梁文涛. 合同签订中的节税小技巧 [J]. 财会月刊 (上), 2013 (4).
[119] 梁文涛. 论纳税筹划的三大层次 [J]. 财会月刊 (下), 2013 (7).
[120] 梁文涛. 与软件生产企业相关的纳税筹划 [J]. 财会月刊 (上), 2013 (10).
[121] 梁文涛. 房地产开发企业调整定价的涉税盈利模式 [J]. 财会月刊 (下), 2013 (10).
[122] 梁文涛. 无形资产的所得税纳税筹划 [J]. 财会月刊 (上), 2013 (11)
[123] 梁文涛. 房产税的纳税筹划技巧 [J]. 财会月刊 (下), 2013 (11)
[124] 梁文涛. 个人购销房产的纳税筹划 [J]. 财会月刊 (下), 2013 (12)
[125] 梁文涛. "营改增" 对企业税负的影响及纳税人身份选择的筹划 [J]. 注册税务师, 2013 (12)
[126] 梁文涛. "营改增" 全国推开后的纳税筹划 [J]. 财会月刊 (上), 2014 (1)